D1875922

Rahmann

Praktikum der Finanzmathematik

Prof. Dr. John Rahmann

Praktikum der Finanzmathematik

Methoden und Erkenntnisse zu Finanzierungsfragen von heute

Fünfte, durchgesehene Auflage

Betriebswirtschaftlicher Verlag Dr. Th. Gabler · Wiesbaden

ISBN 3 409 30191 7

Copyright by Dr. Th. Gabler-Verlag · Wiesbaden 1976

Inhalt

Vorwort

In zunehmendem Umfang wachsen der Wirtschaft Bereiche zu, die wertmäßig erfaßt werden müssen. Der Staat, die Länder, Gemeinden und Unternehmungen stehen vor Planungsaufgaben, für deren Bearbeitung finanzmathematische Erkenntnisse erforderlich sind.

Die Probleme einer langfristigen Finanzierung, insbesondere die Möglichkeiten und Grenzen einer Fremdfinanzierung in Form von Darlehen, Anleihen, Schuldverschreibungen, Obligationen und Pfandbriefen stehen mit im Brennpunkt der gegenwärtigen Diskussion. Sowohl für den Kreditnehmer wie für den Geldgeber gewinnt die Ausstattung des Wertpapieres unter besonderer Berücksichtigung des Zinsgefüges auf dem Markte für langfristige Kapitalanlagen hohe Bedeutung. Die Rendite als Wertmesser bestimmt entscheidend die Unterbringungsmöglichkeit und Marktgängigkeit des Papiers.

Die Gewinnermittlung, gesteuert von den verschiedenen Abschreibungsmöglichkeiten, ist ebenso ein Standardproblem wie das Ratenkreditgeschäft mit den Risiken und Kosten des Konsumentenkredits.

Die Abfindung ausscheidender Gesellschafter aus Personengesellschaften, die Bewertung von Unternehmungen einschließlich des Firmenwertes sind alltägliche Fragen im Rahmen betriebswirtschaftlicher Bewertungen.

Die Zinseszinsrechnung wird nicht nur im Rahmen der traditionellen Geschäfte der Bank- und Sparkasseninstitute behandelt, sondern es werden auch jene Bereiche einbezogen, die heutzutage die Öffentlichkeit ganz besonders interessieren: das Prämiensparen, der Ratensparvertrag, der Allgemeine Sparvertrag, wie auch die Finanzierungsvorgänge und Tilgungsmodalitäten bei der Erstellung von Eigenheimen. Eine besondere Darstellung finden ihrer wirtschaftlichen Bedeutung entsprechend die Investitions-Rechnung und das „financial leasing". Ein Exkurs in die Bereiche der Naturwissenschaften — das organische Wachstum, die Holzverzuckerung, der Zerfall radioaktiver Elemente sowie die Verseifung der Fette — rundet die Gesamtdarstellung ab.

Die Rentenrechnung bezieht auch die Leibrente und damit Grundbetrachtungen zur Wahrscheinlichkeitslehre, Ausführungen über die mathematische und statistische Lebenserwartung und das Gesetz der großen Zahlen mit der Blickrichtung auf die Praxis ein.

Geführt von dem Motto „Aus der Praxis für die Praxis" stellt die vorliegende Schrift diese Bereiche in den Mittelpunkt der Erörterung. Mathematische Betrachtungen werden nur dort durchgeführt, wo die Durchleuchtung, Deutung und Erkenntnis des Sachverhaltes es erfordern. Theoretische mathematische Untersuchungen sind bewußt nicht angestellt, um das Buch auf praxisgerechte Verwendung auszurichten. Die Rechenoperationen sind durch die beigefügten Tabellen auf ein Mindestmaß herabgesetzt.

Das Buch wendet sich an den praktisch tätigen Kaufmann, der für die Planung in seiner Unternehmung mitverantwortlich ist, an die Kaufmannschaft der Banken, Sparkassen und Kreditanstalten, die als Helfer die Wirtschaft berät und finanziert.

Studierende der Wirtschaftswissenschaften können sich mit den Grundgedanken betriebswirtschaftlicher Probleme vertraut machen und ihr Rüstzeug für eine praktische Tätigkeit vervollständigen.

Der Verfasser

I. Zahlenfolgen und Zahlenreihen

Arithmetische sowie geometrische Folgen und Reihen bilden die rechnerische Basis der Finanzmathematik; insbesondere sind sie die Grundlagen für die Behandlung des Teilzahlungskreditgeschäftes, der Abschreibungen, der Rentenrechnung sowie für die Ermittlung von Kursen und Renditen der Wertpapiere.

Begriffsbestimmungen:

1. Eine endliche Zahlenfolge, eine Zahlensequenz, bestimmt sich aus folgenden Wesensmerkmalen:
   a) gegeben ist eine Menge M* von Zahlen,
   b) diese Menge enthält numerierte Elemente (Glieder)
   $g_1\ g_2\ g_3\ g_4\ g_5\ g_6\ g_7\ \cdots\ g_n$
   c) jedem Element wird eine natürliche Zahl als Index und nach einer beliebigen Vorschrift eine reelle (rationale oder irrationale) Zahl zugeordnet.

1. Die arithmetische Folge

Die Aufeinanderfolge von Elementen einer Menge, bei denen die Differenz benachbarter Elemente konstant ist, heißt arithmetische Folge erster Ordnung, z.B.:

Stammfolge: 2 4 6 8 10 12 14 16

Differenzfolge: 2 2 2 2 2 2 2

Die arithmetische Folge ist eine Stammfolge, deren erste Differenzfolge konstant ist.

Benennungen und Symbole:

M	: Menge
$g_1\ g_2\ g_3\ g_4\ \cdots\ g_n$	: Elemente oder Glieder der Menge
$M = \{g_1\ g_2\ g_3\ g_4\ g_5\ \cdots\ g_n\}$	: Die Menge enthält die Elemente g_1 bis g_n
$g_1 \in M$	: g_1 ist Element von M.
$\langle \quad \rangle$	: Symbol für eine Folge

$\langle g_1\ g_2\ g_3\ \cdots\ g_n\rangle = \langle g_n\rangle = F =$ Folge

g_1 : erstes Element der Folge

g_n : letztes Element der Folge

d : Differenz benachbarter Elemente der Folge.

---

*) Definition von Georg Cantor: „Eine Menge ist eine Zusammenfassung von bestimmten, wohlunterschiedenen Objekten unserer Anschauung oder unseres Denkens zu einem Ganzen."

Definitionsbereich einer arithmetischen Folge:

$$g_1 = g_1$$
$$g_2 = g_1 + d$$
$$g_3 = g_1 + 2d$$
$$\vdots$$
$$g_n = g_1 + (n - 1) \cdot d$$

Die Elemente g_i der arithmetischen Folge sind Funktionswerte der linearen Funktion: $g_i = y = g_1 + x \cdot d$

$\langle g_n \rangle = \langle g_1 + (n - 1) \cdot d \rangle = AF_1$: Arithmetische Folge.

Die Folge ist fallend, wenn $g_1 > g_2 > g_3 > g_4 > g_i \ldots > g_n$,
steigend, wenn $g_1 < g_2 < g_3 < g_4 < g_i \ldots < g_n$.

Definitionsbereich der arithmetischen Reihe AR:

a) Die klassische Definition: Die nicht ausgerechnete Summe einer arithmetischen Folge heißt arithmetische Reihe:

$$s_n = \text{Summe} = g_1 + g_2 + g_3 + g_4 + g_5 \ldots + g_n = \sum_{i=1}^{i=n} g_i$$

b) Die neuzeitliche Definition: Die arithmetische Reihe ist die arithmetische Folge aus deren Teilsummen s_i:

$$s_1 = g_1$$
$$s_2 = g_1 + g_2$$
$$s_3 = g_1 + g_2 + g_3$$
$$\vdots$$
$$s_n = g_1 + g_2 + g_3 + \ldots g_i + \ldots g_n$$

z.B.: Arithmetische Folge: 2 4 6 8 10 12 14 16

Die arithmetische Folge der Teilsummen, die arithmetische Reihe lautet:
2 6 12 20 30 42 56 72.

Einen mathematischen Kurzausdruck für die Teilsummen s_i bzw. s_n, d.h. für die arithmetische Reihe, gewinnt man durch folgende Überlegung: man addiert zwei Gleichungen für s_n; in der zweiten ändert man die Reihenfolge der Summanden:

$$
\begin{array}{lllll}
s_n = g_1 & + g_1 + d & + g_1 + 2d & \ldots\ldots & g_1 + (n-1)\,d \\
s_n = g_1 + (n-1)\cdot d & + g_1 + (n-2)\cdot d & + g_1 + (n-3)\cdot d & + \ldots & + g_1 \\
\hline
2\,s_n = g_1 + g_n & + g_1 + g_n & + g_1 + g_n & & + g_1 + g_n
\end{array}
$$

$$2\,s_n = n\,(g_1 + g_n)$$

$$s_n = \frac{n}{2}(g_1 + g_n); \langle s_n \rangle = \langle \frac{n}{2}(g_1 + g_n) \rangle$$

2. Die geometrische Folge erster Ordnung

Die geometrische Folge erster Ordnung ist die Aufeinanderfolge von Elementen einer Menge, bei denen der Quotient benachbarter Elemente konstant ist:

z.B.: Stammfolge: 2 4 8 16 32 64
Erste Quotientenfolge: 2 2 2 2 2

Definitionsbereich der geometrischen Folge erster Ordnung:

$$g_1 = g_1$$
$$g_2 = g_1 \cdot q \quad \text{(q: der Quotient benachbarter Elemente)}$$
$$g_3 = g_1 \cdot q^2$$
$$\vdots$$
$$g_n = g_1 \cdot q^{n-1}$$
$$\langle g_n \rangle = \langle g_1 \cdot q^{n-1} \rangle = GF_1$$

Die geometrische Folge ist steigend, wenn $q > 1$,
fallend, wenn $q < 1$.

3. Die geometrische Reihe erster Ordnung

Die Definition der geometrischen Reihe GR:

a) Klassisch: Die geometrische Reihe ist die nicht ausgerechnete Summe einer geometrischen Folge:

$$s_n = g_1 + g_2 + g_3 + g_4 + g_5 + \ldots + g_n$$
$$s_n = g_1 + g_1 q + g_1 \cdot q^2 + g_1 \cdot q^3 \ldots + g_1 \cdot q^{n-1}$$
$$s_n = g_1 (1 + q + q^2 + q^3 + \ldots + q^{n-1})$$

b) Neuzeitlich: Die geometrische Reihe ist definiert als geometrische Folge aus den Teilsummen s_l:

$$s_1 = g_1$$
$$s_2 = g_1 + g_2$$
$$s_3 = g_1 + g_2 + g_3$$
$$\vdots$$
$$s_n = g_1 + g_2 + g_3 + g_4 + \ldots + g_n$$
$$s_n = g_1 (1 + q + q^2 + q^3 + q^4 + \ldots q^{n-1})$$

Für die Teilsumme s_l bzw. s_n ergibt sich folgende Formel:

$$s_n = g_1 + g_2 \quad + g_3 \quad + \ldots . g_n$$
$$s_n = g_1 + g_1 \cdot q + g_1 \cdot q^2 + \ldots . g_1 \cdot q^{n-1}$$

Die Summe ergibt sich, wenn man von der mit q erweiterten Summe die einfache Summe der Reihe subtrahiert.

$$s_n q = \qquad g_1 q + g_1 q^2 + g_1 q^3 + g_1 q^{n-1} + g_1 q^n$$
$$s_n \quad = g_1 + g_1 q + g_1 q^2 + g_1 q^3 + g_1 q^{n-1}$$

$$s_n q - s_n = -g_1 + g_1 q^n$$
$$s_n (q-1) = g_1 q^n - g_1$$
$$s_n = \frac{g_1 (q^n - 1)}{q-1}$$
$$s_n = \frac{g_1 (q^n - 1)}{q - 1} = g_1 \frac{(1 - q^n)}{1 - q}$$
$$\langle s_n \rangle = \langle g_1 \frac{q^n - 1}{q - 1} \rangle$$

II. Das Ratenkreditgeschäft

Teilzahlungsgeschäfte spielen als Ratenkreditgeschäfte in der gegenwärtigen Zeit eine bedeutende Rolle. Der Käufer nimmt für die Finanzierung der benötigten Verbrauchs- und Gebrauchsgüter (Kraftfahrzeuge, Möbel, Teppiche, Waschmaschinen, Kühlschränke, Rundfunkgeräte, Fernsehapparate, Bekleidung u.a.m.) Kredite in Anspruch, die durch Teilleistungen zurückgezahlt werden.

Die Kreditgeschäfte können durchgeführt werden

1. im Rahmen des „Gewöhnlichen Ratenkredits", bei dem das Warengeschäft vom Kreditgeschäft nicht getrennt worden ist; der Verkäufer der Ware gewährt auch den beantragten Kredit;
2. im Rahmen des „organisierten" Kreditgeschäftes, bei dem das Kreditgeschäft vom Warengeschäft gelöst worden ist.
   Folgende Formen des organisierten Kreditgeschäftes haben sich entwickelt:

   a) **Die Kleinkreditgeschäfte:**
   Banken und Sparkassen sowie die speziellen Teilzahlungskreditinstitute gewähren einen Barkredit als
   aa) Kleinkredit im allgemeinen zu Beträgen zwischen 300,— DM und 2000,— DM (gelegentlich auch darüber). Die Laufzeit beträgt in der Regel zwischen 6 und 24 Monaten.
   bb) Anschaffungsdarlehen im allgemeinen zwischen 2000,— DM und 25000,— DM, bei einer Laufzeit von 24 bis 48 Monaten.

   b) Das **„Eigentliche Teilzahlungskreditgeschäft"**, bei dem der gewährte Kredit nicht in bar ausgezahlt wird. Spezielle Geschäftsformen sind das
   A-Geschäft,
   B-Geschäft und
   das C-Geschäft.

Nach § 1 des Abzahlungsgesetzes liegt ein Abzahlungsgeschäft dann vor, wenn das Eigentum an einer beweglichen Sache übertragen ist und der Erwerbspreis in mindestens zwei Teilzahlungen geleistet werden soll.
Wie bei den meisten Darlehen hat der Kreditnehmer eine Kreditgebühr zu tragen, durch die folgende Kosten und Spesen des Kreditgebers abgegolten werden sollen:

1. die Zinsen für den kreditierten Betrag,
2. die Risikoprämie für das Ausfallwagnis, das mit der Kreditgewährung verbunden ist,
3. die Kreditantragsgebühr,
4. die Provision für eine eventuelle Kreditvermittlung,
5. die Verwaltungs- und Abwicklungskosten.

Da die Gesamt-Kreditgebühr recht hoch ist, werden die Kreditkosten häufig aus Gründen der Werbung in besonderer Form angegeben; z. B.:

Ein Radiogerät mit einem Barverkaufspreis von 450,— DM wird auf Teilzahlung gekauft.
Die Anzahlung beträgt 20% vom Barverkaufspreis.
Die Teilzahlung erfolgt in 12 gleichen Monatsraten.
Die Kreditgebühr beträgt für jeden Monat 1% von der Restkaufsumme.
Nebenspesen in Höhe von 6,— DM sind bei Abschluß des Kaufvertrages fällig.

Der oberflächliche Betrachter ist verführt, den Monatszinssatz von 1% auf das Jahr zu beziehen, und errechnet sich einen Jahreszinssatz von 12% ohne die Nebenspesen. Der Käufer nimmt eine solche Belastung auf Grund der landesüblichen Verzinsung als tragbar an und schließt den Vertrag. Dabei hat er übersehen, daß der Monatszinssatz von 1% sich für alle 12 Monate auf die ursprüngliche Restkaufsumme in Höhe von 450,— — 90,— = 360,— bezieht. Infolge der laufenden Rückzahlung von monatlich 30,— DM vermindert sich die Schuld. Diese Minderung wird jedoch bei der Verzinsung nicht berücksichtigt. Der Schuldner hat für jeden Monat 1% von 360,— DM als Gebühr zu zahlen; damit verzinst er Beträge, die nicht mehr geschuldet werden. Dieser Tatbestand wirkt sich zinssatzerhöhend aus, so daß die wirkliche Verzinsung wesentlich höher ist als 12%.
Für die Ermittlung des wirklichen Jahreszinssatzes ergeben sich folgende Überlegungen:

Benennungen:	Barverkaufspreis:	450,— DM
	Anzahlung:	90,— „
	Restkaufsumme:	360,— „
	Monatsrate:	30,— „
	Anzahl der Raten:	12
	1. Zahlung:	31. 1. 19..
	Letzte Zahlung:	31. 12. 19..

Übersicht über die Zahlungsvorgänge aus dem Teilzahlungsgeschäft

Monate	Abzahlung	Restschuld am Anfang der Monate	Zinsen je Monat 1% von der jeweiligen Restschuld	Zinsen je Monat 1% von der ursprünglichen Restkaufsumme (Vertrag)
Jan.	30,—	360,—	3,60	3,60
Febr.	30,—	330,—	3,30	3,60
März	30,—	300,—	3,—	3,60
April	30,—	270,—	2,70	3,60
Mai	30,—	240,—	2,40	3,60
Juni	30,—	210,—	2,10	3,60
Juli	30,—	180,—	1,80	3,60
August	30,—	150,—	1,50	3,60
Sept.	30,—	120,—	1,20	3,60
Oktober	30,—	90,—	0,90	3,60
November	30,—	60,—	0,60	3,60
Dezember	30,—	30,—	0,30	3,60
	360,—	2340,—	23,40	43,20

Die Restschuldbeträge sowie die Zinsbeträge auf die jeweilige Restschuld bilden arithmetische Folgen. Die für die Weiterführung der Rechnung benötigten Summen der ausgerechneten arithmetischen Reihen ergeben sich einfacher aus der Formel:

$$s_n = \frac{n}{2}(g_1 + g_n)$$

a) Die Summe der Zinsen beträgt demnach:

$$s = \frac{12}{2}(3{,}60 + 0{,}30) = 6 \cdot 3{,}90 = 23{,}40.$$

b) Die Summe der Restschuldbeträge beläuft sich auf:

$$s = \frac{12}{2}(360 + 30) = 6 \cdot 390 = 2340{,}\!-;$$

d. h. es sind insgesamt 2340,— DM als Kredit für einen Monat in Anspruch genommen worden. Bei $p = 1\%$ ergibt sich der Zinsbetrag mit 23,40 DM.

c) Die Kreditvertragsbedingungen fordern aber monatlich 1% von der Restkaufsumme, d. h. der Kreditnehmer hat an Zinsen zu leisten:

$$12 \cdot \frac{360 \cdot 1}{100} = 43{,}20 \text{ DM}.$$

Der Schuldner zahlt also 43,20 DM Zinsen für einen einmaligen Monatskredit von 2340,— DM oder für einen Jahreskredit von 2340,— : 12 = 195,— DM. Dem entspricht ein Jahresprozentsatz von

$$p = \frac{43{,}20 \cdot 100 \cdot 12}{2340} = \frac{43{,}20 \cdot 100}{195} = 22{,}15\%.$$

Der gewährte Kredit kostet also nicht 12%, sondern 22,15%.

Bezieht man die Antragsgebühr einschl. Nebenspesen in Höhe von 6,— DM mit ein, erhöht sich der Gesamtzinsaufwand des Schuldners auf 43,20 + 6,— = 49,20. Daraus ergibt sich der Jahreszinssatz mit

$$p = \frac{49{,}20 \cdot 100}{195} = 25{,}23\%.$$

(Bei dieser Rechnung ist noch unberücksichtigt geblieben, daß die Antragsgebühr im voraus zu entrichten ist.)

Der Jahreszinssatz ist für den Käufer so beachtlich hoch, weil der Verkäufer eigene Kreditkosten einkalkulieren muß und die Spanne zwischen dem geforderten Jahreszinssatz und dem landesüblichen Zins von etwa 10% p.a. die Kosten und Risiken aus der Kreditgewährung decken soll.

d) Allgemein gefaßt, ergeben sich folgende Ableitungen für die Berechnung des wirklichen jährlichen Kreditgebührensatzes:

Entsprechend dem obigen Beispiel errechnet sich der Jahresprozentsatz nach der Formel:

$$p = \frac{\text{Summe der monatl. Vertragszinsen} \cdot 100 \cdot 12}{\text{Summe der monatl. Restschuldbeträge}}$$

Summe der monatlichen Vertragszinsen: $z = n \frac{k_0 \cdot p_M}{100}$

n = Kreditdauer in Monaten

p_M = Monatszinsfuß

k_0 = Restkaufsumme = Barverkaufspreis — Anzahlung; für die Berechnung des Prozentsatzes wird $k_0 = 100$ gesetzt.

$$z = n \frac{100 \cdot p_M}{100} = n \cdot p_M = n \cdot \text{Monatszinssatz.}$$

Der Prozentsatz p gilt unter der Voraussetzung, daß die Zinsen nachschüssig, d. h. am Ende eines jeden Jahres, fällig werden. Beim Teilzahlungsgeschäft werden die Zinsen vorzeitig fällig gezahlt (Monatszinsen). Diese Beträge müßten eigentlich einzeln aufgezinst werden. Von der Aufzinsung wird Abstand genommen, da der Aufzinsungsprozentsatz unbekannt ist.

Summe der monatlichen Restschuldbeträge: $s = \frac{n}{2}(g_1 + g_n)$

$g_1 = k_0 = 100$ = Restkaufsumme

$g_n = k_E$ = Restschuld zu Beginn des letzten Zeitabschnittes =

$$\text{Tilgungsrate} = \frac{k_0}{t} = \frac{100}{t}$$

t = Anzahl der Tilgungsraten

Eingesetzt ergibt sich:

$$s = \frac{n}{2}\left(k_0 + k_E\right) = \frac{n}{2}\left(k_0 + \frac{k_0}{t}\right) = \frac{n}{2}\left(100 + \frac{100}{t}\right) = 100\frac{n}{2}\left(1 + \frac{1}{t}\right)$$

Die Anzahl der Tilgungsraten t ist abhängig von den Ratenzahlungsintervallen und der Kreditdauer. Ist m = Anzahl der Tilgungsraten in einem Jahr, so erhält man:

$$t = m \cdot \frac{n}{12}$$

Bei monatlicher Abzahlung ist $m = 12$, bei vierteljährlicher $m = 4$, usw.

Eingesetzt in die Summenformel: $s = 100 \frac{n}{2}\left(1 + \frac{12}{m \cdot n}\right)$

Effektiver jährlicher Kreditgebührenprozentsatz:

$$p = \frac{z \cdot 100 \cdot 12}{100\frac{n}{2}\left(1 + \frac{12}{m \cdot n}\right)} = \frac{24 \cdot z}{n + \frac{12}{m}}$$

$$\boxed{p = \frac{z \cdot 24 \cdot m}{m \cdot n + 12}}$$

Mit Hilfe dieser Formel errechnet man den wirklichen Jahreszinssatz für jede beliebige Kreditdauer und für alle möglichen Ratenzahlungs-Zeiträume (monatlich, vierteljährlich, halbjährlich usw.).

e) *Tabelle der Jahreskreditgebührensätze bei monatlicher Ratenzahlung und variabler Kreditdauer*

Kreditdauer in Monaten: n	$p = \frac{z \cdot 24 \cdot m}{m \cdot n + 12}$; m = 12; z = Monatszinssatz · n; n: variabel 1 bis 24 Monate			
	Monatszinssätze von der Restkaufsumme: K_0			
	1%	0,8%	0,6%	0,5%
1	12%	9,6%	7,2%	6%
3	18%	14,4%	10,8%	9%
6	20,57%	16,46%	12,34%	10,29%
9	21,6%	17,28%	12,96%	10,8%
12	22,15%	17,72%	13,29%	11,08%
18	22,74%	18,19%	13,64%	11,37%
24	23,04%	18,43%	13,82%	11,52%

Tabelle des Jahreskreditgebührensatzes bei vierteljährlicher Ratenzahlung und variabler Kreditdauer

Kreditdauer in Monaten: n	$p = \frac{z \cdot 24 \cdot m}{m \cdot n + 12}$; m = 4; z = Monatszinssatz · n; n: variabel			
	Monatssätze von der Restkaufsumme K_0			
	1%	0,8%	0,6%	0,5%
3	12%	9,6%	7,2%	6,0%
6	16%	12,8%	9,6%	8,0%
9	18%	14,4%	10,8%	9,0%
12	19,2%	15,36%	11,5%	9,6%
18	20,57%	16,46%	12,34%	10,29%
24	21,33%	17,06%	12,80%	10,67%

Beispiele: Ein Darlehen für 2 Jahre bei vierteljährlicher Tilgung verzinst sich bei einem Monatszinssatz von 0,7% auf die Restkaufsumme mit 14,93% je Jahr.

Ein Darlehen für 1 Jahr bei wöchentlicher Tilgung verzinst sich bei einem Monatszinssatz von 1% von der Restkaufsumme mit 23,55%.

Ein Darlehen für 4 Jahre und halbjährliche Ratenzahlung verzinst sich bei einem Monatszinssatz von 0,8% auf die Restkaufsumme mit 17,07%.

f) *Berechnung der höchstmöglichen Jahreszinssätze:*

Die Jahreszinssätze nähern sich bei steigenden m- oder n-Werten einem Grenzwert, dem Maximum, dem höchstmöglichen Jahreszinssatz.
Der Nachweis dafür ergibt sich wie folgt:

$$p = \frac{z \cdot 24 \cdot m}{m \cdot n + 12} = \frac{z \cdot 24}{n + \frac{12}{m}}$$

Für unendlich viele Ratenzahlungen innerhalb eines Jahres wird m = unendlich ($m = \infty$), und der Wert $\frac{12}{m}$ nähert sich dem Wert 0; d. h. $p = \frac{z \cdot 24}{n}$; da z = Monatszinssatz · n, folgt

$p = \frac{\text{Monatszinssatz} \cdot n \cdot 24}{n}$	$p = \text{Monatszinssatz} \cdot 24$

d. h. die Höchstverzinsung beträgt bei einem Monatszins

von	1%	24%
bei	0,8%	19,2%
,,	0,7%	16,8%
,,	0,6%	14,4%
,,	0,5%	12,0%.

Die Zusatzkosten für Antragsgebühren und sonstige Nebenspesen sowie die Zusatzzinsen sind hier außer Ansatz geblieben; die Berücksichtigung hätte zu noch höheren Zinssätzen geführt.

Fälle aus der Praxis

1. Fall

Eine Großbank bietet an:

Kleinkredit über .... 1000,— DM

rückzahlbar in 18 Monaten.

Konditionen:

Ausgezahlte Kreditsumme		1000,— DM
Bearbeitungsgebühr 2%		20,— ,,
Zinsen 0,4%		72,— ,,
		1092,— DM

Monatsrate 1092 : 18 = 60,67

auf volle DM-Beträge abzurunden*)

Rückzahlung:

1. 1. Rate		72,— DM
2. 17 Raten je	60,— DM	1020,— ,,
		1092,— DM

Auswertung:

Ermittlung des Jahreskreditgebührensatzes

a) ohne Berücksichtigung der Bearbeitungsgebühr

b) unter ,, ,, ,, :

a) $$p = \frac{z \cdot 24 \cdot m}{m \cdot n + 12}$$

Die Zinsen betragen auf den Kreditbetrag von 100,— DM bezogen 7,20 DM:

$$p = \frac{7{,}2 \cdot 24 \cdot 12}{12 \cdot 18 + 12} = \underline{9{,}09\,\%}$$

b) $$p = \frac{9{,}2 \cdot 24 \cdot 12}{12 \cdot 18 + 12} = \underline{11{,}62\,\%}$$

*) Die Rechnung mit vollen DM-Beträgen kann auch anders erfolgen (vgl. S. 21).

2. Fall

Der Antrag eines Kreditnehmers auf Gewährung eines Anschaffungsdarlehens in Höhe von 3500,— DM, rückzahlbar in 30 Monaten, wird bearbeitet:

a) Ausgezahlte Kreditsumme .... 3500,— DM
Bearbeitungsgebühr 2% der Kreditsumme .... 70,— „
Zinsen 0,34% monatlich,
bezogen auf die Höhe des ursprünglichen Darlehens .... 357,— „
3927,— DM

b) Monatsraten: 3927 : 30 = 130,9
(man rechnet mit vollen DM-Beträgen = 131,—)
Rückzahlung:
erste Rate .... 128,— DM
2.—30. Rate zu je 131,— DM .... 3799,— „
3927,— DM

c) Die Kosten des in Anspruch genommenen Kredits als Jahreskreditgebührensatz:
Zinsen: 427,— DM (einschl. Bearbeitungsgebühr)
auf eine Kreditsumme von 3500,— DM
Zinsen: 12,20 DM auf eine Kreditsumme von 100,— DM.

$$p = \frac{12{,}2 \cdot 24 \cdot 12}{12 \cdot 30 + 12} = \underline{9{,}45\,\%\ \text{jährlich.}}$$

3. Fall

Angeboten wird ein „Heimwerkzeugkasten“ unter folgenden Konditionen:

Barzahlung: 368,— DM zuzüglich
9,— „ Versandkosten
377,— DM

oder Anzahlung: 37,50 DM und 10 Monatraten à 37,50 DM.

Auswertung: Zinsen, bezogen auf eine Kreditsumme von 100,— DM: 10,46
Jahreskreditgebührensatz:

$$p = \frac{10{,}46 \cdot 24 \cdot 12}{12 \cdot 10 + 12} = \underline{22{,}82\,\%\ \text{p.a.}}$$

Monatsprozentsatz:

$$z = \frac{\text{Monatssatz} \cdot n \cdot K_a}{100}$$

$$\text{Monatsprozentsatz} = \frac{35{,}5 \cdot 100}{10 \cdot 339{,}5} = \underline{1{,}046}$$

Handlicher für die Berechnung des Jahreskreditgebührensatzes ist generell der Ausdruck:

$$p^{*)} = \frac{z \cdot 100 \cdot 12}{\frac{K_0 + K_E}{2} \cdot n}$$

*) Zugrunde liegt die Formel für die einfache Zinsrechnung.

Es bedeuten: K_0 = Höhe der Ursprungsschuld, das ursprüngliche Darlehen (Restkaufsumme)

K_E = die letzte Teilschuld

n = die Kreditdauer in Monaten

$\frac{K_0 + K_E}{2}$ = durchschnittliche Höhe des in Anspruch genommenen Kredits.

Bezogen auf die Fälle 1—3, ergeben sich für die Ermittlung des Jahreskreditgebührensatzes folgende Ansätze und Ergebnisse:

Zu Fall 1:

$$p = \frac{72 \cdot 100 \cdot 12}{\frac{1000 + 55{,}56}{2} \cdot 18} = \underline{9{,}09\,\%}$$

Zu Fall 2:

$$p = \frac{427 \cdot 100 \cdot 12}{\frac{3500 + 116{,}66}{2} \cdot 30} = \underline{9{,}45\,\%}$$

$$\left(K_E = \frac{3500}{30} = 116{,}67\right)$$

Zu Fall 3:

$$p = \frac{35{,}50 \cdot 100 \cdot 12}{\frac{339{,}50 + 33{,}95}{2} \cdot 10} = \underline{22{,}82\,\%}$$

Beispiele von Tilgungsplänen:

Kreditdauer: 18 Monate
Anzahl der Raten: 18
Bearbeitungsgebühr: 2 %
Zinsen einschl. Kreditprovision: 0,4 % je Monat der Laufzeit

Darlehen	Bearb.-Geb. 2 %	Zinsen u. Kredit-provision	Zusammen	Tilgung	
				1. Rate	17 Raten je
500,—	10,—	36,—	46,—	36,—	30,—
600,—	12,—	43,20	55,20	26,20	37,—
700,—	14,—	50,40	64,40	33,40	43,—
800,—	16,—	57,60	73,60	40,60	49,—
900,—	18,—	64,80	82,80	47,80	55,—
1000,—	20,—	72,—	92,—	55,—	61,—
1100,—	22,—	79,20	101,20	62,20	67,—
1200,—	24,—	86,40	110,40	69,40	73,—
1300,—	26,—	93,60	119,60	76,60	79,—
1400,—	28,—	100,80	128,80	83,80	85,—
1500,—	30,—	108,—	138,—	91,—	91,—
1600,—	32,—	115,20	147,20	81,20	98,—
1700,—	34,—	122,40	156,40	88,40	104,—
1800,—	36,—	129,60	165,60	95,60	110,—
1900,—	38,—	136,80	174,80	102,80	116,—
2000,—	40,—	144,—	184,—	110,—	122,—

III. Die Zinseszinsrechnung

1. Allgemeines

Eine Zinseszinsrechnung liegt vor, wenn die innerhalb der Gesamtlaufzeit eines zinspflichtigen Kapitals fälligen Zinsen für die Teilzeitspanne (1, ½, ¼, ⅓ Jahr) dem Kapital zugeschlagen werden und damit das zinspflichtige Kapital erhöhen. Die Zinsen tragen wieder Zinsen.

Der Gesetzgeber legt fest:

§ 248 BGB: „Eine im voraus getroffene Vereinbarung, daß fällige Zinsen wieder Zinsen tragen sollen, ist nichtig.
Sparkassen, Kreditanstalten und Inhaber von Bankgeschäften können im voraus vereinbaren, daß nicht erhobene Zinsen von Einlagen als neue verzinsliche Einlagen gelten sollen. Kreditanstalten, die berechtigt sind, für den Betrag der von ihnen gewährten Darlehen verzinsliche Schuldverschreibungen auf den Inhaber auszugeben, können sich bei solchen Darlehen die Verzinsung rückständiger Zinsen im voraus versprechen lassen."

§ 355 HGB: „Steht jemand mit einem Kaufmann derart in Geschäftsverbindung, daß die aus der Verbindung entspringenden beiderseitigen Ansprüche und Leistungen nebst Zinsen in Rechnung gestellt und in regelmäßigen Zeitabschnitten durch Verrechnung und Feststellung des für den einen oder anderen Teil sich ergebenden Überschusses ausgeglichen werden (Kontokorrent, laufende Rechnung), so kann derjenige, welchem beim Rechnungsabschluß ein Überschuß gebührt, von dem Tage des Abschlusses an Zinsen von dem Überschuß verlangen, auch soweit Zinsen in der Rechnung enthalten sind.
Der Rechnungsabschluß geschieht jährlich einmal, sofern nicht ein anderes vereinbart ist."

Die Nichtigkeitserklärung der Verrechnung von Zinseszinsen wird in der Praxis kaum wirksam, da im Verkehr mit Sparkassen, Banken und sonstigen Kreditanstalten sowie im Kontokorrentverkehr die Verrechnung von Zinseszinsen nicht rechtswidrig ist.

Wenn auch bei langfristigen Finanzierungen in Form von Anleihen (Zins-, Raten- und Annuitätenschulden) in den Zeitabschnitten (meist halbjährlich) einfache Zinsen berechnet werden, so erfolgt doch die Bewertung aller Leistungen auf Grundlage der Zinseszinsrechnung. Sie gibt eine Vergleichsmöglichkeit der Renditen zwischen dem Kapital, das zinstragend unmittelbar in der Wirtschaft investiert wurde (Aktien, Obligationen, Gesellschaftsanteile) und dem Kapital, das auf Basis der Zinseszinsrechnung den Banken, Sparkassen und sonstigen Kreditinstituten zur Verfügung gestellt wird.

Die Zinseszinsrechnung geht davon aus, daß fällige Zinsen nicht abgehoben, sondern dem zinstragenden Kapital zugeschlagen werden.

2. Das Zinseszinsgesetz

Die folgenden Überlegungen führen zum Zinseszinsgesetz:

k_0 = Grundkapital; p = Prozentsatz je Jahr k_1 bis k_n = Endkapital; $\frac{p}{100} = i$; $1 + i = q$			Jahre
Kapital	Zinsen	Endkapital k_1 bis k_n	Laufzeit
k_0	$\frac{k_0 \cdot p}{100}$	$k_1 = k_0 + \frac{k_0 \cdot p}{100} = k_0\left(1 + \frac{p}{100}\right) = k_0\, q$	1
k_1	$\frac{k_1 \cdot p}{100}$	$k_2 = k_1 + \frac{k_1 \cdot p}{100} = k_1\left(1 + \frac{p}{100}\right) = k_0\, q^2$	2
k_2	$\frac{k_2 \cdot p}{100}$	$k_3 = k_2 + \frac{k_2 \cdot p}{100} = k_2\left(1 + \frac{p}{100}\right) = k_0\, q^3$	3
.	.	.	.
.	.	.	.
.	.	.	.
k_{n-1}	$\frac{k_{n-1} \cdot p}{100}$	$k_n = k_{n-1} + \frac{k_{n-1} \cdot p}{100} = k_{n-1}\left(1 + \frac{p}{100}\right) = k_0\, q^n$	n

q = Aufzinsungsfaktor; es ist der Multiplikator, um von k_0 zu k_1, von k_{n-1} zu k_n zu gelangen.

$$
\begin{array}{llll}
k_0 = k_0 & & & k_0 = k_0 \\
k_1 = k_0 & \cdot q & & k_1 = k_0 \cdot q \\
k_2 = k_1 & \cdot q & & k_2 = k_0 \cdot q^2 \\
k_3 = k_2 & \cdot q & & k_3 = k_0 \cdot q^3 \\
k_n = k_{n-1} & \cdot q & \text{oder} & k_n = k_0 \cdot q^n
\end{array}
$$

$$\boxed{k_n = k_0 \cdot q^n = \text{Zinseszinsgesetz*}}$$

3. Vergleich der Endkapitalbeträge

bei einfachen Zinsen und Zinseszinsen

$k_0 = 100,-$ DM; $p = 6\%$

	Endkapital bei einfachen Zinsen	Endkapital bei Zinseszinsen
Laufzeit	$k_n = k_0\left(1 + \frac{n \cdot p}{100}\right)$	$k_n = k_0 \cdot q^n$
1 Jahr	106,—	106,—
2 Jahre	112,—	112,36
3 ,,	118,—	119,10
4 ,,	124,—	126,25
10 ,,	160,—	179,08
20 ,,	220,—	320,71
30 ,,	280,—	574,35
40 ,,	340,—	1028,57
50 ,,	400,—	1842,02
100 ,,	700,—	33930,21

$y = k_0 \cdot q^n$; $y_1 = k_0\left(1 + \frac{n \cdot p}{100}\right)$

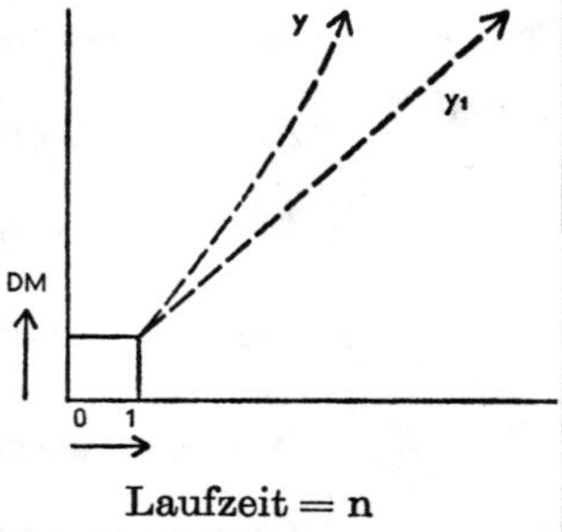

* Die Werte für q^n siehe Tabelle II S. 203.

4. Wachstum des Sozialproduktes einer Volkswirtschaft

Das Wachstum des Sozialproduktes einer Volkswirtschaft vollzieht sich, sofern als Zuwachsraten Durchschnittswerte, d.h. gleich hoch bleibende Jahresraten, angesetzt werden im Rhythmus des Zinseszinsgesetzes:

Jahre	Höhe des Sozialproduktes auf Basis 100 bei einer Zuwachsrate von x% jährlich		
	p = 4%	p = 5%	p = 6%
Anfang des 1. Jahres	100,00	100,00	100,00
Ende des 1. Jahres	104,00	105,00	106,00
Ende des 2. Jahres	108,16	110,25	112,36
Ende des 3. Jahres	112,49	115,76	119,10
Ende des 4. Jahres	116,99	121,55	126,25
Ende des 5. Jahres	121,67	127,63	133,82
Ende des 6. Jahres	126,53	134,01	141,85
Ende des 7. Jahres	131,59	140,71	150,36
Ende des 8. Jahres	136,86	147,75	159.39
Ende des 9. Jahres	142,33	155,13	168,95
Ende des 10. Jahres	148,02	162,89	179,09

5. Ableitungen aus dem Zinseszinsgesetz

$$k_n = k_0 \cdot q^n$$: Berechnung des Endkapitals

$$p = 100\left(\sqrt[n]{\frac{k_n}{k_0}} - 1\right)$$: Berechnung des Zinssatzes

$$n = \frac{\log k_n - \log k_0}{\log q}$$: Berechnung der Laufzeit.

$$k_0 = k_n \cdot \frac{1}{q^n} = k_n \cdot v^n$$: Barwert $\left(\frac{1}{q} = v\right.$, vgl. S. 204$\left.\right)$

Beispiele: a) Ein Kapital von 100,— DM wächst in 8 Jahren auf 150,61 DM an.

Zu welchem Prozentsatz ist es angelegt worden?

Lösung: p = 5,25%

b) Ein Kapital von 400,— DM wächst bei 6% Zinseszins auf 782,10 DM an.

Wie lange wurde es verzinst?

Lösung: n = 11,5 Jahre.

c) Ein Kapital $k_0 = 875,—$ DM steht 8 Jahre zu 6% auf Zinseszins. Durch eine Diskontsenkung wird der Zinssatz auf 5% gesenkt. Wie hoch ist das Endkapital nach weiteren 5 Jahren?

Lösung: $k_8 = k_0 \cdot q^{6/8}$

$k_{13} = k_8 \cdot q^{5/5} = k_0 \cdot q^{6/8} \cdot q^{5/5}$

$k_{13} = 875 \cdot 1{,}5939 \cdot 1{,}2763 = \underline{1780{,}—\text{ DM}}$

6. Die Zinssätze

In der Praxis findet man eine Vielfalt von Möglichkeiten, nach denen die fälligen Zinsen für Darlehen berechnet werden.

Banken, Sparkassen und sonstige Kreditgeber vereinbaren entweder nachträglich *(postnumerando)* fällige Jahreszinsen, oder halb- bzw. vierteljährlich nachträglich fällige Zinsen, oder im voraus *(pränumerando)* zu leistende Zinsen.

In der Praxis werden angewandt:

- dekursiver Zinsfuß: p
- relativer Zinsfuß: p_R
- konformer Zinsfuß: p_K
- Ersatzzinsfuß: p_E

a) Der dekursive Zinsfuß

p% ist der vereinbarte nachschüssig, am Ende des Jahres, zu verrechnende Jahreszinssatz.

Er findet bei einfachen Darlehen Anwendung.

b) Der relative Zinsfuß

Bei Schuldverschreibungen und Anleihen ist es fast ausnahmslos üblich, daß die vereinbarten Zinsen nicht am Ende eines Jahres geleistet werden, sondern in festgelegten Jahresteilabschnitten (halb- bzw. vierteljährlich) in entsprechenden Teilbeträgen. Man verwendet den relativen Zinssatz p_R%. Er ergibt sich aus der Division des dekursiven Zinssatzes p% durch die Anzahl der Jahresteilspannen (m)

$$\boxed{p_R = \frac{p}{m}}$$

z. B.: dekursiver Jahreszins 6% p. a.

Relative Zinssätze bei

½jährlicher Zinszahlung:	$6 \cdot 1/2$	$= 3\%$
¼ „ „ :	$6 \cdot 1/4$	$= 1{,}5\%$
⅓ „ „ :	$6 \cdot 1/3$	$= 2\%$
$1/12$ „ „ :	$6 \cdot 1/12$	$= 0{,}5\%$
$\frac{1}{m}$ „ „ :	$6 \cdot \frac{1}{m}$	$= \frac{6}{m}\,\%$

Unter Verwendung des relativen Zinssatzes geht das Zinseszinsgesetz:

$$k_n = k_0 \cdot \left(1 + \frac{p}{100}\right)^n \quad \text{über:}$$

für $^1/_2$jährliche Zinszahlung in $k_n = k_0 \left(1 + \frac{p}{2 \cdot 100}\right)^{2n}$

für $^1/_3$jährliche Zinszahlung in $k_n = k_0 \left(1 + \frac{p}{3 \cdot 100}\right)^{3n}$

. .
. .
. .

für $\frac{1}{m}$ jährliche Zinszahlung in $k_n = k_0 \left(1 + \frac{p}{m \cdot 100}\right)^{mn}$

Es ist ersichtlich, daß die Anwendung des relativen Zinssatzes zu einer höheren tatsächlichen Jahresverzinsung führt als die Anwendung des dekursiven, da die im Jahr gezahlten Zwischenzinsen wieder innerhalb des Jahres Zinsen tragen. Den dem relativen Zinsfuß entsprechenden gleichwertigen Jahreszinsfuß nennt man den konformen Zinsfuß.

	n=1	*Verzinsung mit relativen Zinssätzen* für nominell p = 6% p. a. (dekursiv)	
Zins-termine in Jahren	relativer Zinsfuß p_R	Zinseszinsgesetz $k_n = k_0 \left(1 + \frac{p}{100}\right)^n$	effektive Verzinsung =konformer Jahres-zinsfuß
$\frac{1}{2}$	3%	$k_n = k_0 \left(1 + \frac{3}{100}\right)^2 = k_0 \cdot q^{3/2} = k_0 \cdot 1{,}0609$	6,09%
$\frac{1}{3}$	2%	$k_n = k_0 \left(1 + \frac{2}{100}\right)^3 = k_0 \cdot q^{2/3} = k_0 \cdot 1{,}0612$	6,12%
$\frac{1}{4}$	1,5%	$k_n = k_0 \left(1 + \frac{1{,}5}{100}\right)^4 = k_0 \cdot q^{1{,}5/4} = k_0 \cdot 1{,}0614$	6,14%
$\frac{1}{12}$	0,5%	$k_n = k_0 \left(1 + \frac{0{,}5}{100}\right)^{12} = k_0 . q^{0{,}5/12} = k_0 \cdot 1{,}0617$	6,17%

(Für die Werte q^2 für z. B. 3 % ist die Kurzform $q^{3/2}$ gesetzt.)

c) Der konforme Zinsfuß

Entsprechend den Ausführungen unter b) ist der konforme Zinsfuß entweder:

a) der wertgleiche Jahreszinsfuß bei gegebener unterjährlicher Verzinsung, oder

b) der wertgleiche unterjährliche Zinssatz bei gegebenem Jahreszinssatz.

Es gilt der Grundsatz, daß bei Anwendung des konformen Zinsfußes für Zahlungen in Jahresteilabschnitten unter Berücksichtigung der Zwischenzinsen insgesamt derselbe Jahreszinsbetrag anfällt wie bei der dekursiven Verzinsung.

Berechnung des konformen unterjährlichen Zinsfußes p_K:

$$k_0\left(1+\frac{p_K}{100}\right)^m = k_1 = k_0\left(1+\frac{p}{100}\right)$$

$$\left(1+\frac{p_K}{100}\right)^m = 1+\frac{p}{100} = q$$

$$1+\frac{p_K}{100} = \sqrt[m]{q}$$

$$\boxed{p_K = 100\left(\sqrt[m]{q}-1\right) = \text{konformer Zinssatz}}$$

Beispiel: dekursiver Jahreszinsfuß 6% p. a.

Zinstermine $^1/_2$jährlich: konformer Zinssatz = 2,9668%

„ $^1/_3$jährlich: „ „ = 1,96%

„ $^1/_4$jährlich: „ „ = 1,466%.

Berechnung des konformen Jahreszinsfußes p_K:

$$k_1 = k_0\left(1+\frac{p}{100}\right)^m = k_0\left(1+\frac{p_K}{100}\right) = k_1$$

$$p_K = 100\left[\left(1+\frac{p}{100}\right)^m - 1\right] = 100\,(q^m-1)$$

$$\boxed{p_K = 100\,(q^m-1)}$$

Beispiel: Zinstermine halbjährlich nachträglich mit 3%:

Konformer Jahreszinssatz: $p_K = 100\cdot(q^{3/2}-1) = 6{,}09\%$

d) Vorschüssige Verzinsung — Ersatzzinsfuß

Werden die Zinsen von einem Kapital nicht am Ende der Zinseinheit, sondern zu Beginn erhoben, spricht man von vorschüssiger, antizipativer Verzinsung.

Diese Rechnungsmethode wird in der Praxis zum Beispiel angewandt beim Lastenausgleich, beim Diskontgeschäft und bei der geometrisch-degressiven Abschreibung (Buchwertabschreibung).

Der Gesetzgeber des Lastenausgleichsgesetzes hat die antizipative Verzinsung zur Grundlage der Berechnung und Bewertung vieler Leistungen gemacht.

Bei der Diskontierung eines Wechsels durch die Bank wird eine Abzinsung der Wechselsumme für die Zeit vom Diskontierungstag bis zum Verfalltag vorgenommen. Dieser Diskont wird vom Gläubiger bei Ausstellung des Wechsels vorschüssig in die Wechselsumme einbezogen.

Bei der geometrisch-degressiven Abschreibung des beweglichen, abnutzbaren Anlagevermögens treten ebenfalls vorschüssige Abzinsungsfaktoren auf.

Beispiel für eine vorschüssige Verzinsung:

Für die Gewährung eines Darlehns von 1000,— DM, rückzahlbar nach 1 Jahr, werden 6% antizipativer Zins vereinbart. Der Gläubiger zahlt dem Schuldner 940,— DM aus, d. h. die Entschädigung für die Gewährung des Darlehns wird im voraus berechnet. Der Barwert von 940,— DM entspricht nach 1 Jahr einem Endwert von 1000,— DM.

Allgemein dargestellt:

Anfangskapital = Endkapital — Zinsen in Prozenten des Endkapitals

$$k_0 = k_1 - \frac{k_1 \cdot p_A}{100} = k_1 (1 - i_A) \rightarrow k_1 = \frac{k_0}{(1-i_A)^1}$$

$$k_1 = k_2 - \frac{k_2 \cdot p_A}{100} = k_2 (1 - i_A) \rightarrow k_2 = \frac{k_1}{(1-i_A)} = \frac{k_0}{(1-i_A)^2}$$

$$\vdots$$

$$k_{n-1} = \ldots\ldots\ldots\ldots = k_n (1 - i_A) \rightarrow k_n = \frac{k_{n-1}}{(1-i_A)} = \frac{k_0}{(1-i_A)^n}$$

Vorschüssige Zinseszinsformel: $$\boxed{k_n = \frac{k_0}{(1 - i_A)^n}}$$

Bei der antizipativen Verzinsung wird ein gegebener Kapitalwert abgezinst. Der Barwert wird aus dem Endwert errechnet.

Bei der dekursiven Verzinsung wird ein gegebener Kapitalwert aufgezinst. Der Endwert wird aus dem Barwert berechnet.

Da aber im allgemeinen die nachschüssige, dekursive Verzinsung üblich ist und die Zins- und Zinseszinsformeln für die Kurs- und Renditeberechnung auf der Grundlage der nachschüssigen Verzinsung entwickelt worden sind, ist es zweckmäßig, die vorschüssige Verzinsung zu p_A% wertgleich in eine entsprechende nachschüssige Verzinsung zu p_E% (Ersatzzinsfuß) umzuwandeln. Die nachschüssige Verzinsung zum Ersatzzinsfuß p_E% ist wertgleich der vorschüssigen Verzinsung zum Zinssatz p_A%. Die Beziehungen zwischen dem antizipativen und dem Ersatzzinsfuß ergeben sich aus folgenden Überlegungen:

Da bei der vorschüssigen Verzinsung der Zins (p_A) vorweg berechnet wird, besteht die Möglichkeit, diesen 1 Jahr lang dekursiv (p_E) auf Zinsen zu legen. Daraus folgt:

$$p_A < p$$

$$1. \quad p_A + p_A \cdot \frac{p_E}{100} = p_E$$

$$100\,p_A + p_A \cdot p_E = 100\,p_E$$

$$p_A\,(100 + p_E) = 100\,p_E$$

$$\boxed{p_A = \frac{100 \cdot p}{100 + p_E}}$$

$$2. \quad 100\,p_A + p_A \cdot p_E = 100\,p_E$$

$$100\,p_A = 100\,p_E - p_A\,p_E$$

$$100\,p_A = p_E\,(100 - p_A)$$

$$\boxed{p_E = \frac{100 \cdot p_A}{100 - p_A}}$$

Vergleich zwischen vorschüssiger und nachschüssiger Verzinsung

Beispiel:

Dekursiv p_E	Antizipativ p_A
2,0408	2%
2,564	2,5%
3,093	3%
4,1667	4%
5,263	5%
6,383	6%
7,526	7%

Beispiel einer Kapitalwertberechnung

bei einfacher Verzinsung und Zinseszinsen unter Verwendung des nachschüssigen, vorschüssigen, relativen und konformen Zinsfußes.

Auf welchen Betrag wachsen 100,— DM in 2 Jahren bei $p = 6\%$ p. a. an?

1. Bei einfacher Verzinsung;
2. bei Zinseszins und ganzjährlicher Verzinsung
   a) dekursiv 6% p. a. $= p$
   b) antizipativ 6% p. a. $= p_A$;
3. bei Zinseszins und vierteljährlicher Verzinsung unter Verwendung:
   a) des relativen Zinsfußes $= p_R$
   b) des konformen ,, $= p_K$.

Lösung: Ersatzzinsfuß 6,383% $= p_E$
relativer Zinsfuß 1,5% $= p_R$
konformer ,, 1,466% $= p_K$

Zu 1. $k_n = k_0 + \frac{k_0 \cdot p \cdot 2}{100} = 100 + 12 = \underline{\underline{112,—}}$

Zu 2. a) $k_n = k_0 \cdot q^2 = 100 \cdot 1{,}1236 = \underline{\underline{112{,}36}}$

b) $k_n = k_0\, q_E^2 = 100 \cdot 1{,}1317 = \underline{\underline{113{,}17}}$

Zu 3. a) $k_n = k_0 \left(1 + \frac{1,5}{100}\right)^8 = 100 \cdot 1,1265 = \underline{112,65}$

b) $k_n = k_0 \left(1 + \frac{1,466}{100}\right)^8 = 100 \cdot 1,1236 = \underline{112,36}.$

7. Die unterjährliche Laufzeit der Verzinsung

1. Endet die Zinsperiode nicht mit vollen Jahren, so berechnet man auf Grund der Zinseszinsformel den Endwert k_n für die vollen Jahre und nach der einfachen Zinsrechnung die Zinsen auf k_n für den Jahresteilabschnitt *(gemischte Verzinsung:)*

$$k_{n+t} = k_0 \cdot q^n + \frac{k_0 \, q^n \, p \cdot t}{100} \qquad (t = \text{Jahresteilspannen})$$

$$k_{n+t} = k_0 \cdot q^n \left(1 + \frac{p \cdot t}{100}\right)$$

$$k_{n+t} = k_0 \cdot q^n \, (1 + i\,t) \qquad \left(i = \frac{p}{100}\right)$$

2. Verwendet man die reine Zinsformel $k_n = k_0 \cdot q^n$ nicht nur für n = volle Jahre, sondern ebenfalls für gebrochene Werte, kommt man zum Ansatz:

$$k_{n+t} = k_0 \cdot q^{n+t} = k_0 \cdot q^n \cdot q^t.$$

Es ist offenbar, daß die Werte k_{n+t} voneinander abweichen müssen, da

$$q^n \, (1 + i\,t) \text{ nicht wertgleich ist mit } q^n \cdot q^t.$$

Ein *Beispiel* soll den Vergleich verdeutlichen.
Wie hoch ist der Endwert k_{n+t}, wenn $k = 100$; $p = 6\%$; $n + t = 8$ Jahre 3 Monate ?

1. Berechnungsmethode (tabellarisch):

$k_{n+t} = k_0 \cdot q^n \, (1 + i\,t)$

$k_{8,25} = 100 \cdot 1,593848 \cdot (1 + 0,06 \cdot 0,25) = \underline{161,77}.$

2. Berechnungsmethode (tabellarisch mit Interpolation):

$k_{n+t} = k_0 \cdot q^{n+t}$

$k_{n+t} = 100 \cdot q^{8,25}$

Interpolation:	q^9	=	1,68947896	
(Zwischenwertrechnung)	q^8	=	1,59384807	
Differenz	1	→	0,09563089	
„	0,25	→	0,09563089 · 0,25	= 0,02390772
	$q^{8,25}$	=	1,59384807	
			+0,02390772	
			1,61775579	= $q^{8,25}$

$k_{n+t} = 100 \cdot q^{8,25} = 100 \cdot 1,61775579 = \underline{161,77}$

3. Berechnungsmethode (tabellarisch und logarithmisch):

$k_{n+t} = k_0 \cdot q^{n+t} = k_0 \, q^n \cdot q^t = 100 \cdot q^8 \cdot q^{0,25}$

$k_{n+t} = 100 \cdot 1,59384807 \cdot 1,0147 = \underline{161,73}.$

Das Bemerkenswerte ist, daß sich die Ergebnisse 1 und 2 decken, während die Lösung 3 eine wenn auch kleine, so doch grundsätzliche Abweichung enthält.

Für Werte $n < 1$ ergibt sich, daß k_n bei der Verwendung der Zinseszinsformel

$$k_n = k_0 \cdot q^n$$

kleiner ist als bei einfacher Verzinsung nach der Formel:

$$k_n = k_0 (1 + i \cdot n).$$

Beispiel: $0 < n < 1$
$k_0 = 100,—$; $p = 5\%$

n	Aufzinsungsfaktor: q^n	k_n Zinseszins	k_n einfacher Zins
0,5	0,5 · log 1,05 = 1,0247	102,47	102,5
0,33	0,33 · log 1,05 = 1,0164	101,64	101,67
0,25	0,25 · log 1,05 = 1,0123	101,23	101,25
0,0833	0,0833 · log 1,05 = 1,0041	100,41	100,417

Die Begründung ist darin zu suchen, daß k_n

a) bei einfacher Zinsrechnung linear,

b) bei der Zinseszinsrechnung nach der Formel

$$k_n = k_0 \cdot q^n$$

progressiv wächst.

Es handelt sich um eine Exponentialfunktion, deren Kurvenstück für $0 < n < 1$ unterhalb der Zinsgeraden verläuft:

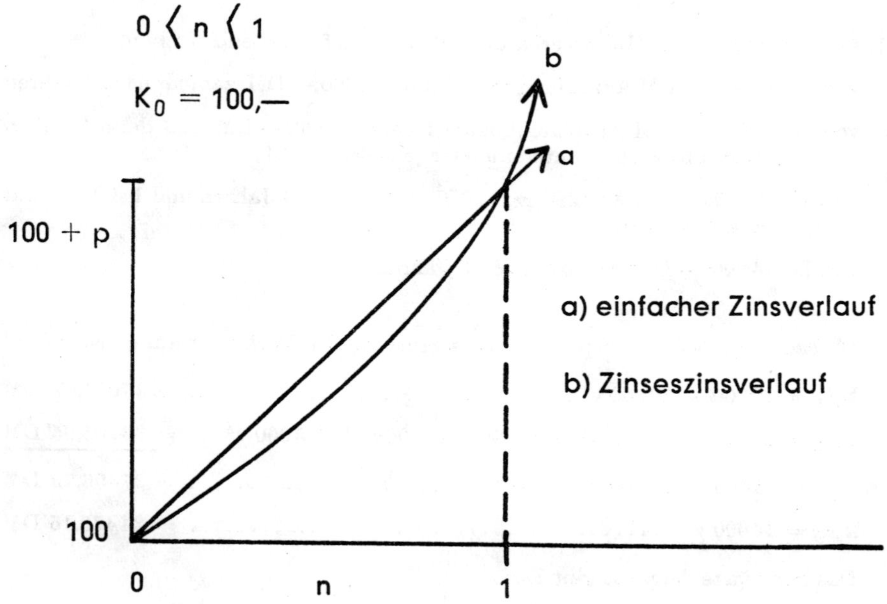

Ergebnis: Die Ergebnisse bei der Anwendung der gemischten Verzinsung decken sich mit denen aus der Verwendung des reinen Zinseszinsgesetzes, wenn zwischen n und n + 1 interpoliert wird. Die Interpolation ersetzt die Kurvenordinaten durch die Ordinaten der Sehne.

Beispiele aus der Zinseszinsrechnung

1. Ein Kapital von 8500,— DM wächst bei einem Zinseszinssatz von 5% p. a. in 6 Jahren auf 11390,81 DM an.

2. Bei einem Kapitalzuwachs von 2500,60 DM auf 5500,60 DM in 10 Jahren hat ein Zinseszinssatz von 6,25% p. a. zugrunde gelegen.

3. Ein Kapital von 7500,— DM wächst in 5 Jahren bei 5% p. a. an

   a) bei einfachen Zinsen auf .... 9375,— DM

   b) bei Zinseszinsen (dekursiv) auf .... 9572,11 „

   c) bei halbjährlicher Zinszahlung auf ...... 9600,63 „

   d) bei antizipativen Zinseszinsen auf .... 9692,67 „

   e) einem 5%igen dekursiven Jahreszinssatz entspricht ein konformer Halbjahreszinssatz von 2,469%.

4. Ein Kapital von 9500,— DM wächst bei 5,5% p. a. Zinseszinsen in 6 Jahren und 3 Monaten an auf 13279,12 DM.

5. Beim Verkauf eines Hauses erhält der Makler die folgenden Angebote:

   von A: 12000,— DM Anzahlung und weitere 30000,— DM, zahlbar nach 4 Jahren

   von B: 10000,— DM Anzahlung, nach 1 Jahr 16000,— DM und dann 3mal in Jahresabständen hintereinander je 5000,— DM;

   von C: 18000,— DM Anzahlung, 11000,— DM nach 4 Jahren und 14000,— DM nach 6 Jahren;

   von D: 44000,— DM, zahlbar nach 5 Jahren.

   Welches Angebot ist bei p = 5% Zinseszins für den Verkäufer am günstigsten?

   $k_0/_A = 12000 + 30000\,v^4$ .... = 36681,07 DM

   $k_0/_B = 10000 + 16000\,v^1 + 5000\,v^2 + 5000\,v^3 + 5000\,v^4$ = $\underline{38205{,}95\ \text{DM}}$

   $k_0/_C = 18000 + 11000\,v^4 + 14000\,v^6$ .... = 37496,75 DM

   $k_0/_D = 44000\,v^5$ .... = 34475,15 DM

   Das günstigste Angebot gibt B ab.

8. Sparverträge

a) Ratensparvertrag

Für einen Ratensparvertrag gilt grundsätzlich folgendes:

1. Ein Sparvertrag mit festgelegten gleichbleibenden Sparraten wird geschlossen.
2. Die Zahlungen erfolgen monatlich oder vierteljährlich für die Dauer von 5 Jahren.
3. Die Festlegungsfrist endet mit Ablauf des sechsten Jahres.
4. Eine Sparprämie wird gewährt, deren Höhe abhängig ist vom Lebensalter und vom Familienstand des Sparers; sie beträgt zwischen 20 und 30% der Sparbeiträge.
5. Die Sparprämie ist einkommensteuer- bzw. lohnsteuerfrei.
6. Mindest- und Höchstsparbeträge sind gesetzlich festgelegt worden.
7. Die Sparprämie und die Sparbeiträge werden in der Festlegungsfrist verzinst (einschl. Zinseszinsen).

b) Der „Allgemeine Sparvertrag"

Für den „Allgemeinen Sparvertrag" gilt insbesondere, daß nur einmal ein Sparbeitrag geleistet wird.
(Einzelfragen regelt das Sparprämiengesetz.)

Beispiele:

„Allgemeiner Sparvertrag" für eine alleinstehende Person bis zu 50 Jahren:

Sparbeitrag	600,— DM
Sparprämie 20%	120,— „
Zinsen auf die Prämie und auf die Beiträge	230,— „ [1])
	950,— DM

Jahresrendite: 950,— DM
— 600,— „
350,— DM Erträge auf 600,— DM in 6 Jahren,
d. h. 8% p. a.

[1])Zinsberechnung:

a) Sparbeitrag 600,— DM zu 5% p. a., für 6 Jahre:

$$600 \cdot q^{5/6} = 804{,}06 \text{ DM}$$
— 600,— „
204,06 DM Zinsen

b) Zinsen auf die Sparprämie:
Betrag: 120,— DM für 4 Jahre*) zu 4 ½% p. a.

$$120 \,.\, q^{4/5} = 145{,}94 \text{ DM}$$
Zinsen: .... — 120,— „
25,94 DM

c) Gesamtzinsen:

$$204{,}06 + 25{,}94 = 230{,}\text{— DM}$$

c) Wertpapier-Sparvertrag

Prämienbegünstigt sind auch die bei einem Kreditinstitut entgeltlich erworbenen Wertpapiere (Aktien, Schuldverschreibungen sowie Investmentanteile) in

*) Eine gutgeschriebene Prämie wird vom Beginn des Jahres an verzinst, das dem Kalenderjahr folgt, in dem die Sparbeiträge geleistet wurden.

Verbindung mit einem „Allgemeinen Sparvertrag“.

d) Ebenfalls prämienbegünstigt ist der „Allgemeine Sparvertrag“ in Verbindung mit den Gesetzen zur Förderung der Vermögensbildung der Arbeitnehmer (624-DM-Gesetz)

e) Ansparraten und ihr Kapitalwert ohne Prämienbegünstigung

Kapitalwert am Ende der Jahre bei monatlichen Ansparraten von DM 100,—, *eingezahlt am Monatsanfang.*
(*Die Zinsverrechnung erfolgt jährlich nachträglich.*)

Wert am Ende der Jahre	Zinssatz				
	6% p.a.	8% p.a.	10% p.a.	12% p.a.	15% p.a.
1.	1239,00	1252,00	1265,00	1270,00	1297,50
2.	2552,34	2604,16	2656,50	2709,19	2789,62
3.	3944,48	4064,48	4187,15	4312,21	4505,57
4.	5420,17	5641,65	5870,86	6107,60	6478,90
5.	6984,36	7344,96	7722,94	8118,43	8748,23
6.	8642,44	9145,85	9760,25	10370,56	11357,35
7.	10399,99	11171,32	12001,27	12892,84	14359,14
8.	12262,97	13317,00	14466,40	15718,02	17810,49
9.	14237,76	15634,36	17178,03	18882,10	21779,59
10.	16331,03	18137,20	20160,84	22425,88	27617,02
11.	18549,85	20840,13	23441,93	26394,90	32866,12
12.	20901,85	23759,38	27051,12	30840,21	37629,63
13.	23394,93	26912,10	31021,23	35818,96	44571,57
14.	26037,71	30317,08	36388,35	41395,15	52554,80
15.	28838,95	33994,37	40192,19	47640,49	61735,53
16.	31808,31	37966,00	45476,41	54635,27	73566,33
17.	34955,82	42255,26	51288,93	62469,41	84434,86
18.	38292,17	46887,73	57682,95	71243,67	98397,60
19.	41828,70	51890,75	64716,25	81070,84	114454,64
20.	45577,40	57293,99	72452,87	92077,25	132920,42

9. Die stetige Verzinsung und das organische Wachstum

Die Zinseszinsrechnung findet nicht nur im reinen Geldverkehr Anwendung, sondern auch physikalische, chemische und biologische Vorgänge sind durch die Zinseszinsrechnung zu erfassen.

*) Vgl. S. 56: a_n.
**) Zu beachten sind die besonderen Zins-Laufzeiten für Sparprämien (vgl. Sparprämiengesetz).

Bei diesen Prozessen handelt es sich um eine kontinuierliche Verzinsung in kürzesten Zeitspannen; z. B. das Wachstum eines Baumes oder Waldes vollzieht sich nicht in Sprüngen, sondern der Zuwachs erfolgt kontinuierlich und auch das zugewachsene Holz, vergleichbar den Zinsen im Geldverkehr, die wieder Zinsen tragen, bringt einen weiteren Zuwachs. Um dieses organische Wachstum in der Forstwirtschaft quantitativ erkennen zu können, formt man die Zinseszinsformel für unterjährliche Verzinsung derart um, daß man die Verzinsungsintervalle unendlich klein werden läßt.

Man entwickelt die Formel für die stetige Verzinsung aus der Gleichung:

$$K_n = K_0 \left(1 + \frac{p}{m \cdot 100}\right)^{m \cdot n}, \text{ in der m unendlich groß wird.}$$

Setzt man in der Formel für $\frac{p}{m \cdot 100}$ den Wert $\frac{1}{x}$ ein und demnach $m = \frac{p \cdot x}{100}$, erhält man

$$K_n = K_0 \left(1 + \frac{1}{x}\right)^{\frac{x \cdot n \cdot p}{100}}.$$

Der Ausdruck $\left(1 + \frac{1}{x}\right)^x$ wird untersucht; gesucht wird der Grenzwert von $\left(1 + \frac{1}{x}\right)^x$ für $x = \infty$. Man schreibt das in der Form $\lim\limits_{x \to \infty}{}^{*} \left(1 + \frac{1}{x}\right)^x$.

Die Ermittlung dieses Grenzwertes ist möglich

a) rein rechnerisch, indem man den Wert logarithmisch für hohe x-Werte ausrechnet;

b) durch eine reine mathematische Ausrechnung im Rahmen der Grenzwertrechnung.

Auf die mathematische Ableitung wird hier verzichtet. Die einfache Rechnung ergibt für $x = 10000$ den Grenzwert 2,718.

Der genaue Grenzwert wird mit e bezeichnet und beträgt 2,7182818284:

$$\lim_{x \to \infty} \left(1 + \frac{1}{x}\right)^x = e = 2{,}71828.$$

Eingesetzt in unsere Zinseszinsformel ergibt sich die Funktion für das organische Wachstum:

$$\boxed{K_n = K_0 \cdot e^{\frac{n \cdot p}{100}}}$$

Anwendungsbereiche:

a) Das organische Wachstum des Waldes:

Ein Wald, dessen Holzbestand auf 10000 cbm geschätzt ist, wächst jährlich

* lim = *limes* = Grenzwert.

im Durchschnitt mit 3% an. Wie hoch ist der Holzbestand in 5, 6 und 10 Jahren, wenn kein Holz geschlagen wird?

Lösung:

$$K_n = K_0 \cdot e^{\frac{p}{100} n}$$
$$K_n = 10000 \cdot e^{0,03 \cdot 5} = 10000 \cdot e^{0,15}$$
$$\log K_n = \log 10000 + 0,15 \cdot \log e$$
$$K_n = 11618 \text{ cbm nach } 5 \text{ Jahren}$$
$$K_n = 11973 \text{ cbm nach } 6 \text{ Jahren}$$
$$K_n = 13499 \text{ cbm nach } 10 \text{ Jahren.}$$

b) Holzzellulose wird zu Traubenzucker abgebaut (Holzverzuckerung). Auch hier kann die Kenntnis der Umsetzungsgeschwindigkeit für den Betrieb von Bedeutung sein.

Bei der Verzuckerung von Holzabfällen mit verdünnter Schwefelsäure unter Druck im Autoklaven erzielt man bei einer Arbeitstemperatur von 170° C in 6 Stunden eine Ausbeute von 80%. Eine 100%ige Ausbeute wird nicht erreicht, da Zuckerzersetzungen nicht vermieden werden können.

Die ideale Verzuckerung der Holzzellulose ist ein stetiger Abbau, eine stetige Abzinsung, entsprechend der Formel

$$K_0 = \frac{K_n}{e^{\frac{n \cdot p}{100}}} = K_n \cdot e^{-\frac{n \cdot p}{100}}$$

Der Grundgleichung für die stetige Abzinsung gibt man die mathematische Form

$$y = a \cdot e^{-K \cdot t}$$

y = Menge nach Ablauf der Reaktion
a = Menge vor Ablauf der Reaktion
K = Konstante
t = Zeit

Beispiel: In welcher Zeit sind von 10 t Zellulose 5 t zu Glukose abgebaut bei einer Zuckerbildungskonstante K = 0,66?

(Zuckerzersetzungsreaktionen im geschlossenen Autoklaven bleiben unberücksichtigt; es wird ein idealer Verzuckerungsverlauf angenommen.)

Lösung:

$$y = a \cdot e^{-Kt}$$
$$5 = 10 \cdot e^{-0,66\,t}$$
$$\tfrac{1}{2} = e^{-0,66\,t}$$
$$\ln 1 - \ln 2 = -0,66\,t \cdot \ln e \qquad (\ln = \text{Log. naturalis})$$
$$-0,69315 = -0,66\,t$$
$$t = \frac{0,69315}{0,66} = \underline{\underline{1,05 \text{ Stunden}}}$$

c) Radioaktiver Zerfall:
Bei allen radioaktiven Elementen, wie Uran, Radium, Thorium u. a , verläuft der Zerfall nach dem Gesetz der stetigen Abzinsung Da der Zerfall der Atomkerne statistischen Gesetzen unterliegt, spricht man von einer Halbwertzeit, das ist die Zeit, in der von einer Menge a die Hälfte zerfallen ist. Die Zeitdauer ist für jedes Element konstant und charakteristisch.

Beispiel: Berechne die Zerfallskonstante des Elementes Radium mit einer Halbwertzeit von t = 1 590 Jahren!

Lösung: $y = a \cdot e^{-Kt}$ $\qquad \ln 1 - \ln 2 = -1590\,K \cdot \ln e$

$1 = 2 \cdot e^{-K \cdot 1590}$ $\qquad -0{,}69315 = -1590\,K$

$$K = \frac{0{,}69315}{1590} = \underline{0{,}000436}$$

d) Bei dem Prozeß der Verseifung von Fetten, ihrer Aufspaltung in Glyzerin und Fettsäuren, interessiert die Geschwindigkeit des Abbaues bei den verschiedenen Verfahren (Autoklavenspaltung mit und ohne Katalysator), um über die Wirtschaftlichkeit und Rentabilität unter Berücksichtigung der Zeit der Reaktionsumsetzung, der erforderlichen Wärmemengen und der Druckverhältnisse Aussagen machen zu können.

Beispiel: In welcher Zeit (Std.) sind 90 % der Fette bei einer Spaltungskonstanten-K = 0,58 zu Fettsäuren und Glyzerin verseift?
Die hydrolytische Aufspaltung erfolgt mit überhitztem Wasserdampf bei 170—180° C unter Überdruck im Autoklaven.

Lösung: $y = a \cdot e^{-Kt}$ $\qquad \ln 1 - \ln 10 = -0{,}58\,t \cdot \ln e$

$1 = 10 \cdot e^{-0{,}58\,t}$ $\qquad -2{,}30259 = -0{,}58\,t$

$$t = \frac{2{,}30259}{0{,}58} = \underline{3{,}97 \text{ Std.}}$$

10. Übersicht über in der Praxis gebräuchliche Formeln

Bezeichnungen:

k_0 = Anfangskapital

k_n = Endkapital

p = dekursiver Zinssatz p. a.

p_K = konformer Zinssatz

p_R = relativer Zinssatz

p_E = Ersatzzinsfuß

$i = \frac{p}{100}$

$q = 1 + i$

n = Laufzeit in vollen Jahren

t = Laufzeit t-ter Teil eines Jahres

m = Anzahl der Zinszahlungen innerhalb eines Jahres.

In der Praxis gebräuchliche Formeln:

1. $k_n = k_0 \cdot q^n$: Zinseszinsgesetz für volle Jahre.
2. $k_{n+t} = k_0 \cdot q^n (1 + i\,t)$: Zinseszinsgesetz für Laufzeit mit gebrochenen Jahren.
3. $k_n = k_0 \left(1 + \frac{p}{m \cdot 100}\right)^{n \cdot m}$: Zinseszinsgesetz bei unterjährlicher Verzinsung.

IV. Lineare und degressive Abschreibung

Der Begriff der Abschreibung ist festgelegt im § 7 EStG:

„Bei Wirtschaftsgütern, deren Verwendung oder Nutzung durch den Steuerpflichtigen zur Erzielung von Einkünften sich erfahrungsgemäß auf einen Zeitraum von mehr als einem Jahr erstreckt, ist jeweils für ein Jahr der Teil der Anschaffungs- oder Herstellungskosten abzusetzen, der bei Verteilung dieser Kosten auf die Gesamtdauer der Verwendung oder Nutzung auf ein Jahr entfällt (Absetzung für Abnutzung in gleichen Jahresbeträgen). Die Absetzung bemißt sich hierbei nach der betriebsgewöhnlichen Nutzungsdauer des Wirtschaftsgutes .... Absetzungen für außergewöhnliche technische oder wirtschaftliche Abnutzung sind zulässig."

Abschreibungen haben als Kosten- und Aufwandsfaktor die Aufgabe, die durch Verschleiß, Veralterung und Beschädigung, d. h. die durch technische, wirtschaftliche und rechtliche Abnutzung verursachte Wertminderung zu erfassen und sie angemessen auf die Nutzungsdauer zu verteilen.

In zunehmendem Maße gehen die Betriebe von der linearen, gleichmäßigen Abschreibungsform über zur degressiven, weil bei ihr die Kosten- und Aufwandsverteilung eine beachtliche Verlagerung des Gewinns und damit der Gewinnbesteuerung in die Zukunft möglich wird. Eine solche Verlagerung wird mehr und mehr angestrebt, da den Betrieben in der kapitalarmen Zeit die Möglichkeit gegeben wird, zusätzliche Mittel, billiges Kapital zur Verfügung zu halten.
Die degressive Abschreibung führt durch Steuereinsparung zu zinsfreien, zusätzlichen Krediten durch den Staat.

Die degressive Abschreibung tritt auf als

1. gleichförmige AfA vom Buchwert,
   Buchwertabsetzung: geometrisch-degressive Abschreibung,
2. gemilderte geometrisch-degressive Abschreibung,
3. degressive Abschreibung mit arithmetischem Abfall,
4. degressive Abschreibung in Staffelsätzen,
5. degressive Abschreibung in Leistungseinheiten.

In Sonderfällen kann auch die progressive (steigende) Methode der Abschreibung angewendet werden. Tritt die volle Ausnutzung von Wirtschaftsgütern des Anlagevermögens erst in späteren Jahren ein oder erhöhen sich die Reparaturkosten einer Anlage mit zunehmendem Alter, so ist es möglich, in steigenden Jahresbeträgen abzuschreiben.

Als ein weiteres Abschreibungsverfahren ist das „Abschreibungszinsverfahren" zu erwähnen, das theoretisch durchaus interessant, aber praktisch ohne Bedeutung ist. Steigende Abschreibungsbeträge werden mit fallenden Zinsen von den jeweiligen Buchwerten zu einem jährlich gleichbleibenden Abschreibungszins verbunden. Diese Abschreibungsmethode mit steigenden Jahresbeträgen entspricht der Tilgung von Anleihen mit jährlich gleichbleibenden Annuitäten (siehe S. 180ff.).

Nach § 7 EStG dürfen unbewegliche abnutzbare Wirtschaftsgüter (Gebäude) (§ 7,1 EStG) nur linear abgeschrieben werden. Für bewegliche abnutzbare Wirtschaftsgüter des Betriebsvermögens kann die Abschreibung wahlweise nach der linearen oder degressiven Methode erfolgen (§ 7,2 EStG).

Der Übergang von der linearen zur degressiven Abschreibung ist nicht erlaubt; ein Wechsel von der degressiven zur linearen dagegen ist gestattet (§ 7,3 EStG, vgl. S. 41).

1. Die lineare Abschreibung

Die lineare Abschreibung verteilt die Wertminderung nach gleichbleibenden Hundertsätzen vom Anschaffungs- oder Herstellungswert auf die Jahre der betriebsgewöhnlichen Nutzungsdauer.

Abschreibungsprozente und Abschreibungsbeträge bleiben jährlich konstant:

A = Anschaffungs- = Herstellungswert
n = betriebsgewöhnliche Nutzungsdauer
$\frac{A}{n}$ = jährlicher Abschreibungsbetrag.

Drückt man den Abschreibungsbetrag in Prozenten des Anschaffungswertes aus, so erhält man den Abschreibungsprozentsatz:

$$p = \frac{\frac{A}{n} \cdot 100}{A} = \frac{A \cdot 100}{n \cdot A} = \frac{100}{n}$$

Die lineare Abschreibung findet in der Praxis Anwendung, soweit

1. das Gut in den Jahren der Nutzungsdauer eine etwa konstante Gebrauchsfähigkeit besitzt;
2. die Reparaturen etwa gleichmäßig anfallen;
3. die Inanspruchnahme, der Beschäftigungsgrad, ungefähr gleich hoch bleibt;
4. die Wertminderung gleichmäßig mit der Zeit verläuft.

Bedenkt man, daß nach Ablauf der betriebsgewöhnlichen Nutzungsdauer das Wirtschaftsgut nicht völlig wertlos geworden zu sein braucht, daß vielleicht ein ganz beachtlicher Schrottwert (Abbruchswert) besteht, so ergibt sich die lineare Abschreibung auf den Schrottwert nach folgendem Ansatz:

S = Schrottwert (Erlös — Verkaufskosten)

$\frac{A - S}{n}$ = jährlicher Abschreibungsbetrag

$$p = \frac{\frac{A - S}{n} \cdot 100}{A} = \frac{100\,A - 100\,S}{n \cdot A} = \frac{\frac{100\,A}{A} - \frac{100\,S}{A}}{\frac{n \cdot A}{A}}$$

$$\boxed{p = \frac{100 - \frac{S \cdot 100}{A}}{n}}$$

Beispiel: Eine Maschine, Anschaffungswert 10000,— DM, soll bei einer betriebsgewöhnlichen Nutzungsdauer von n = 10 Jahre linear abgeschrieben werden:

a) ohne Schrottwert: $p = \frac{100}{10} = \underline{10\%}$;

b) auf den Schrottwert von 1000,— DM

$$p = \frac{100 - 10}{10} = \underline{9\%}.$$

Abschreibungsverlauf

	a) ohne Schrottwert: S = 0		b) mit Schrottwert: S = 1000,—	
Jahre	Restwert	Abschreibung 10%	Restwert	Abschreibung 9%
1	10000,—	1000,—	10000,—	900,—
2	9000,—	1000,—	9100,—	900,—
3	8000,—	1000,—	8200,—	900,—
4	7000,—	1000,—	7300,—	900,—
5	6000,—	1000,—	6400,—	900,—
6	5000,—	1000,—	5500,—	900,—
7	4000,—	1000,—	4600,—	900,—
8	3000,—	1000,—	3700,—	900,—
9	2000,—	1000,—	2800,—	900,—
10	1000,—	1000,—	1900,—	900,—
	0	—	1000,—	—
		10000,—		9000,—

Graphische Darstellung des Abschreibungsverlaufes mit Restwerten

Ohne Schrottwert

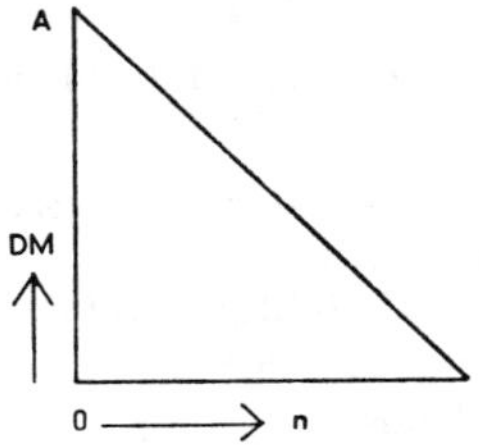

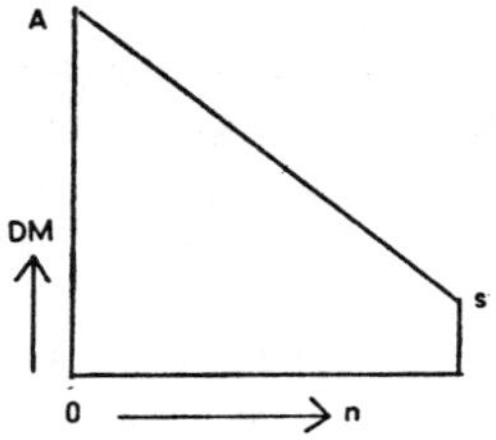

Mit Schrottwert

2. Die degressive Abschreibung

a) Die gleichförmige AfA vom Buchwert (geometrisch-degressive Abschreibung)

Grundsätzliches

Im Gegensatz zur linearen Abschreibung nimmt die degressive die Absetzungen mit ungleichmäßigen, fallenden Jahresbeträgen vor. Der Abschreibungsprozentsatz ist konstant und bezieht sich auf den jeweiligen letzten Buchwert. Die degressive Abschreibungsmethode kennzeichnet sich durch folgende Merkmale:

1. hohe Abschreibungen in den ersten Jahren der Nutzungsdauer;
2. die Abschreibungsbeträge fallen von Jahr zu Jahr (degressiv = fallende Abschreibung);

3. das Gut kann nie auf den Wert Null abgeschrieben werden, es bleibt stets ein Restwert = Schrottwert, Abbruchswert;
4. die Höhe des Abschreibungsprozentsatzes ist neben der betriebsgewöhnlichen Nutzungsdauer wesentlich von der Höhe des Schrottwertes abhängig;
5. die Praxis wendet diese Abschreibungsmethode häufig an, da sie den Betrieb durch verstärkte Abschreibung zu erhöhten Aufwendungen führt: größere Teile des Gewinnes bleiben im Betrieb.
6. Steuerliche Höchstgrenzen:

   Der Prozentsatz der degressiven Abschreibung ist auf höchstens 20 % und auf das 2fache des entsprechenden linearen Abschreibungssatzes begrenzt.

Höchstsätze der degressiven Abschreibung

Nutzungsdauer	Lineare AfA	Degressive AfA im 1. Jahr d. Nutzung	Degressive AfA in den ersten 3 Jahren der Nutzung
5 Jahre	20 %	20 %	48,80 %
9 „	$11\frac{1}{9}$ %	20 %	48,80 %
10 „	10 %	20 %	48,80 %
12 „	$8\frac{1}{3}$ %	$16\frac{2}{3}$ %	42,14 %
15 „	$6\frac{2}{3}$ %	$13\frac{1}{3}$ %	34,90 %
20 „	5 %	10 %	27,10 %
25 „	4 %	8 %	22,13 %
30 „	$3\frac{1}{3}$ %	$6\frac{2}{3}$ %	18,72 %

Übergang von der degressiven zur linearen Abschreibung:

Der günstigste Zeitpunkt m für den Übergang von der degressiven zur linearen Abschreibung ist dann gegeben, wenn der degressive Abschreibungsbetrag gleich der linearen Abschreibung des Restwertes R_m, bezogen auf die Restnutzungsdauer (n — m), ist.

$$\text{Aus } \frac{R_m}{n-m} = R_m \cdot \frac{p}{100} \text{ folgt } \boxed{m = n - \frac{100}{p}}$$

Die lineare Abschreibung setzt also nach (m + 1) Jahren ein.

In dem Beispiel S. 50 ist der Prozentsatz der geometrisch-degressiven Abschreibung p = 15 % und n = 12 Jahre. In die vorstehende Formel eingesetzt:

$$m = 12 - \frac{100}{15} = \underline{5\tfrac{1}{3} \text{ Jahre,}} \text{ aufgerundet 6 Jahre.}$$

Die lineare Abschreibung auf den Restwert Null setzt demnach im 7. Jahr ein.

Da der Prozentsatz p der degressiven Abschreibung aber 20 % und das 2-fache des entsprechenden linearen Abschreibungssatzes nicht überschreiten darf, ergeben sich für m Höchstwerte:

a) Bei einer Nutzungsdauer bis n = 10 Jahren ist p = 20% (Tabelle S. 41). Diesen Prozentsatz in die Formel eingesetzt, ergibt

$$\underline{m = n - 5}$$

b) Bei einer Nutzungsdauer über 10 Jahren ist p bestimmt durch das 2-fache der entsprechenden linearen Abschreibung, also

$$p = 2 \cdot \frac{100}{n}.$$

Diesen Prozentsatz in die Formel eingesetzt, ergibt

$$\underline{m = \frac{n}{2}}$$

Berechnung des Prozentsatzes bei degressiver Abschreibung:

A = Anschaffungswert

p = degressiver Abschreibungsprozentsatz

n = betriebsgewöhnliche Nutzungsdauer.

Jahre Anfang	Restwert	Abschreibungs-betrag	Restwert am Ende der Jahre
1	A	$\frac{A \cdot p}{100}$	$A - \frac{A \cdot p}{100} = A(1 - i) = R_1 = A(1 - i)$
2	R_1	$\frac{R_1 \cdot p}{100}$	$R_1 - \frac{R_1 \cdot p}{100} = R_1(1 - i) = R_2 = A(1 - i)^2$
3	R_2	$\frac{R_2 \cdot p}{100}$	$R_2 - \frac{R_2 \cdot p}{100} = R_2(1 - i) = R_3 = A(1 - i)^3$
n	R_{n-1}	$\frac{R_{n-1} \cdot p}{100}$	$R_{n-1} - \frac{R_{n-1} \cdot p}{100} = R_{n-1}(1 - i) = R_n = A(1 - i)^n$

R_n = letzter Restwert (Schrottwert, Abbruchswert)

$$R_n = A(1 - i)^n$$

$$\frac{R_n}{A} = (1 - i)^n$$

$$\sqrt[n]{\frac{R_n}{A}} = 1 - \frac{p}{100}$$

$$\boxed{p = 100\left(1 - \sqrt[n]{\frac{R_n}{A}}\right)}$$

Beispiel: Eine Maschine im Anschaffungswert von 100000,— DM soll auf den Schrottwert von 10000,— DM abgeschrieben werden: n = 10 Jahre. Wie hoch ist der Abschreibungsprozentsatz?

Ergebnis:

$$p = 100\left(1 - \sqrt[n]{\frac{R_n}{A}}\right) = 100\left(1 - \sqrt[10]{\frac{10000}{100000}}\right)$$

$$\sqrt[10]{0{,}1} = 0{,}7943$$

$$\sqrt[10]{0{,}1} = \frac{1}{10}\log 0{,}1 \qquad \begin{aligned}\log 0{,}1 &= 0{,}0000 - 1\\ &= 9{,}0000 - 10\\ \frac{1}{10}\log 0{,}1 &= 0{,}9000 - 1\\ \text{Numerus} &= 0{,}7943\end{aligned}$$

$$p = 100\,(1 - 0{,}7943) = \underline{20{,}57\,\%}.$$

Die Abhängigkeit des Abschreibungsprozentsatzes von der Höhe des Schrottwertes

Die Verteilung der Abschreibungsbeträge über die Jahre der Nutzungsdauer, d. h. also die Degression, ist wesentlich abhängig von der Höhe des letzten Restwertes.

Die Abhängigkeit des Abschreibungsprozentsatzes vom letzten Restwert veranschaulicht folgendes Beispiel:

Anschaffungswert:	100000,— DM		
Betriebsgewöhnliche Nutzungsdauer:	= 10 Jahre		
1. angenommener Schrottwert:	1,— DM	: p%	= 68,4%
2. „ „	10,— „	: p%	= 60,2%
3. „ „	100,— „	: p%	= 49,8%
4. „ „	1000,— „	: p%	= 36,9%
5. „ „	10000,— „	: p%	= 20,6%.

Diese Abschreibungsprozentsätze führen dazu, daß in den ersten fünf Jahren

im Falle 1. : 99%
„ „ 2. : 99%
„ „ 3. : 96%
„ „ 4. : 91%
„ „ 5. : 67% des Wertes abgeschrieben sind,

d. h. je kleiner der Schrottwert angesetzt wird, desto nachhaltiger ist die Abschreibung in den ersten Jahren. Sie kann so groß sein, daß das gesamte Wirtschaftsgut praktisch in den ersten Jahren voll abgeschrieben ist, so daß von einer sinnvollen Verteilung der Abschreibung auf alle Jahre der Nutzungsdauer nicht mehr gesprochen werden kann.

Eine Abschwächung der Degression erreicht man dadurch, daß dem Anschaffungswert ein fiktiver Wert (Zuschlag = Z) hinzugerechnet und der Schrottwert um diesen gleichen Betrag erhöht wird, d. h., in unserer Gleichung werden R_n und A um denselben Betrag Z erhöht, so daß der Wurzelwert größer und damit der Klammerausdruck kleiner wird.

$$p = 100 \left(1 - \sqrt[q]{\frac{R_n + Z}{A + Z}}\right)$$

Als Zuschlag Z verwendet man häufig einen nicht abschreibungsfähigen Wert des Anlagevermögens, der mit dem abzuschreibenden Wert gekoppelt wird (z. B. Koppelung des abschreibungsfähigen Gebäudes mit dem Grundstück, das der Wertminderung nicht unterliegt).

Beispiel: Anschaffungswert: 100 000,— DM
Nutzungsdauer: = 9 Jahre
Schrottwert: S = 10 000,— DM
Zuschlag: Z = 10 000,— DM

	ohne Zuschlag $p = 100\left(1 - \sqrt[9]{0{,}1}\right) = 22{,}57\%$		*mit Zuschlag* $p = 100\left(1 - \sqrt[9]{\frac{20\,000}{110\,000}}\right) = 17{,}26\%$	
Jahr	Restwert	Abschreibung 22,57%	Restwert	Abschreibung 17,26%
1	100 000,—	22 570,—	110 000,—	18 986,—
2	77 430,—	17 475,95	91 014,—	15 709,02
3	59 954,05	13 531,63	75 304,98	12 997,64
4	46 422,42	10 477,54	62 307,34	10 754,25
5	35 944,88	8 112,76	51 553,09	8 898,06
6	27 832,12	6 281,71	42 655,03	7 362,28
7	21 550,41	4 863,93	35 292,75	6 091,53
8	16 686,48	3 766,14	29 201,22	5 040,13
9	12 920,34	2 920,34	24 161,09	4 161,09
	10 000,—	—	20 000,—	—
		90 000,—		90 000,—

b) Die digitale (arithmetisch-degressive) Abschreibung

Auch die digitale (arithmetisch-degressive) Abschreibung rechnet mit fallenden Abschreibungsbeträgen. Gemäß der Definition des Begriffes einer arithmetischen Reihe und Folge bleibt die Differenz der Abschreibungsbeträge benachbarter Jahre konstant (d).

Die Abschreibungsbeträge stellen eine arithmetische Folge dar, deren Summe den abzuschreibenden Wert ergibt.

Summe aller Abschreibungen = Anschaffungswert
— Schrottwert

S_n = Gesamtabschreibungsbetrag.

n = Laufzeit = Anzahl der Jahre
g_1 = Abschreibungsbetrag des letzten Jahres
g_n = Abschreibungsbetrag des ersten Jahres

Die Summe der Abschreibungsbeträge ergibt sich aus der fallenden arithmetischen Reihe. Damit die Rechnung mit negativer Differenz vermieden wird, formt man die fallende Reihe in eine steigende um, indem man das erste Glied der fallenden Reihe (höchster Abschreibungsbetrag) zum letzten Glied der steigenden und das letzte Glied der fallenden Reihe (kleinster Abschreibungsbetrag) zum ersten Glied der steigenden Reihe macht:

a) $$S_n = \frac{n}{2}(g_1 + g_n)$$

Setzt man vor g_1 noch ein Glied g_0, so erweitert sich die Anzahl der Glieder der Reihe auf n + 1 und als Summe ergibt sich:

$$S_n = \frac{n+1}{2}(g_0 + g_n)$$

Bezogen auf den Abschreibungssachverhalt erkennt man, daß g_0 der Abschreibungsbetrag nach n + 1 Jahren bedeutet, d. h. er ist gleich Null, da der Abschreibungszeitraum nur n Jahre beträgt: $g_0 = 0$.

$$\boxed{g_n = \frac{2\,S_n}{n+1}} = \text{1. Abschreibungsbetrag.}$$

b) $$g_n = g_1 + (n - 1)\,d$$
$$g_n = g_0 + n \cdot d$$
$$g_n = n \cdot d$$

$$\boxed{d = \frac{g_n}{n}}$$

= Letzter Abschreibungsbetrag (g_1)
= Differenz der arithmetischen Folge
= Minderung der jährlichen Abschreibungsbeträge.

Beispiel: Eine Maschine, Anschaffungswert 200000,— DM, soll in n = 12 Jahren arithmetisch-degressiv (digital) auf einen Schrottwert von 12800,— DM abgeschrieben werden.
Wie hoch sind die Abschreibungsbeträge?

A = 200000,—
S = 12800,—
187200,— abzuschreibender Betrag = Summe der Einzelabschreibungen

$$g_n = \frac{187\,200 \cdot 2}{13} = \underline{28\,800,\text{— DM}}$$

$$d = \frac{28\,800}{12} = \underline{2400,\text{— DM}}$$

Abschreibungsverlauf

Jahres-anfang	Restwert	Abschreibungs-beträge	Abschreibung in Prozenten vom Ansch.Wert	Restwert
1	200000,—	28800,—	14,4	14,4
2	171200,—	26400,—	13,2	15,42
3	144800,—	24000,—	12	16,58
4	120800,—	21600,—	10,8	17,88
5	99200,—	19200,—	9,6	19,35
6	80000,—	16800,—	8,4	21
7	63200,—	14400,—	7,2	22,78
8	48800,—	12000,—	6	24,59
9	36800,—	9600,—	4,8	26,09
10	27200,—	7200,—	3,6	26,47
11	20000,	4800,—	2,4	24
12	15200,—	2400,—	1,2	15,79
	12800,—	—	—	—
		187200,—		

Die **digitale Abschreibung** hat ihren Namen von dem lateinischen Wort *digitalis* = fingerförmig. Es soll durch die Benennung angedeutet werden, daß die Rechnung so einfach ist, daß das Ergebnis an den Fingern abgezählt werden kann. Die Praxis hat sich noch nicht mit der einfacheren mathematischen Ermittlungsmethode vertraut gemacht. Sie rechnet auf Umwegen folgendermaßen (zugrunde gelegt ist das obige Beispiel):
Den abzuschreibenden Wert von 187200,— DM dividiert man durch die Summe der Nutzungsjahre innerhalb der Nutzungsdauer (12 Jahre); also

$$\frac{187200}{1+2+3+4+5+6+7+8+9+10+11+12} = \frac{187200}{78} = \underline{2400,\text{— DM}}$$

Man erhält damit die Minderung der Abschreibungsbeträge, die Differenz von Jahr zu Jahr (d); diese Differenz ist gleichzeitig der letzte Abschreibungsbetrag (g_1). Die mathematische Berechnungsmethode führt einsichtiger und zügiger zum Ziel.

c) Die degressive Abschreibung in Staffelsätzen

Nach Steuerrecht ist die Anwendung aller der kaufmännischen Übung entsprechenden degressiven Abschreibungsmethoden für bewegliche, abnutzbare Wirtschaftsgüter erlaubt, sofern ihre Anwendung in der Praxis üblich geworden ist. Ein Nachteil der geometrisch-degressiven Abschreibung ist die starke Degression in den ersten Jahren der Nutzungsdauer. Durch Einbeziehung eines fiktiven Zuschlages Z hat man versucht, die Degression abzuschwächen (siehe S. 43/44).
Aber auch bei richtiger Wahl des Abschreibungsprozentsatzes ist es möglich, daß die Buchwertabschreibung über die Länge der Abschreibungsperiode nicht dem tatsächlichen Verlauf des Wertverzehrs entspricht. Ein degressives Verfahren, das sich in der Praxis durchgesetzt hat, versucht dies dadurch zu vermeiden, daß es den gesamten Abschreibungszeitraum in einzelne Abschreibungszeitabschnitte unter-

teilt. Für jede Periode wird dem tatsächlichen Wertverzehr entsprechend ein gesonderter Abschreibungssatz geschätzt. Durch diese Abstufung erreicht man bei weniger degressivem Wertverzehr, daß die starke Degression der geometrisch-degressiven Abschreibung vermieden wird.

Bei der Festsetzung der Abschreibungssätze dürfen aber die steuerlichen Vorschriften nicht überschritten werden, die den Prozentsatz auf 20 % der Anschaffungs- bzw. Herstellkosten begrenzen (siehe S. 41).

Eine degressive Abschreibung in Staffelsätzen ist auch bei den Abschreibungen des § 7 EStG in den ersten Jahren der Nutzungsdauer möglich.

Beispiel: Anschaffungspreis = 30000,— DM; Schrottwert = 1200,— DM
Nutzungsdauer = 8 Jahre
Abschreibung: 1. Jahr = 20 %; 2.—3. Jahr = 15 %;
4.—6. Jahr = 12 %; 7.—8. Jahr = 5 %.

Abschreibungsverlauf:

n	Restwert	Abschreibungsbetrag	Abschreibungsprozentsatz v. Ansch.Wert	Abschreibungsprozentsatz v. Restwert
1	30000,—	6000,—	20%	20 %
2	24000,—	4500,—	15%	18,8%
3	19500,—	4500,—	15%	23,1%
4	15000,—	3600,—	12%	24 %
5	11400,—	3600,—	12%	31,6%
6	7800,—	3600,—	12%	46,2%
7	4200,—	1500,—	5%	35,8%
8	2700,—	1500,—	5%	55,6%
	1200,—	—	—	—
		28800,—	96%	

d) Die degressive Abschreibung nach Leistungseinheiten (Leistungsabschreibung)

Ausgangspunkt für die Berechnung der Abschreibungsbeträge ist die voraussichtliche Gesamtleistung des beweglichen abnutzbaren Wirtschaftsgutes. Dieses Verfahren ist aus kostenrechnerischen Gründen vor allen Dingen dann vorzuziehen, wenn die Beanspruchung stark wechselt.
Dadurch paßt sich die Abschreibung den Beschäftigungsschwankungen an. Die Leistungsabschreibung ist auch dann vorzuziehen, wenn die technische Abnutzung die Hauptursache der Entwertung darstellt.

Die Gesamtleistung kann bemessen werden in:

Einheiten,
Stücken,
Maschinenstunden,
Fahrkilometern bei Kfz.

Aus dem abzuschreibenden Betrag und der Gesamtleistung ermittelt man den Abschreibungsbetrag je Einheit. Multipliziert mit der Jahresleistung erhält man den jährlichen Abschreibungsbetrag:

$$\text{jährlicher Abschreibungsbetrag} = \frac{A - S}{L_g} \cdot L_n$$

A = Anschaffungswert
L_g = Gesamtleistung in n Jahren
S = Schrottwert nach der Leistung L_g
L_n = jährliche Leistung.

Beispiel: Anschaffungswert eines Maschinenautomaten ..... = 85000,— DM
Gesamtleistung in 5 Jahren Nutzungsdauer .... = 100000 Einheiten
Schrottwert nach einer Produktion von 100000 E.. = 5000,— DM

$$\text{Abschreibungsbetrag/E} = \frac{A - S}{L_g} = \frac{85000 - 5000}{100000} = 0{,}80 \text{DM je Einheit.}$$

Abschreibungsverlauf

n	jährliche Produktions-leistung	Restwert	Abschreibungs-betrag	Abschreibungs-prozentsatz	
				v. Ansch.W.	v. Restwert
1	L_1 = 35000 E	85000,—	28000,—	32,9%	32,9%
2	L_2 = 25000 E	57000,—	20000,—	23,6%	35,0%
3	L_3 = 20000 E	37000,—	16000,—	18,8%	43,3%
4	L_4 = 12000 E	21000,—	9600,—	11,3%	45,7%
5	L_5 = 8000 E	11400,—	6400,—	7,5%	56,1%
	—	5000,—	—	—	—
	100000 E		80000,—		

Da die steuerliche Leistungs-AfA nicht an Höchstgrenzen gebunden ist wie die degressive Abschreibung (siehe S. 41), wird ihr in Zukunft erhöhte Bedeutung zukommen.

Der im Beispiel für das erste Jahr errechnete Abschreibungsprozentsatz von 32,9 % wäre bei der degressiven Abschreibungsmethode nicht möglich. Die Leistungs-AfA dagegen erlaubt die hohe Belastung.

3. Die arithmetisch-progressive Abschreibung

Die progressive Abschreibungsmethode rechnet mit steigenden Abschreibungsbeträgen, die in arithmetischer Progression wachsen. Die jährliche Steigerung der arithmetischen Folge der Abschreibungsbeträge, die der Differenz (d) der Abschreibungsbeträge zweier aufeinanderfolgender Jahre entspricht, ist konstant.

Die Summe aller Abschreibungsbeträge ergibt den abzuschreibenden Betrag = Anschaffungswert — Schrottwert:

$$A - S = S_n = \frac{n}{2}(g_1 + g_n)$$

n = betriebsgewöhnliche Nutzungsdauer

g_1 = erster (niedrigster) Abschreibungsbetrag

g_n = letzter (höchster) Abschreibungsbetrag.

Als n. Glied der arithmetischen Folge ergibt sich der letzte Abschreibungsbetrag:

$$g_n = g_1 + (n - 1)\, d$$

Eingesetzt in die Summenformel S_n erhält man:

$$A - S = S_n = \frac{n}{2}[2\, g_1 + (n - 1)\, d]$$

Der erste Abschreibungsbetrag (g_1) errechnet sich bei gegebenem Schrottwert (S) und bekannter jährlicher Steigerung (d) aus der Formel:

$$S_n = \frac{n}{2}[2\, g_1 + (n - 1)\, d] = n\, g_1 + \frac{n(n - 1)}{2}\, d$$

$$\boxed{g_1 = \frac{1}{n}\left(S_n - \frac{n(n - 1)}{2}\, d\right)}$$

Beispiel: Eine Maschine, deren volle Ausnutzung erst in späteren Jahren zu erwarten ist, soll bei einem Anschaffungswert von 12000,— DM in n = 6 Jahren progressiv mit einer jährlichen Abschreibungssteigerung von 300,— DM auf einen Schrottwert von S = 1500,— DM abgeschrieben werden.

$A - S = S_n = 10500,—$ = abzuschreibender Betrag

$$g_1 = \frac{1}{6}\left(10500 - \frac{6 \cdot 5}{2} \cdot 300\right) = 1000,— = \text{1. Abschreibungsbetrag}$$

Jahre	Restwert	Abschreibungs-beträge	Abschreibung in % vom Restwert
1.	12000,—	1000,—	8,33%
2.	11000,—	1300,—	11,82%
3.	9700,—	1600,—	16,49%
4.	8100,—	1900,—	23,46%
5.	6200,—	2200,—	35,48%
6.	4000,—	2500,—	62,50%
	1500,—	—	—
		10500,—	

Vergleichsbeispiel für die einzelnen Abschreibungsarten:

Eine Maschine, Anschaffungswert 100000,— DM, soll in 12 Jahren Nutzungsdauer auf einen Schrottwert von 14200,— DM abgeschrieben werden:

a) linear
b) geometrisch-degressiv
c) arithmetisch-degressiv
d) degressiv in Staffelsätzen
e) degressiv in Leistungseinheiten
f) arithmetisch-progressiv.

Wie hoch sind die Abschreibungsbeträge?

Vergleichsbeispiel für die einzelnen Abschreibungsarten

Jahre	linear	geometr.-degressiv	arithm.-degressiv	degressiv in Staffelsätzen	degressiv in Leistungseinheiten	arithm.-progressiv
1	7150,—	15000,—	13200,—	15 % = 15000,—	26000 E = 13000,—	4400,—
2	7150,—	12750,—	12100,—	12 % = 12000,—	21000 E = 10500,—	4900,—
3	7150,—	10838,—	11000,—	10 % = 10000,—	18000 E = 9000,—	5400,—
4	7150,—	9212,—	9900,—	8 % = 8000,—	15000 E = 7500,—	5900,—
5	7150,—	7830,—	8800,—	7 % = 7000,—	15000 E = 7500,—	6400,—
6	7150,—	6656,—	7700,—	7 % = 7000,—	12000 E = 6000,—	6900,—
7	7150,—	5658,—	6600,—	7 % = 7000,—	12000 E = 6000,—	7400,—
8	7150,—	4809,—	5500,—	4 % = 4000,—	11000 E = 5500,—	7900,—
9	7150,—	4088,—	4400,—	4 % = 4000,—	11000 E = 5500,—	8400,—
10	7150,—	3475,—	3300,—	4 % = 4000,—	11000 E = 5500,—	8900,—
11	7150,—	2954,—	2200,—	4 % = 4000,—	10000 E = 5000,—	9400,—
12	7150,—	2511,— 19,— }	1100,—	3,8 % = 3800,—	9600 E = 4800,—	9900,—
	85800,—	85800,—	85800,—	85800,—	171600 E 85800,—	85800,—

Mindestnutzungsdauer gemäß den gesetzlichen Vorschriften:

Bei der Anwendung anderer Verfahren der Absetzung für Abnutzung in fallenden Jahresbeträgen als der Buchwertabschreibung bestimmt § 7 EStG,

daß sich für das 1. Jahr und für die ersten 3 Jahre der Nutzung insgesamt keine höheren AfA als beim Buchwertverfahren ergeben dürfen.

Die geometrisch-degressive Buchwertabschreibung beträgt bei $p = 20\,\%$ in den ersten 3 Jahren der Nutzung insgesamt 48,8 %.

Die arithmetisch-degressive Abschreibung beläuft sich in den ersten 3 Jahren auf $3\,(g_n - d) = 3\left(g_n - \frac{g_n}{n}\right)$.

Setzt man für $g_n = \frac{2\,S_n}{n+1}$ und den Schrottwert gleich Null, so ergibt sich die Gleichung:

$$3 \cdot \frac{200}{n+1}\left(1 - \frac{1}{n}\right) = \underline{48{,}8.}$$

Die Umformung dieser Gleichung in eine quadratische Gleichung und deren Auflösung nach n ergibt als Mindestnutzungsdauer bei der arithmetisch-degressiven Abschreibung abgerundet $\underline{n = 10 \text{ Jahre}}$.

Graphische Darstellung des Verlaufes der Abschreibungsbeträge

a) linear
b) geometrisch-degressiv
c) arithmetisch-degressiv
d) degressiv in Staffelsätzen
e) degressiv in Leistungseinheiten
f) arithmetisch-progressiv

vgl. Beispiel und Tabelle auf nebenstehender Seite!

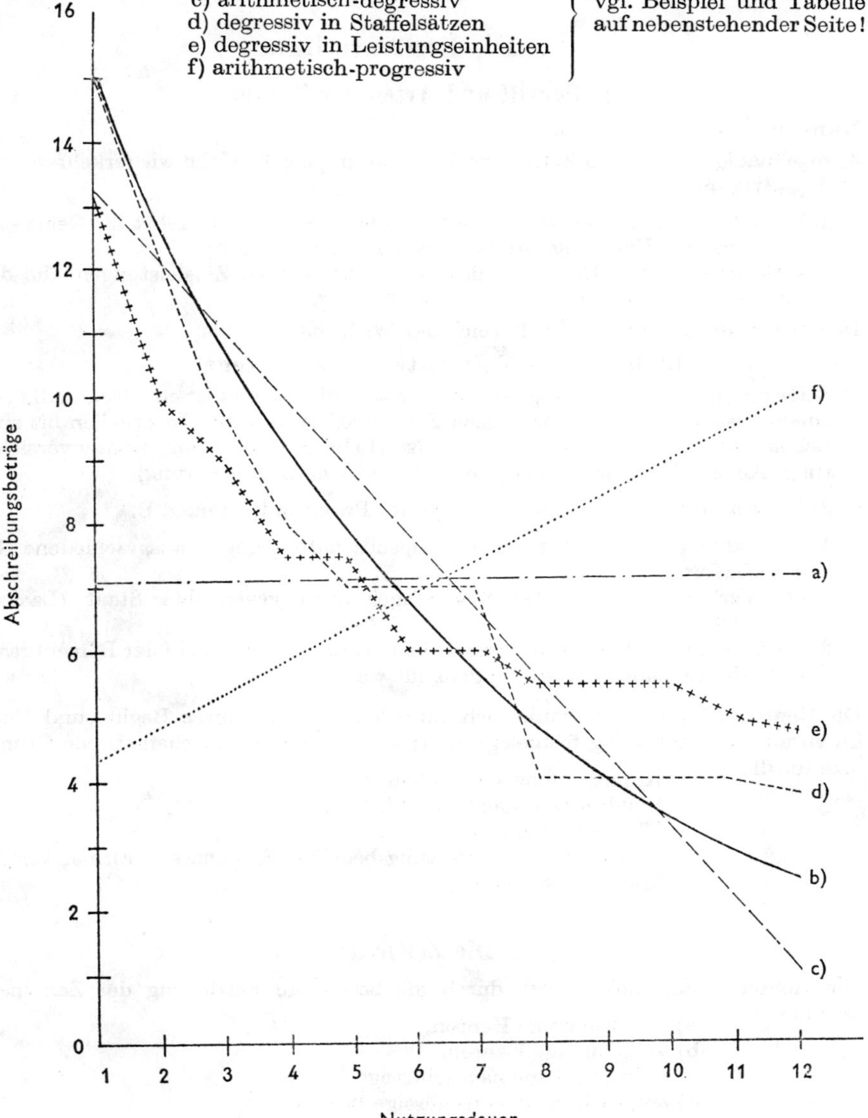

V. Die Rentenrechnung

1. Begriff und Arten der Renten

Renten sind Zahlungen, die

a) regelmäßig, in gleichen Zeitintervallen und in gleicher Höhe wiederkehren;

b) deren Häufigkeit

1. begrenzt (Zeitrente) ist. Die auf Zeit begrenzte Rente zehrt im Gegensatz zum Zins das Ursprungskapital, aus dem sie fließt, auf;
2. unbegrenzt ist. Die Rentenleistungen werden zu Zinsleistungen, die das Kapital nicht mindern. Die Rente fließt ewig.

Der Begriff der Rente tritt im Bereich der Wirtschaft auf als

Leibrente — Zeitrente — ewige Rente.

a) *Leibrente* ist ein versicherungstechnischer Begriff; gemeint ist eine Rente, die von einem bestimmten oder ungewissen Zeitpunkt an in festen Intervallen bis zum Lebensende einer Person zu leisten ist (Lebensversicherung, Rentenversicherung, Angestelltenversicherung, Sozial- und Unfallversicherung).

b) *Zeitrenten* und *ewige Renten* können in der Praxis auftreten, z. B.

1. bei Zahlungsverpflichtungen von Gesellschaften gegen ausgeschiedene Gesellschafter,
2. als Verbindlichkeiten der Staatsangehörigen gegen den Staat (Lastenausgleich),
3. als Zinsleistungen aus festverzinslichen Wertpapieren, die in der Börsenpraxis kurz Rentenpapiere (Renten) genannt werden.

Die Rentenrechnung beschränkt sich auf solche Renten, deren Beginn und Ende im voraus kalendermäßig festgelegt sind; sie ist die finanzmathematische Grundlage für die

Kursrechnung von Anleihen,
Renditerechnung von Anleihen,
Tilgungsrechnung,
Erfassung der Bewertungsbegriffe: Ertragswert, Firmenwert,
Abfindungsrechnung.

2. Die Zeitrenten

Die Renten unterscheiden sich durch die besondere Festlegung der Zahlungstermine in:

a) nachschüssige Renten,
b) vorschüssige Renten,
c) aufgeschobene nachschüssige Renten,
d) aufgeschobene vorschüssige Renten,
e) ewige Renten.

Die Endwertermittlung von Zeitrenten

a) bei der nachschüssigen Rente (r)

Eine nachschüssige Rente ist eine Geldleistung, deren Auszahlungstermine auf das Ende der Jahre der Laufzeit festgelegt sind (postnumerando = nachschüssig):

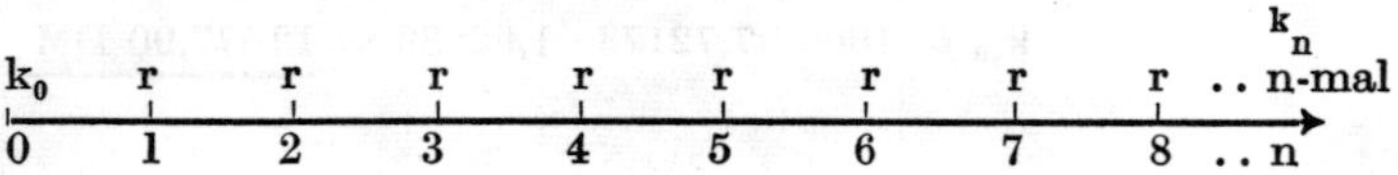

Der Endwert ist der Wert sämtlicher Renten einschl. Zinseszinsen am Ende des letzten Jahres der Laufzeit. Er wird ermittelt, indem man sämtliche Renten einzeln nacheinander bis zum Zeitpunkt n aufzinst und addiert:

Jahres-ende	Endwerte
1.	$k_1 = r$
2.	$k_2 = r + rq$
3.	$k_3 = r + (r + rq)q = r + rq + rq^2$
.	.
.	.
.	.
n.	$k_n = r + rq + rq^2 + \ldots + rq^{n-1}$

Die Summe der entstehenden geometrischen Folge ist der Endwert k_n:

$$k_n = r\,(1 + q + q^2 + \ldots + q^{n-1}) \qquad \boxed{k_n = r\,\frac{q^n - 1}{q - 1}}$$

Beispiel: Wie hoch ist der gesparte Betrag einschl. 5% Zinseszinsen, wenn jemand 10 Jahre lang am Ende eines jeden Jahres 1000,— DM bei der Sparkasse einzahlt?

a) logarithmisch:

$$k_n = r\,\frac{q^n - 1}{q - 1} = 1000\,\frac{1{,}05^{10} - 1}{0{,}05}$$

$$\log 1{,}05^{10} = 10 \cdot \log 1{,}05 = 10 \cdot 0{,}02119 = 0{,}21190$$

$$1{,}05^{10} = 1{,}6289 \quad \text{(siehe auch Tabelle II S. 178)}$$

$$k_{10} = 1000\,\frac{1{,}6289 - 1}{0{,}05} = \underline{12\,578{,}\text{—}}\ \text{DM}$$

b) tabellarisch:

Da die Tabellen nur die Barwertfaktoren a_n enthalten, muß um n Jahre aufgezinst werden:

$$k_n = r \cdot a_n \cdot q^n = r \frac{q^n - 1}{q^n (q - 1)} \cdot q^n {}^{*)}$$

$$k_{10} = 1000 \cdot 7{,}72173 \cdot 1{,}62889 = \underline{12\,577{,}90 \text{ DM}}$$

b) bei der vorschüssigen Rente

Eine Rente ist vorschüssig, wenn die Rentenleistungen zu Beginn der einzelnen Jahre fällig werden (pränumerando = vorschüssig):

r	r	r	r	r	r	r	r	.. n-mal
0	1	2	3	4	5	6	7	.. n
k_0								k_n

Durch Einzelaufzinsung und Addition der einzelnen Renten erhält man den Endwert k_n:

$$k_n = rq + rq^2 + \ldots + rq^n = r\,(q + q^2 + \ldots + q^n)$$

$$\boxed{k_n = r\,q\,\frac{q^n - 1}{q - 1}}$$

Beispiel: Wie hoch ist der gesparte Betrag einschl. 5% Zinseszinsen, wenn jemand 10 Jahre lang am Anfang eines jeden Jahres 1000,— DM bei der Sparkasse einzahlt?

a) logarithmisch:

$$k_n = r\,q\,\frac{q^n - 1}{q - 1} = 1000 \cdot 1{,}05 \frac{1{,}05^{10} - 1}{0{,}05}$$

$$k_n = 1000 \cdot 1{,}05 \frac{1{,}6289 - 1}{0{,}05} = \underline{13\,206{,}79 \text{ DM}}$$

b) Berechnung des Endwertes durch Aufzinsen der Barwertfaktoren aus der Tabelle:

$$k_n = r \cdot q \cdot a_n \cdot q^n$$

$$k_n = 1000 \cdot 1{,}05 \cdot 7{,}7217 \cdot 1{,}6289$$

$$k_{10} = \underline{13\,206{,}80 \text{ DM}}$$

*) Vgl. S. 56: a_n.

Die Barwertermittlung von Zeitrenten

a) bei der nachschüssigen Rente (r)

Von Bedeutung für die weiteren Abhandlungen ist die Berechnung des Barwertes der Rente. Der Barwert k_0 ist der Wert der auf den Zeitpunkt Null diskontierten zukünftigen Leistungen unter Berechnung von Zinseszins. Der Barwert k_0 gibt an, durch welche Sofortleistung (Zeitwert, Ablösungswert) die Gesamtverpflichtung der Rentenzahlung abgelöst werden kann; er legt fest, welche Sofortzahlung erforderlich ist, um eine Rente in bestimmter Höhe n-mal zu erhalten.

Grundsatz: Barwert $= k_0$ ist der Wert der auf den Bewertungszeitpunkt diskontierten zukünftigen Leistungen (Renten).

Die Barwertermittlung

Der Barwert einer nachschüssigen Rente bezieht sich auf den Beginn des Jahres, in dem die Rente zum ersten Mal fällig wird: Bewertungszeitpunkt: 0.

Jahr (ENDE)	Rente	Abzinsung	Diskontierter Wert Abzinsungsfaktor $\frac{1}{q} = v$*) **)
1.	r	um 1 Jahr	$r \cdot v$
2.	r	,, 2 Jahre	$r \cdot v^2$
3.	r	,, 3 ,,	$r \cdot v^3$
4.	r	,, 4 ,,	$r \cdot v^4$
5.	r	,, 5 ,,	$r \cdot v^5$
n.	r	,, n ,,	$r \cdot v^n$

$$k_0 = r \cdot v + r \cdot v^2 + r \cdot v^3 + r \cdot v^4 + r \cdot v^5 + \ldots r \cdot v^n$$

$$k_0 = r \cdot v\,(1 + v + v^2 + v^3 + v^4 + v^5 + \ldots v^{n-1})$$

$$(1 + v + v^2 + v^3 + \ldots v^{n-1}) = \text{Summe einer}$$

$$\text{geometrischen Folge} = \frac{v^n - 1}{v - 1}$$

*) Werte für v siehe Tabelle III, S. 204.

**) $q = 1 + i$ = Aufzinsungsfaktor

$\frac{1}{q} = \frac{1}{1+i} = v$ = Abzinsungsfaktor.

$$k_0 = r \cdot v \cdot \frac{(v^n - 1)}{v - 1} = r \cdot v \frac{\frac{1}{q^n} - \frac{q^n}{q^n}}{\frac{1}{q} - \frac{q}{q}}$$

$$k_0 = r \cdot v \cdot \frac{(1 - q^n) \cdot q}{(1 - q) \cdot q^n} = r \frac{1 - q^n}{(1 - q)\, q^n}$$

$$\boxed{k_0 = r \frac{(1 - q^n)}{(1 - q)\, q^n} = r \cdot \frac{(q^n - 1)}{q^n (q - 1)} = r \cdot v \cdot \frac{(v^n - 1)}{v - 1}}$$

Um zeitraubende logarithmische Ausrechnungen zu vermeiden, kennzeichnet man den Ausdruck

$$\boxed{\frac{q^n - 1}{q^n (q - 1)} = a_n{}^{*)}} = \text{Barwert der Rente 1.}$$

Man hat für alle gängigen Prozentsätze und Laufzeiten von n = 1 bis 100 Jahre den Wert a_n errechnet (vgl. Tabelle IV S. 196/7).

Der Barwert errechnet sich aus dem Endwert durch Abzinsung um n Jahre auf den Zeitpunkt Null:

$$k_0 = k_n \cdot v^n = r \frac{q^n - 1}{q - 1} \cdot \frac{1}{q^n} = r \cdot a_n$$

Beispiel: Wie hoch ist der Barwert einer nachschüssigen Rente von r = 1000,—DM, die ohne Aufschub für n = 5 Jahre gezahlt werden soll? Der Zinssatz beträgt p = 5%.

a) logarithmisch:

$$k_0 = r \cdot \frac{q^n - 1}{q^n (q - 1)} = 1000 \cdot \frac{1{,}05^5 - 1}{1{,}05^5 \cdot 0{,}05}$$

$$1{,}05^5 = 1{,}27628$$

$$5 \log 1{,}05 = 5 \cdot 0{,}02119 = 0{,}10595$$

$$\text{Num.} = 1{,}27628$$

$$k_0 = 1000 \cdot \frac{(1{,}27628 - 1)}{1{,}27628 \cdot 0{,}05} = \underline{4329{,}50 \text{ DM.}}$$

b) tabellarisch:

$$k_0 = r \cdot \frac{(q^n - 1)}{q^n (q - 1)} = r \cdot a_n{}^{*)}$$

$$k_0 = 1000 \cdot a_{5/5} = 1000 \cdot 4{,}329476$$

$$k_0 = \underline{4329{,}48.}$$

*) Werte für a_n siehe Tabelle IV, S. 206/7.
$a_{5/5}$ = Kurzform für a_n bei p = 5% und n = 5.

b) Die Barwertermittlung der vorschüssigen Rente

Bei einer vorschüssigen Rente werden alle Renten 1 Jahr früher fällig als bei einer nachschüssigen, d. h. der Barwert der vorschüssig zu leistenden Raten ergibt sich aus:

$$k_0 = r + r \cdot v + r \cdot v^2 \ldots . r \cdot v^{n-1}$$

$$k_0 = r\,(1 + v + v^2 \ldots . v^{n-1})$$

$$k_0 = r \cdot \frac{v^n - 1}{v - 1} = r \cdot q \cdot \frac{(q^n - 1)}{q^n\,(q - 1)}$$

$$\boxed{k_0 = r \cdot q \cdot a_n}$$

Der Barwert errechnet sich auch aus dem Endwert durch Abzinsung um n Jahre auf den Zeitpunkt Null:

$$k_0 = k_n \cdot v^n = r \cdot q\,\frac{q^n - 1}{q - 1} \cdot \frac{1}{q^n} = r \cdot q \cdot a_n$$

Der vorschüssige Rentenbarwertfaktor $q \cdot a_n$ läßt sich unmittelbar aus der Tabelle IV (S. 206) der nachschüssigen Rentenbarwertfaktoren a_n nach folgender Überlegung ablesen.:

Dem Faktor $q \cdot a_n$ liegt die geometrische Reihe

$$q \cdot a_n = 1 + (v^1 + v^2 + \ldots + v^{n-1})$$

zugrunde. Die Summe der Reihe $v^1 \ldots v^{n-1}$ ist a_{n-1}; daraus folgt:

$$\boxed{q \cdot a_n = 1 + a_{n-1}}$$

1. *Beispiel:* Wie hoch ist der Barwert einer vorschüssigen Rente von 1000,— DM für n = 5 Jahre und p = 5 %?

$$k_0 = r \cdot q \cdot a_{5/5} = r\,(1 + a_{5/4})$$

$$k_0 = 1000 \cdot 1{,}05 \cdot 4{,}32947 = \underline{4545{,}95 \text{ DM.}}$$

$$k_0 = 1000 \cdot (1 + 3{,}54595) = \underline{4545{,}95 \text{ DM.}}$$

2. *Beispiel:* Wie hoch ist der **B a r w e r t** einer vorschüssigen Rente von 1000,— DM für n = 25 Jahre und p = 5 %?

$k_0 = r \cdot q \cdot a_{25}$

Da die Tabelle der Barwertfaktoren nur bis n = 20 gilt, ist der Faktor $q \cdot a_{25}$ nach der folgenden Formel aufzuschlüsseln:

$$a_n = a_a + a_b \cdot v^a; \quad (a + b) = n$$

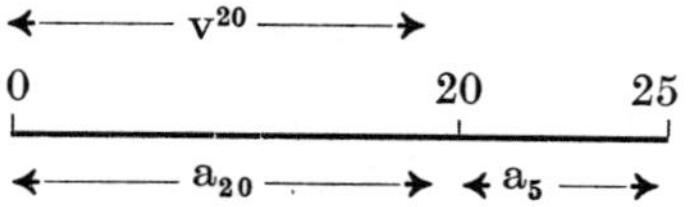

$q \cdot a_{25} = q\, a_{20} + q\, a_5\, v^{20} = (1 + a_{19}) + (1 + a_4)\, v^{20}$

$q \cdot a_{25} = 13{,}0853 + 4{,}5460 \cdot 0{,}3769 = 13{,}0853 + 1{,}7134$

$k_0 = \underline{14798{,}70 \text{ DM.}}$

c) Die Barwertermittlung bei der aufgeschobenen nachschüssigen Rente

Eine nachschüssige Rente gilt als **a u f g e s c h o b e n**, wenn die erste Zahlung laut Vereinbarung l Jahre später fällig werden soll (l = Anzahl der aufgeschobenen Termine).

Eine um 1 Jahr aufgeschobene nachschüssige Rente wird demnach zum ersten Male am Ende des (l + 1) Jahres fällig, d. h. l Jahre später:

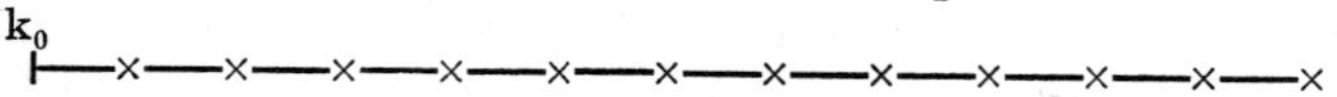

			r	r	r	r	r	r	r	r	r	r	r	. . .
n =	0	1	2	3	4	5	6	7	8	9	10	11	12	. . . n
l =			1	2	3	4	5	6	7	8	9	10	11	. . .

Der *Barwert* k_0 einer um l Jahre aufgeschobenen n-mal zu leistenden Rente ergibt sich durch folgende Überlegungen:

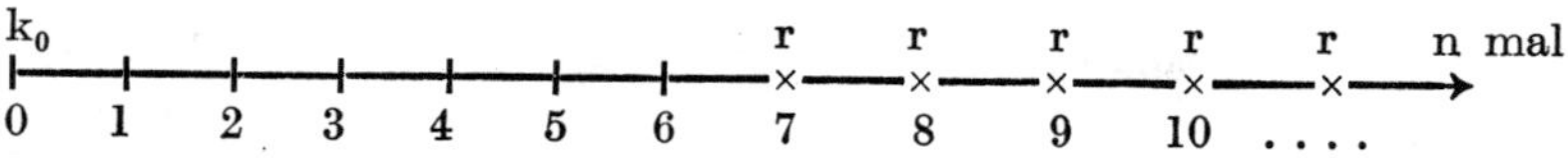

l: 6 Jahre

Der Barwert der n-mal zu leistenden Rente r nach dem Formelausdruck $r \cdot a_n$ bezieht sich auf den Zeitpunkt 6, so daß für die Ermittlung des Barwerts zum Bewertungszeitpunkt 0 der Wert $r \cdot a_n$ um l Jahre abgezinst werden muß:

$$k_l = r \cdot a_n$$

$$\boxed{k_0 = r \cdot a_n \cdot v^l}$$

Beispiel: Wie hoch ist der Barwert einer um 5 Jahre aufgeschobenen nachschüssigen Rente, die zehnmal in Höhe von 5000,— DM zu zahlen ist? p = 6%.

$k_0 = r \cdot a_n \cdot v^l = r \cdot a_{6/10} \cdot v^{6/5}$

$k_0 = 5000 \cdot 7{,}36 \cdot 0{,}7473 = \underline{27500{,}64 \text{ DM.}}$

d) Die Barwertermittlung bei der aufgeschobenen vorschüssigen Rente

Entsprechend den vorstehenden Betrachtungen errechnet sich der Barwert einer um l Jahre aufgeschobenen vorschüssigen Rente nach folgender Formel:

$$\boxed{k_0 = r \cdot q \cdot a_n \cdot v^l}$$

Beispiel: Wie hoch ist der Barwert einer um 5 Jahre aufgeschobenen vorschüssigen Rente in Höhe von 5000,— DM? p = 6%; n = 10.

$k_0 = 5000 \cdot 1{,}06 \cdot a_{6/10} \cdot v^{6/5}$

$k_0 = 5000 \cdot 1{,}06 \cdot 7{,}36 \cdot 0{,}7473$

$k_0 = \underline{29\,150{,}67 \text{ DM.}}$

e) Vergleich zwischen vorschüssigen und nachschüssigen Renten

Jede nachschüssig zu zahlende Rente kann in eine entsprechende vorschüssige umgewandelt werden und umgekehrt, denn das Ende eines Jahres (nachschüssig) kann auch als Anfangspunkt des neuen Jahres (vorschüssig) gedeutet werden. So entspricht eine um 5 Jahre aufgeschobene vorschüssige Rente einer um 4 Jahre aufgeschobenen nachschüssigen.

Beispiel: Wie hoch ist der Barwert einer um 5 Jahre aufgeschobenen vorschüssigen Rente, die in Höhe von 5000,— DM zehnmal gezahlt werden soll? p = 6%.

Ergebnis:

Berechnung des Barwertes aus einer vorschüssigen Rente:

$k_0 = r \cdot a_{6/10} \cdot q \cdot v^{6/5} = \underline{29\,150{,}67 \text{ DM.}}$

Berechnung des Barwertes aus einer nachschüssigen Rente:

$k_0 = r \cdot a_{6/10} \cdot v^{6/4} = \underline{29\,150{,}67 \text{ DM.}}$

Der Barwert einer um l Jahre aufgeschobenen vorschüssigen Rente r ist gleich dem Barwert einer um (l — 1) Jahre aufgeschobenen nachschüssigen Rente.

f) Die ewige Rente als Zeitrente mit unendlicher Laufzeit

Bei einer ewigen Rente ist die Anzahl der zu leistenden Zahlungen nicht begrenzt: $n = \infty$.

Aus der Formel: $k_0 = r \cdot a_n$ wird für $n = \infty$

$$k_0 = r \cdot a_n = r \cdot \frac{(q^n - 1)}{q^n (q - 1)}$$

$$= r \left[\frac{q^n}{q^n (q - 1)} - \frac{1}{q^n (q - 1)}\right]$$

$$= r \left[\frac{1}{(q - 1)} - \frac{1}{q^n (q - 1)}\right]$$

$$\lim_{n = \infty} \frac{1}{q^n} = 0$$

$$k_0 = \frac{r}{q - 1} - 0 = \frac{r \cdot 100}{p}$$

$$\boxed{k_0 = \frac{r \cdot 100}{p}}$$

Aus der einfachen Zinsrechnung ist die Formel bekannt:

$$z = \frac{k_0 \cdot p \cdot t}{100}; \; t = 1 \qquad \boxed{k_0 = \frac{z \cdot 100}{p}}$$

Der Vergleich ergibt, daß die Barwertformel für eine Rente in die einfache Zinsrechnung übergeht, wenn $n = \infty$ wird; d. h. die Rente wird zu einem Zins, die Rente (der Zins) zehrt das zugrunde liegende Kapital nicht auf.

Die Rentenrechnung findet insbesondere Anwendung bei der Ermittlung von Kapital-, Zeit- und Ablösungswerten im Rahmen des Lastenausgleichsgesetzes, des Bewertungsgesetzes und des Gesellschaftsrechts.

Übersicht über die einzelnen Rentenarten

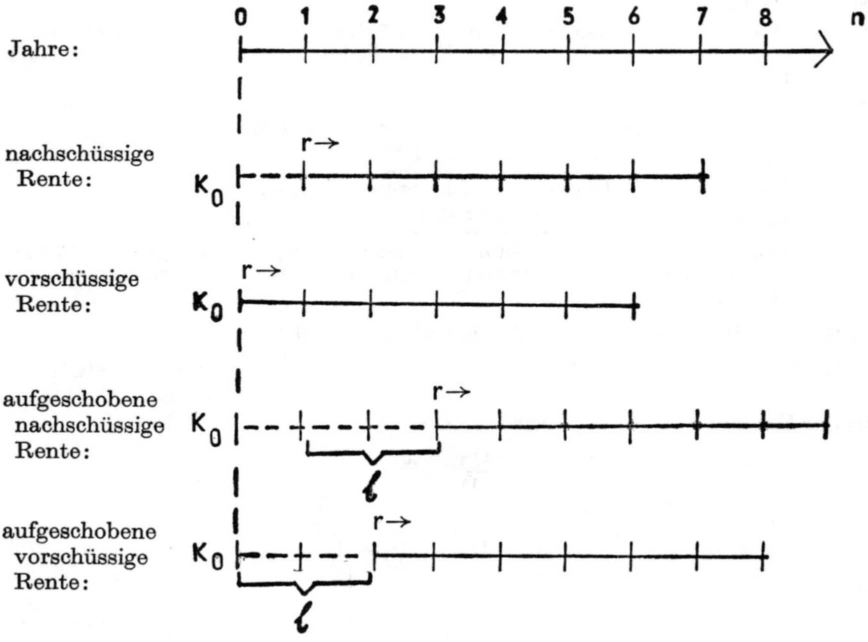

Besondere Anwendungsgebiete der Rentenrechnung:

1. Berechnung der Leistungen des Zeit- und Ablösungswertes im Rahmen des Lastenausgleichsgesetzes,
2. Berechnung und Bewertung von Abfindungen bei Auseinandersetzungen ausscheidender Gesellschafter,
3. Berechnung von Ertragswert und Firmenwert.

Unterjährliche Zins- und Rententermine

Die Voraussetzung für die bisher verwendeten Rentenformeln war, daß die Termine der Rentenzahlungen mit den Zinsterminen zusammenfallen. Stimmen die Termine nicht überein, so müssen, damit die Rentenformeln unverändert angewendet werden können, konforme Ersatzrenten (r_E) bestimmt werden, deren Fälligkeitstermine den Zinsterminen entsprechen.

a) Jährliche Renten — unterjährliche Zinsen

Die vereinbarte, jährliche Rente r muß bei m Zinsperioden im Jahr in m konforme, nachschüssige Renten r_E umgewandelt werden, die $\frac{1}{m}$ jährlich zu leisten sind.

Eine jährliche, nachschüssige Rente r ist somit der Endwert von m aufgezinsten nachschüssigen, konformen Ersatzrenten r_E:

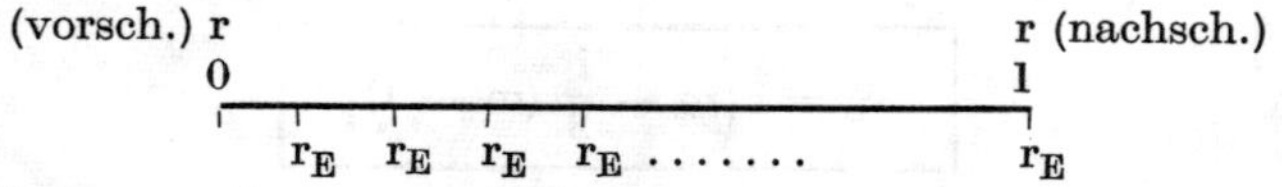

$$r = r_E \cdot q^{m-1} + r_E\, q^{m-2} + \ldots + r_E\, q^1 + r_E = r_E\,(1 + q^1 + \ldots + q^{m-2} + q^{m-1})$$

$$r = r_E \frac{q^m - 1}{q - 1} \qquad \boxed{r_E = r \frac{q - 1}{q^m - 1}}$$

Eine jährliche, vorschüssige Rente r ist dagegen der Barwert von m abgezinsten nachschüssigen, konformen Renten r_E:

$$r = r_E\, v^1 + r_E\, v^2 + \ldots + r_E\, v^m = r_E\,(v^1 + v^2 + \ldots + v^m)$$

$$r = r_E \frac{v^m - 1}{v - 1} = r_E \cdot a_m \qquad \boxed{r_E = \frac{r}{a_m}}$$

Für die Berechnung von vor- und nachschüssigen Bar- oder Endwerten setzt man in die entsprechende unveränderte, nachschüssige Rentenformel die Zinsdauer $n \cdot m$, den tatsächlichen unterjährlichen Zinsfuß p und die konforme Ersatzrente r_E ein.

Beispiel: Durch welche Sofortzahlung kann eine 10mal zu zahlende vorschüssige Rente von 2000,— DM, die vierteljährlich mit 2% verzinst wird, abgelöst werden?

$$r = r_E \cdot a_m$$

$$r_E = \frac{2000}{a_{2/4}} = 525{,}25 \text{ DM}$$

$$k_0 = r_E \cdot a_{n \cdot m} = 525{,}25 \cdot a_{2/40} = \underline{14\,368{,}47 \text{ DM.}}$$

b) Jährliche Zinsen — unterjährliche Renten

Die vereinbarten, $\frac{1}{m}$ jährlich zu leistenden Renten r sind bei einer jährlichen Zinsperiode durch Aufzinsen in eine konforme, nachschüssige Jahresrente r_E umzuwandeln.

Da bei jährlicher Zinszahlung innerhalb des Jahres keine Zinseszinsen berechnet werden (Sparkasse), erfolgt die Aufzinsung der unterjährlichen Renten zum Jahresende mit einfachen Zinsen. Die Summe der einfach aufgezinsten Renten r entspricht der nachschüssigen, konformen Jahresrente r_E.

Nachschüssige Renten

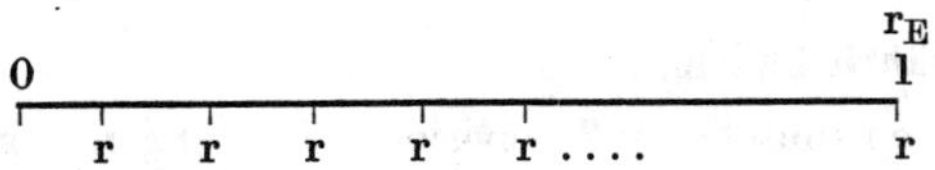

$$r_E = \left(r + r\frac{p}{100}\cdot\frac{m-1}{m}\right) + \left(r + r\frac{p}{100}\cdot\frac{m-2}{m}\right) + \ldots + \left(r + r\frac{p}{100}\cdot\frac{1}{m}\right) + r$$

$$r_E = m\,r + r\frac{i}{m}\left(m - 1 + m - 2 + \ldots + 1\right) = m\,r + r\,\frac{i}{m}\cdot\frac{m-1}{2}\,(m-1+1)$$

$$\boxed{r_E = r\left(m + \frac{i}{2}\,(m-1)\right)}$$

Für die Berechnung des End- oder Barwertes setzt man in die entsprechende unveränderte, n a c h s c h ü s s i g e Rentenformel die Zinsdauer n, den jährlichen Zinssatz p und die konforme Jahresrente r_E ein.

Beispiel: Jemand hat einen Sparvertrag über monatlich 50,— DM abgeschlossen, zahlbar am Ende eines jeden Monats.
Wie hoch ist der gesparte Betrag nach 5 Jahren bei p = 5% ?
(Die jährliche Sparprämie soll unberücksichtigt bleiben.)

$$r_E = r\left(m + \frac{i}{2}\,(m-1)\right) = 50\,\left(12 + \frac{0{,}05}{2}\cdot 11\right) = 613{,}75\ \text{DM}$$

$$k_n = r_E\,\frac{q^n - 1}{q - 1} = 613{,}75\cdot\frac{1{,}05^5 - 1}{0{,}05} = \underline{3\,391{,}36\ \text{DM}}$$

Vorschüssige Renten

Die vorschüssigen, unterjährlichen Renten sind einzeln zum Jahresende aufzuzinsen und zur nachschüssigen, konformen Jahresersatzrente r_E zu addieren:

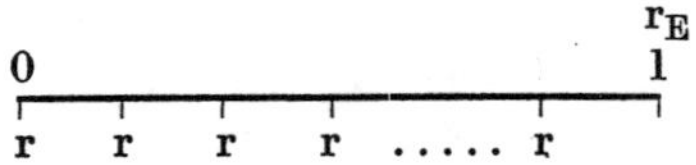

$$r_E = \left(r + r\cdot\frac{p}{100}\cdot\frac{m}{m}\right) + \left(r + r\cdot\frac{p}{100}\cdot\frac{m-1}{m}\right) + \ldots + \left(r + r\cdot\frac{p}{100}\cdot\frac{1}{m}\right)$$

$$r_E = m\,r + r\frac{i}{m}\,(m + m - 1 + \ldots + 1) = m\,r + r\,\frac{i}{m}\cdot\frac{m}{2}\,(m+1)$$

$$\boxed{r_E = r\,\left(m + \frac{i}{2}\,(m+1)\right)}$$

Der Endwert errechnet sich aus der unveränderten, nachschüssigen Rentenendwertformel mit der Ersatzrente r_E:

$$k_n = r_E \cdot \frac{q^n - 1}{q - 1}$$

Bei der Berechnung des vorschüssigen Barwertes ist das letzte Jahr getrennt zu behandeln, da der letzte Rententermin mit dem Zinstermin nicht übereinstimmt. Die letzte unterjährliche Rentenzahlung wird nicht mehr verzinst. Der endgültige Barwert k_0 errechnet sich daher aus $(n - 1)$ konformen Ersatzrenten r_E und der Summe s_0 der einzeln abgezinsten unterjährlichen Renten r des letzten Jahres:

$$\boxed{k_0 = r_E \cdot a_{n-1} + s_0 \cdot v^{n-1}}$$

Berechnung der Barwertsumme s_0 zu Beginn des letzten Jahres:

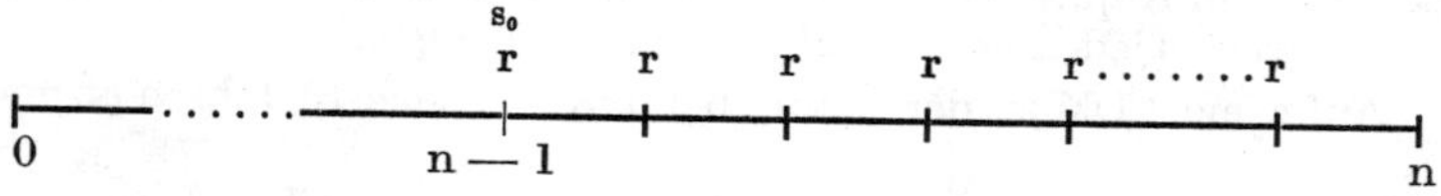

Die unterjährlichen Renten r des letzten Jahres werden einzeln auf den Zeitpunkt $(n - 1)$ abgezinst. Die Summe der abgezinsten Renten ergibt den Zuschlag s_0:

$$s_0 = \frac{r}{1 + i \cdot \frac{0}{m}} + \frac{r}{1 + i \cdot \frac{1}{m}} + \ldots + \frac{r}{1 + i \cdot \frac{m-1}{m}}$$

$$s_0 = r \cdot \frac{m}{2}\left(\frac{1}{1 + i \cdot \frac{0}{m}} + \frac{1}{1 + i \cdot \frac{m-1}{m}}\right) = r \cdot \frac{m}{2}\left(1 + \frac{1}{1 + i \cdot \frac{m-1}{m}}\right)$$

$$s_0 = r\,\frac{m}{2}\left(1 + \frac{m}{m + i\,(m - 1)}\right)$$

$$\boxed{s_0 = r\frac{m}{2}\left(\frac{2m + i\,(m - 1)}{m + i\,(m - 1)}\right)}$$

Beispiel: Wie hoch ist der Barwert einer vierteljährlichen, vorschüssigen Rente von 100,— DM für $n = 5$ Jahre und $p = 6\,\%$?

$$k_0 = r_E \cdot a_{n-1} + s_0 \cdot v^{n-1}$$

$$r_E = r\left(m + \frac{i}{2}\,(m + 1)\right) = 100\left(4 + \frac{0{,}06}{2} \cdot 5\right) = 415{,}\text{— DM}$$

$$s_0 = r\,\frac{m}{2}\left(\frac{2m + i\,(m - 1)}{m + i\,(m - 1)}\right) = 100 \cdot 2\left(\frac{8 + 0{,}06 \cdot 3}{4 + 0{,}06 \cdot 3}\right) = 391{,}38 \text{ DM}$$

$$k_0 = 415 \cdot a_{6/4} + 391{,}38 \cdot v^{6/4} = \underline{1748{,}\text{— DM.}}$$

Sparkassenformel und Kapitalrente

Wird zu einem vorhandenen Anfangskapital k jährlich eine gleichbleibende Summe r zugezahlt, so ergibt sich der Endwert aus der Kombination der Zinseszinsformel mit den entsprechenden Rentenformeln:

nachschüssig: $k_n = k\,q^n + r\,\frac{q^n - 1}{q - 1}$
vorschüssig: $k_n = k\,q^n + rq\,\frac{q^n - 1}{q - 1}$

Da diese Formel den Endbetrag bei regelmäßigem Sparen einer gleichbleibenden Summe wiedergibt, wird sie auch „Sparkassenformel“ genannt.

Beispiel: Zu einem Kapital von 1000,— DM wird, nach l = 2 Jahre beginnend, am Ende eines jeden halben Jahres 100,— DM zugezahlt.
Auf wieviel DM ist der Betrag bei p = 5 % nach 10 Jahren angewachsen?

$$k_n = k\,q^{n+l} + r_E\,\frac{q^n - 1}{q - 1}$$

$$r_E = r\left(m + \frac{i}{2}(m - 1)\right) = 100\left(2 + \frac{0{,}05}{2}\right) = \underline{202{,}50 \text{ DM}}$$

$$k_{10} = 1000 \cdot 1{,}05^{10} + 202{,}5 \cdot \frac{1{,}05^8 - 1}{0{,}05} = 1628{,}89 + 1933{,}71 = \underline{3\,562{,}60 \text{ DM}}$$

Wird ein Kapital k jährlich um eine gleichbleibende Summe r vermindert, ergibt sich der Endwert:

nachschüssig: $k_n = k\,q^n - r\,\frac{q^n - 1}{q - 1}$
vorschüssig: $k_n = k\,q^n - rq\,\frac{q^n - 1}{q - 1}$

Ein häufiger Fall der Anwendung ist die sog. „Kapitalrente“, bei der ein zinseszinslich angelegtes Kapital durch eine jährliche Rente aufgezehrt wird. Die Anzahl n der jährlichen Abhebungen bis $k_n = 0$, d. h. bis zur Aufzehrung des Kapitals k, ergibt sich durch Umformung der Gleichung:

$$k_n = 0 = k\,q^n - r\,\frac{q^n - 1}{q - 1} \qquad \text{(für nachschüssige Renten)}$$

$$0 = k\,q^n\,(q - 1) - r\,(q^n - 1) = k\,q^n\,i - r\,q^n + r$$

$$r = q^n\,(r - k\,i)$$

$$\boxed{n = \frac{\log r - \log (r - k\,i)}{\log q}}$$

Für vorschüssige Renten erhält man entsprechend:

$$n = \frac{\log (r\,q) - \log (r\,q - k\,i)}{\log q}$$

Voraussetzung: $r > ki$ bzw. $rq > ki$ Abhebung größer als Jahreszinsen!
$r = ki$ bzw. $rq = ki$ Abhebung beliebig lange bei unverändertem Kapital.
$r < ki$ bzw. $rq < ki$ Abhebung beliebig lange bei wachsendem Kapital.

Beispiel: Wie lange kann aus einem Stiftungskapital von $k = 20000$,— DM jährlich nachschüssig eine Rente von $r = 1500$,— DM gezahlt werden, bis das Kapital aufgezehrt ist? ($p = 5\%$)

$$n = \frac{\log r - \log (r - ki)}{\log q} = \frac{\log 1500 - \log (1500 - 20000 \cdot 0{,}05)}{\log 1{,}05}$$

$$n = \frac{3{,}17609 - 2{,}69897}{0{,}02119} = \underline{22{,}5 \text{ Jahre.}}$$

Es kann also 22 Jahre lang eine Unterstützung von 1500,— DM jährlich gezahlt werden. Der nach der 22. Ausschüttung verbleibende Rest kann zusammen mit der letzten Auszahlung verteilt werden.

$$k_n = k\,q^n - r\,\frac{q^n - 1}{q - 1} = 20000 \cdot 1{,}05^{22} - 1500\,\frac{1{,}05^{22} - 1}{0{,}05}$$

$$k_{22} = 58505{,}20 - 57757{,}82 = \underline{747{,}38 \text{ DM Rest.}}$$

Umwandlungen von Zahlungsvereinbarungen

Bei der Umwandlung von Zahlungsvereinbarungen sind die ursprünglichen Leistungen und die geänderten Leistungen auf einen gemeinsamen Bezugstermin zu beziehen und die entsprechenden Formeln gleichzusetzen.

Beispiele: a) An Stelle einer 10mal zu leistenden nachschüssigen Rente von $r_1 = 500$,— DM soll eine 5jährige vorschüssige Rente r_2 gezahlt werden, die nach $l = 3$ Jahren anläuft.

Wie groß ist r_2 bei $p = 5\%$?

$$k_0 = r_1 \cdot a_{n_1} = k_0 = r_2\,q \cdot a_{n_2} \cdot v^l$$

$$500 \cdot a_{10} = r_2\,(1 + a_4) \cdot v^3$$

$$r_2 = \frac{500 \cdot 7{,}7217}{4{,}5460 \cdot 0{,}8638} = \underline{983{,}22 \text{ DM.}}$$

b) Ein Schuldner hat sich verpflichtet, zur Ablösung seiner Schuld Ende 1961 $k_1 = 10000$,— DM, Ende 1963 $k_2 = 5000$,— DM und Anfang 1965 $k_3 = 4000$,— DM zu zahlen. Statt dessen einigt er sich mit dem Gläubiger auf eine Sofortzahlung Anfang 1961 von $k = 12000$,— DM und auf eine 4malige jährliche Rentenzahlung, beginnend Ende 1962.

Wie groß ist die Rente bei $p = 6\%$?

Darstellung der verschiedenen Zahlungsvorgänge auf der Zeitgeraden:

k_1 — k_2 — k_3 → ursprüngliche Vereinbarung

1960 1961 1962 1963 1964 1965

k — r r r r → neue Vereinbarung

$$k_0 = k_1\, v^1 + k_2\, v^3 + k_3\, v^4 = k_0 = k + r\, a_4\, v^1$$

$$r = \frac{10000 \cdot 0{,}9434 + 5000 \cdot 0{,}8396 + 4000 \cdot 0{,}7921 - 12000}{3{,}4651 \cdot 0{,}9434}$$

$$\underline{\underline{r = 1468{,}48 \text{ DM.}}}$$

c) Änderung des Zinssatzes während der Sparzeit:

Jemand will in 5 Jahren 10000,— DM durch jährliche, nachschüssige Einzahlungen r_1, die mit $p_1 = 5{,}5\%$ verzinst werden, s p a r e n. Nach der 3. Einzahlung sinkt der Prozentsatz auf $p_2 = 5\%$.

Um wieviel DM muß die jährliche Zahlung erhöht werden?

r_1/p_1 (bei 1), r_1/p_1 (bei 2), r_1/p_1 (bei 3) — ursprüngliche Bedingungen

0 1 2 3 4 5

r_2/p_2 (bei 4), r_2/p_2 (bei 5) — veränderte Bedingungen.

Die ursprüngliche Rente r_1 für $p_1 = 5{,}5\%$ errechnet sich für $n = 5$ Jahre aus der nachschüssigen Endwertformel:

$$k_5 = r_1 \frac{q_1^5 - 1}{q_1 - 1} \rightarrow r_1 = \frac{10000 \cdot 0{,}05}{1{,}055^5 - 1} = \underline{1791{,}76 \text{ DM}}$$

Durch 3 jährliche Zahlungen r_1 bei $p_1 = 5{,}5\%$ hat sich nach $n = 3$ Jahren angesammelt:

$$k_3 = r_1 \frac{q_1^3 - 1}{q_1 - 1} = 1791{,}76 \cdot \frac{1{,}055^3 - 1}{0{,}055} = \underline{5576{,}35 \text{ DM.}}$$

Dieser Betrag k_3 verzinst sich noch 2 Jahre zu $p_2 = 5\%$. Er wird vermehrt durch eine 2malige jährliche Rentenzahlung r_2 zu $p_2 = 5\%$ und erreicht dann den Endwert $k_5 = 10000$,— DM:

$$k_5 = k_3 \cdot q_2^2 + r_2 \frac{q_2^2 - 1}{q_2 - 1} \rightarrow 10000 = 5676{,}35 \cdot 1{,}05^2 + r_2 \frac{1{,}05^2 - 1}{0{,}05}$$

$$r_2 = \frac{(10000 - 5676{,}35 \cdot 1{,}1025) \cdot 0{,}05}{0{,}1025} = \underline{1825{,}27 \text{ DM}}$$

Erhöhung der jährlichen Zahlung nach dem 3. Jahr = $\underline{33{,}51 \text{ DM.}}$

3. Die Leibrente

Die Leibrente unterscheidet sich von der Zeitrente im wesentlichen darin, daß die Dauer der Rentenleistung kalendermäßig im voraus nicht festgelegt werden kann. Die Leistungsdauer, der Beginn oder/und das Ende der Rentenleistung ist an das Eintreten eines bestimmten Ereignisses (Unfall oder Tod) gebunden.

Fall 1

Zum 1. 4. 1975 wird ein Wohnhaus, festgestellter Wert 300000,— DM, auf Jahres-Leibrente veräußert, d.h., der Veräußerer verzichtet auf Auszahlung der 300000,— DM zum 1. 4. 1975 und erwirbt dafür den Anspruch auf eine Rente, die jährlich auf Lebenszeit zu leisten ist. Der Beginn der Rente wird kalendermäßig festgelegt, die Rentendauer ist im voraus nicht bestimmbar.

Fall 2

Ein Betrieb hat Pensionszusagen an die Mitarbeiter mit Vollendung des 65. Lebensjahres ausgesprochen. In diesem Fall ist nicht nur die Dauer der Altersvorsorgung unbestimmt; es ist überhaupt ungewiß, ob der Pensionsfall eintreten wird; denn nicht alle Menschen vollenden das 65. Lebensjahr.

1. Die Leibrente auf ein Leben

Zugrunde gelegt wird der Fall, daß der versicherungstechnisch 70-jährige Veräußerer eines Hauses auf eine Jahres-Leibrente abschließt. Die erste Rente soll sofort bei Abschluß der Verträge fällig werden.
Die Höhe dieser Leibrente hängt ab

a) von der Höhe des festgestellten Wertes des Hauses,

b) von der Höhe des Zinssatzes, der für die Verrentung angesetzt werden soll und

c) von der Lebenserwartung des 70-jährigen Veräußerers.

2. Die Lebenserwartung (die mittlere Lebensdauer)

Die Lebenserwartung ist die durchschnittliche Anzahl von Jahren, die Personen oder ein bestimmter Personenkreis eines bestimmten Alters wahrscheinlich noch erleben werden.
Auf Grund der durchgeführten Volkszählungen wird eine Absterbeordnung ermittelt; sie gibt die Sterblichkeitsverhältnisse an, insbesondere die Sterbeintensitäten, aus denen man die Sterbenswahrscheinlichkeit einer Altersgruppe bzw. die Lebenserwartung ableitet. Grundlage sind die aus der Erfahrung gewonnenen Sterbetafeln.

3. Die Sterbetafeln

Die Sterbetafeln, Sterblichkeitstafeln oder die Absterbeordnung sind auf Grund von Zählungen seit dem 17. Jahrhundert aufgestellt worden. Die in unserer Zeit gebräuchlichen stammen aus den Jahren 1924/26, 1949/51, 1960/62, 1970/72.

Auszüge aus der „Allgemeinen Deutschen Sterbetafel für Männer“

1924/26 x	3% l_x	1949/51 x	3% l_x
0	100000	0	100000
10	85070	10	92444
20	83268	20	91466
30	79726	30	89518
40	76313	40	87102
50	71006	50	82648
60	60883	60	72852
61	59444	61	71474
62	57914	62	70003
63	56285	63	68437
64	54443	64	66772
65	52715	65	64999
66	50769	66	63110
67	48705	67	61104
68	46527	68	58985
69	44256	69	56751
70	41906	70	54394
71	39472	71	51903
72	36948	72	49278
73	34348	73	46529
74	31697	74	43666
75	28998	75	40700
80	16066	80	25106
90	1599	90	3175
100	20	100	31

Benennungen:

x .... Anzahl der vollendeten Lebensjahre

l_x .... Anzahl der lebenden x-jährigen

$d_x = l_x - l_{x+1}$ .... Anzahl der Personen, die zwischen dem Alter x und x + 1 sterben.

$\frac{l_{x+n}}{l_x}$ .... Wahrscheinlichkeit dafür, daß der x-jährige das Lebensjahr x + n vollendet.

Erklärungsbeispiele anhand der Sterbetafel 1924/26, 3%

a) Die Wahrscheinlichkeit des 70-jährigen, noch ein Jahr zu leben:

$$\frac{l_{71}}{l_{70}} = \frac{39472}{41906} = \underline{0{,}94}$$

b) Die Wahrscheinlichkeit des 70-jährigen, nicht mehr ein Jahr zu leben:

$$\frac{l_{70} - l_{71}}{l_{70}} = \frac{41906 - 39472}{41906} = \underline{0{,}06}$$

$$e_x = \frac{l_x + l_{x+1} + l_{x+2} + \ldots l_{x+n}}{l_x} - \frac{1}{2}\text{[1]}: \quad e_x = \frac{1}{l_x} \sum_{K=0}^{\infty} l_{x+K} - \frac{1}{2}:$$

die mittlere Lebenserwartung, z. B. die mittlere Lebenserwartung eines 70-jährigen:

$$e_{70} = \frac{l_{70} + l_{71} + l_{72} + \ldots l_{100}}{l_{70}} - \frac{1}{2}$$

$$e_{70} = \frac{387\,306}{41\,906} - \frac{1}{2} = \underline{8{,}74.}$$

Da die Sterbeintensität der Menschen sich im Laufe der Zeit wandelt, ändert sich auch die Lebenserwartung.

Übersicht über die Lebenserwartung in Jahren im Wandel von Jahrzehnten (Auszug)

Vollend. Altersjahr	1871/80	1924/26	1949/51	1960/62	1970/72
0	35,58	55,97	64,56	66,86	67,41
10	46,51	55,63	59,76	59,88	59,68
20	38,45	46,70	50,34	50,34	50,21
30	31,41	38,56	41,32	41,14	41,00
40	24,46	30,05	32,32	31,91	31,77
50	17,98	21,89	23,75	23,10	23,05
60	12,11	14,60	16,20	15,49	15,31
70	7,34	8,74	9,84	9,60	9,35
80	4,10	4,77	5,24	5,24	5,36
90	2,34	2,68	2,66	2,69	2,81

Für die Festlegung der „Lebenserwartung" sind der Begriff der Wahrscheinlichkeit[2]) und das Gesetz der großen Zahlen grundlegend.
Ohne die Problematik einer Definition des Begriffes der „Wahrscheinlichkeit" hier abzuhandeln, wird an dieser Stelle nur die für das Verständnis der Leibrentenberechnung erforderliche Erklärung gegeben.
Gegeben sei die Menge M mit einer Anzahl von Elementarereignissen e_1 e_2 e_3 e_4 e_5 e_6 ... e_n, deren Eintreten dem Zufall unterworfen ist. Konvergiert bei einer großen Anzahl von Versuchsreihen (Stichproben) die relative Häufigkeit gegen einen konstanten Wert, so ist diese Konstante als die mathematische Wahrscheinlichkeit definiert.

---

[1]) Unter Zugrundelegung der Definition einer „durchschnittlichen Lebenserwartung" als der Anzahl der Jahre, die ein x-jähriger im Durchschnitt noch zu leben hat, und unter Auswertung des Integrals

$$e_x = \frac{1}{l_x} \int_0^{\infty} l_{x+\varepsilon}\, d\varepsilon$$

ergibt sich mit Hilfe der Trapezregel der obige Wert als Annäherungswert (vgl. Statistisches Jahrbuch für die Bundesrepublik, Abschnitt „Bevölkerungsbewegung").

[2]) In der Neuzeit ist man von der klassischen Definition der Wahrscheinlichkeit:

$$\text{Wahrscheinlichkeit} = \frac{\text{Anzahl der günstigen Fälle}}{\text{Anzahl der möglichen Fälle}}$$

abgegangen und definiert die Wahrscheinlichkeit als den Grenzwert der relativen Häufigkeit, wobei allerdings der Begriff des Grenzwertes anders gefaßt werden muß, als es in der Grenzwertlehre der Mathematik üblich ist. Kolmoroff definiert die Wahrscheinlichkeit aus der Mengenlehre.

Verdeutlichung:
Durchgeführt werden 50 Würfe mit einem Würfel, gezählt wird neunmal die Augenzahl 6.

Absolute Häufigkeit .... $9 : H_n$

Relative Häufigkeit .... $\frac{9}{50} = 0{,}18 = \frac{H_n}{n} = h_n.$

Bei einer großen Anzahl von Stichproben konvergiert das Mittel aus den relativen Häufigkeiten gegen 0,166666: das ist die Wahrscheinlichkeit für das Eintreten des genannten Ereignisses.

In dieser Definition der Wahrscheinlichkeit wird das Gesetz der großen Zahlen deutlich:

1. Aus der Betrachtung einer großen Menge gleichartiger Ereignisse (Elementarereignisse) können Regelmäßigkeiten oder Gesetzmäßigkeiten sichtbar werden, die am Einzelfall nicht beobachtet werden können.
2. Je größer der Umfang der Beobachtung ist (Stichprobe), desto deutlicher tritt die Struktur der Gesamtheit, soweit eine überhaupt vorhanden ist, hervor.
3. Bei einer hinreichend großen Zahl von Beobachtungen oder Beobachtungsreihen kann das Beobachtungsergebnis repräsentativ für die Gesamtheit werden.
4. Wir unterstellen, daß
   a) ein Ereignis beliebig oft beobachtet oder wiederholt werden kann,
   b) die Ereignisse durch zwei Merkmale (Eintreten oder Nichteintreten) gekennzeichnet sind,
   c) die Wahrscheinlichkeit für das Eintreten des ersten Merkmals mit w angesetzt wird,
   d) das gleichzeitige Eintreten der Merkmale ausgeschlossen ist — also entweder .... oder,
   e) die Gegenwahrscheinlichkeit $\overline{w}$ benannt wird.

   Die Wahrscheinlichkeit ist dann am größten, wenn das Verhältnis zwischen Eintreten und Nichteintreten eines Merkmals sich verhält wie $\frac{w}{\overline{w}}$.

   Anders formuliert:
   Ist m die Häufigkeit des Eintretens eines Ereignisses mit der Wahrscheinlichkeit w bei n Versuchen/Stichproben, dann strebt für jeden konstanten Wert $\varepsilon > 0$ die Wahrscheinlichkeit w für

$$\left| \frac{m}{n} - w \right| < \varepsilon \qquad \text{gegen 1, d.h.} \qquad \lim w \left\{ \left| \frac{m}{n} - p \right| < \varepsilon \right\} = 1.$$

Dieser Begriff der Wahrscheinlichkeit und der des Gesetzes der großen Zahlen liegen der Leibrentenrechnung zugrunde:

Die Lebenserwartung einer einzelnen Person läßt sich nicht im voraus ermitteln; jedoch die mittlere Lebenserwartung eines hinreichend großen homogenen Kreises von Personen ist durchaus meßbar, weil eine natürliche biologische Ordnung der Lebensdauer beobachtet werden kann. Soll über die mittlere Lebenserwartung eine Aussage gemacht werden, so können wir nicht einen Einzelfall betrachten, sondern dem Gesetz der großen Zahlen entsprechend eine große Anzahl gleichartiger Fälle:

Ein 70-jähriger veräußert sein Haus, festgestellter Barwert 300000,— DM, auf Leibrente.
Für die Ermittlung der Höhe der Leibrente gilt der Grundsatz der allgemeinen Rentenrechnung:

k_0 ist gleich dem Barwert der künftig zu erwartenden Leistungen:

$$k_0 = r \cdot a_n \cdot q \text{ (vorschüssig)}$$

oder in der Langschreibform:

$$k_0 = r + r \cdot v + r \cdot v^2 + r \cdot v^3 + \ldots r \cdot v^n$$

(n = 100, vgl. Sterbetafel, S. 210)

Wir lösen uns von diesem Einzelfall und erweitern ihn gedanklich auf eine große Anzahl 70-jähriger in derselben Situation.

Diese große Anzahl heißt l_x, bezogen auf den gegebenen Fall

l_{70}: 41906 (vgl. Sterbetafel 1924/26, S. 210).

Die Rentenbarwertformel lautet dann:

$$l_x \cdot k_0 = l_x \cdot r + l_{x+1} \cdot r \cdot v + l_{x+2} \cdot r \cdot v^2 + \ldots + l_{x+n} \cdot r \cdot v^n.$$

Aus mathematischen Erwägungen erweitert man die Gleichung mit v^x:

$$l_x \cdot k_0 \cdot v^x = l_x \cdot r \cdot v^x + l_{x+1} \cdot r \cdot v \cdot v^x + l_{x+2} \cdot r \cdot v^2 \cdot v^x + \ldots + l_{x+n} \cdot r \cdot v^n \cdot v^x.$$

International übliche Kürzel: $l_x \cdot v^x = D_x$

$$l_{x+1} \cdot v^{x+1} = D_{x+1}$$

$$\vdots$$

$$l_{x+n} \cdot v^{x+n} = D_{x+n}$$

Folglich:

$$k_0 \cdot D_x = r \cdot D_x + r \cdot D_{x+1} + r \cdot D_{x+2} \ldots + r \cdot D_{x+n}$$

$$k_0 \cdot D_x = r\,(D_x + D_{x+1} + D_{x+2} + \ldots + D_{x+n})$$

International übliche Kurzbezeichnungen:

$$D_x + D_{x+1} + D_{x+2} + \ldots + D_{x+n} = N_x$$

$$D_{x+1} + D_{x+2} + \ldots + D_{x+n} = N_{x+1}$$

$$\vdots$$

$$D_{x+n} = N_x + n$$

Die Werte für alle D_x und N_x sind tabellarisch erfaßt:

z.B.: $D_{70} + D_{71} + D_{72} + \ldots + D_{100} = N_{70} = 41\,518$ Sterbetafel 1924/26, 3%

bzw. $D_{70} + D_{71} + D_{72} + \ldots + D_{100} = N_{70} = 59\,397$ Sterbetafel 1949/51, 3% (S. 211).

Demnach ergibt sich:

$$k_0 \cdot D_x = r \cdot N_x$$

$$k_0 = \frac{r \cdot N_x}{D_x}$$

$$r = \frac{k_0 \cdot D_x}{N_x}$$

d.h. r ist der Betrag der vorschüssig zu zahlenden Leibrente an die 70-jährigen Veräußerer des Hauses.

r ist der Betrag, den wir an die Personen des genannten Kreises zu leisten haben. Diesen Betrag wird man auch im Einzelfall einem 70-jährigen zusprechen; man behandelt ihn damit so, als würde für ihn persönlich die mittlere Lebenserwartung seiner Gruppe zutreffen. Er steht rechnerisch stellvertretend für seine Gruppe. Die wirkliche Lebensdauer des Einzelnen braucht mit der mathematischen Lebenserwartung der Gruppe nicht übereinzustimmen. Darin liegen die Risiken und Chancen der am Leibrentenvertrag beteiligten Personen.

Zusammenfassung der mathematischen Ausdrücke:

Höhe der Leibrente: | Höhe der Barwerte einer Leibrente:

vorschüssig: $r = \frac{k_0 \cdot D_x}{N_x}$ $\qquad k_0 = \frac{r \cdot N_x}{D_x}$

nachschüssig: d.h. eine um ein Jahr vorschüssig aufgeschobene Rente

$$r = \frac{k_0 \cdot D_x}{N_{x+1}} \qquad k_0 = \frac{r \cdot N_{x+1}}{D_x}$$

eine um n Jahre aufgeschobene vorschüssige Leibrente

$$r = \frac{k_0 \cdot D_x}{N_{x+n}} \qquad k_0 = \frac{r \cdot N_{x+n}}{D_x}$$

Beispiel 1:

Wie hoch ist die Leibrente für einen 70-jährigen Veräußerer eines Hauses, festgestellter Wert 300000,— DM? Die Leibrente ist zu ermitteln

a) vorschüssig
b) nachschüssig
c) um 5 Jahre vorschüssig aufgeschoben.

(Zugrunde zu legen ist die Sterbetafel 1949/51, 3%):

Zu a): $r = \frac{k_0 \cdot D_x}{N_x} = \frac{300000 \cdot D_{70}}{N_{70}} = \frac{300000 \cdot 6870}{59397}$

$$r = \underline{\underline{34699,\!—}}$$

Zu b): $r = \frac{k_0 \cdot D_x}{N_{x+1}} = \frac{300000 \cdot D_{70}}{N_{71}} = \frac{300000 \cdot 6870}{52527}$

$$r = \underline{\underline{39237,\!—}}$$

Zu c): $r = \frac{k_0 \cdot D_x}{N_{x+n}} = \frac{300000 \cdot D_{70}}{N_{75}} = \frac{300000 \cdot 6870}{30018}$

$$r = \underline{\underline{68659,\!—}}$$

Beispiel 2:

Wie hoch ist die Leibrente für einen am 17. 4. 1935 geborenen Mann? Die Rente soll ab 1. 4. 1976 vorschüssig jährlich gezahlt werden; als Gegenleistung wird ein Einmalbeitrag in Höhe von 50000 DM, fällig am 1. 4. 1976, erbracht.

1. Berechnung des Eintrittsalters x:

Beginnjahr	1976
abzügl. Geburtsjahr	1935
	41
Verschiebung nach Rueff*)	6
x =	35

2. Berechnung der Leibrente; jährlich vorschüssig zahlbar:

$$k_0 = \frac{r \cdot N_x}{D_x} \quad ; \quad 50000 = \frac{r \cdot N_{35}}{D_{35}}$$

$$r = \frac{50000 \cdot D_{35}}{N_{35}} = \frac{50000 \cdot 31426}{693708}$$

$$r = \frac{50000}{22{,}0745} = \underline{\underline{2265{,}06}}$$

Unter Verrechnung von z.B. 5% Verwaltungs- u. Abschlußkosten ergibt sich:

$$1{,}05\, r = \frac{50000}{22{,}0745} = \underline{\underline{2265{,}06}}$$

$$r = \frac{50000}{23{,}178} = \underline{\underline{2157{,}22}}$$

*) Rueff hat ein mathematisches Verfahren entwickelt, durch das die Rechnungsgrundlagen — Eintrittsalter x — so verändert werden, daß die sich im Laufe der Zeit verändernde Lebenserwartung der Menschen berücksichtigt wird. (Vgl. F. Rueff: Ableitung von Sterbetafeln für die Rentenversicherung und sonstige Versicherungen mit Erlebensfallcharakter, 1955.)

4. Formelübersicht

Nachschüssige Renten	Vorschüssige Renten
a) Endwert: $k_n = r \frac{q^n - 1}{q - 1}$	$k_n = r q \frac{q^n - 1}{q - 1}$
b) Barwert: $k_0 = r a_n$	$k_0 = r q a_n = r (1 + a_{n-1})$
c) Barwert bei aufgeschobener Rente: $k_0 = r a_n v^l$	$k_0 = r q a_n v^l = r (1 + a_{n-1}) v^l$
d) Konforme, unterjährliche Ersatzrenten bei unterjährlichen Zinsterminen: $r_E = r \frac{q - 1}{q^m - 1}$	$r_E = \frac{r}{a_m}$
e) Nachschüssige, konforme Jahresersatzrente bei unterjährlichen Rententerminen: $r_E = r\left(m + \frac{i}{2}(m - 1)\right)$	$r_E = r\left(m + \frac{i}{2}(m + 1)\right)$
f) Sparkassenformel: $k_n = k q^n + r \frac{q^n - 1}{q - 1}$	$k_n = k q^n + rq \frac{q^n - 1}{q - 1}$
g) Kapitalrente: $n = \frac{\log r - \log (r - ki)}{\log q}$	$n = \frac{\log (rq) - \log (rq - ki)}{\log q}$
h) Ewige Rente: $k_0 = \frac{r \cdot 100}{p}$	$k_0 = \frac{r q \cdot 100}{p}$
i) Leibrenten: $r = \frac{k_0 \cdot D_x}{N_{x+1}}$	$r = \frac{k_0 \cdot D_x}{N_x}$
aufgeschoben: $r = \frac{k_0 \cdot D_x}{N_{x+n}}$	

VI. Die Bewertung von Wertpapieren und Anteilen, Kapitalforderungen und Schulden

(nach den Bewertungsvorschriften des BewG)

1. Bewertung von Wertpapieren und Anteilen

§ 11 BewG regelt die Bewertung von Aktien, Kuxen, Genußscheinen, Pfandbriefen, Schuldverschreibungen, öffentlichen Anleihen und GmbH-Anteilen.

Der § 11 kennt zwei Bewertungsmaßstäbe:

§ 11,1: Wertpapiere, die im Inland einen Kurswert haben, sind mit dem Kurswert anzusetzen.
Als Kurswert gilt nur der amtlich an einer inländischen Wertpapierbörse notierte Kurs.

§ 11,2: Für nichtnotierte Wertpapiere (Aktien, Kuxe, Genußscheine und GmbH-Anteile) gilt der gemeine Wert (§ 9 BewG) im Sinne des Einzelveräußerungspreises.
„Läßt sich der gemeine Wert nicht aus Verkäufen ableiten, die weniger als ein Jahr zurückliegen, so ist er unter Berücksichtigung des Vermögens und der Ertragsaussichten der Kapitalgesellschaft zu schätzen."
Für die Schätzung des gemeinen Wertes sind zwei Verfahren entwickelt worden. Für die Bewertung auf den 31. Dez. 1948 galt das amtlich zugelassene sog. Berliner Verfahren, das dann für die späteren Hauptveranlagungen zur Vermögensteuer (1952, 1956, 1960 usw.) durch das sog. Stuttgarter Verfahren abgelöst wurde.

a) Das Stuttgarter Verfahren zur Bewertung nicht notierter Wertpapiere

Ermittlung des Vermögenswertes (V)

Der Vermögenswert (Substanzwert) wird berechnet aus dem Einheitswert des Betriebsvermögens. Dieser Einheitswert muß korrigiert werden um Werte, die bei seiner Ermittlung nicht berücksichtigt wurden. Hervorzuheben ist die Minderung um den Zeitwert der Vermögensabgabeschuld nach § 77 LAG.

Als Ausgleich für die mögliche unterschiedliche Wertschätzung des Vermögens oder einzelner Teile des Vermögens durch den Anteilseigner im Gegensatz zur Gesellschaft wird das ermittelte Vermögen um 15 % gekürzt.

Dieses um den Abschlag gekürzte Vermögen wird zum Grund- oder Stammkapital in Beziehung gesetzt. Besitzt die Gesellschaft eigene Aktien oder Anteile von nicht mehr als 10 %, so sind sie vom Grund- oder Stammkapital abzusetzen.

$$\text{Vermögenswert} = V = \frac{\text{korrigiertes Vermögen} \cdot 100}{\text{Grund-/Stammkapital}}$$

Beispiel:

Einheitswert des Betriebsvermögens einer GmbH	600000,— DM
⁒ Zeitwert der Vermögensabgabe	120000,— DM
Vermögen	480000,— DM
⁒ 15% Abschlag	72000,— DM
korrigiertes Vermögen	408000,— DM
Stammkapital 300000,— DM	

$$\text{Vermögenswert} = V = \frac{408000 \cdot 100}{300000} = \underline{136\,\%}$$

Ermittlung des Ertragshundertsatzes (E)

Für die Schätzung der Ertragsaussichten legt man den Durchschnittsertrag vergangener Jahre, möglichst der letzten 3 Jahre, zugrunde. Als Jahresertrag ist das Betriebsergebnis anzusetzen, das sich durch verschiedene Zu- und Abrechnungen aus dem körperschaftsteuerpflichtigen Gewinn ergibt. Das arithmetische Mittel der Betriebsergebnisse der einzelnen Jahre wird als zukünftiger Durchschnittsertrag der Gesellschaft angesetzt:

$$\text{Durchschnittsertrag} = \text{Ertragserwartungen} = \frac{\text{Summe der Betriebsergebnisse}}{n}$$

Dieser Durchschnittsertrag wird korrigiert, weil man davon ausgeht, daß im allgemeinen keine Gesellschaft in der Lage ist, ihren Gewinn voll auszuschütten. Der Gesetzgeber nimmt deswegen einen Abschlag von 30% vor.

Der korrigierte Durchschnittsertrag wird in Prozenten des Stamm- oder Grundkapitals (ohne eigene Aktien oder Anteile, wenn nicht mehr als 10%) ausgedrückt:

$$\text{Ertragshundertsatz} = E = \frac{\text{ausschüttungsfähiger Ertrag} \cdot 100}{\text{Grund-/Stammkapital}}$$

Beispiel:

Betriebsergebnis der GmbH für 1971	12000,— DM
für 1972	10000,— DM
für 1973	14000,— DM
	36000,— DM

$$\text{Ertragsaussichten} = \frac{36000}{3} = 12000,\text{— DM}$$

⁒ 30% Abschlag	3600,— DM
ausschüttungsfähiger Ertrag	8400,— DM

$$\text{Ertragshundertsatz} = E = \frac{8400 \cdot 100}{300000} = \underline{2{,}8\,\%}$$

Ermittlung des gemeinen Wertes

Der gemeine Wert ist der Kaufpreis, der zum Erwerb eines Anteils aufgewendet wird. Der Preis, den der Erwerber bereit ist zu zahlen, hängt ab von dem Verhältnis der Erträge, die in einem übersehbaren Zeitraum auf seinen Anteil entfallen, zu den Zinsen, die bei anderweitiger Kapitalanlage zu erwarten sind.

Der Erwerber wird mehr als den Vermögenswert zu zahlen bereit sein, sofern die Anteilserträge die Kapitalverzinsung übersteigen. Entsprechend wird der Kaufpreis unter dem Vermögenswert liegen, sofern die zu erwartenden Anteilserträge kleiner sind als die Zinserträge.

Bei einer Verzinsung von 10 % und einem übersehbaren Zeitraum von 5 Jahren errechnet sich der gemeine Wert x nach dem Stuttgarter Verfahren wie folgt:

> Der Vermögenswert (V), vermehrt oder vermindert um die Differenz zwischen den Anteilserträgen (= Ertragshundertsatz = E) für 5 Jahre und der anderweitigen Verzinsung des Kapitals (= Kaufpreis = x) für 5 Jahre, ergibt den gemeinen Wert eines nicht notierten Wertpapiers:

$$\boxed{x = V + 5\left(E - \frac{10\,x}{100}\right)}$$

Die Umformung dieser Gleichung und Auflösung nach x ergibt:

$$x = V + 5\,E - \frac{50x}{100}$$

$$x + \frac{50x}{100} = V + 5\,E$$

$$x\left(1 + \frac{50}{100}\right) = V + 5\,E$$

$$x = \frac{1}{1{,}5}(V + 5\,E) = \frac{66{,}67}{100}(V + 5\,E)$$

Der Hundertsatz von 66,67 ist zur Vereinfachung auf 65 abzurunden. Der gemeine Wert ist also 65 % der Summe aus dem Vermögenswert und dem 5fachen Ertragshundertsatz.

Beispiele:

1. Mit welchem Wert ist ein GmbH-Anteil von 20000,— DM Nennwert anzusetzen?

   Vermögenswert = V = 136 % (siehe Beispiel S. 76)

   Ertragshundertsatz = E = 2,8 % (siehe Beispiel S. 76)

   $$\text{Gemeiner Wert} = x = \frac{65}{100}(136 + 5 \cdot 2{,}8) = 0{,}65 \cdot 150$$

   $$x = 97{,}5\,\% = \text{rd. } \underline{98\,\%}$$

   Gemeiner Wert des GmbH-Anteils = <u>19600,— DM</u>

2. Ermittlung des gemeinen Wertes einer GmbH:

Betriebsvermögen	840000,— DM
./. 15 % Abschlag	126000,— DM
korrigiertes Vermögen	714000,— DM
Stammkapital	700000,— DM

$$\text{Vermögenswert} = V = \frac{714000 \cdot 100}{700000} = \underline{102\,\%}$$

Betriebsertrag für 1971	+10000,— DM
Betriebsertrag für 1972 (negativ)	—33000,— DM
Betriebsertrag für 1973 (negativ)	—61000,— DM
	—84000,— DM (Verlust)

$$\text{Durchschnittsertrag} = \frac{-84000}{3} = -28000,\text{— DM}$$

$$\text{Ertragshundertsatz} = E = \frac{-28000 \cdot 100}{700000} = \underline{-4\,\%}$$

$$\text{Gemeiner Wert} = x = \frac{65}{100}(102 - 5 \cdot 4) = 0{,}65 \cdot 82 = 53{,}3\,\%$$

$$\text{Gemeiner Wert} = x = \underline{53\,\%}$$

Bei der Berggewerkschaft berechnet man den Vermögenswert und den Ertragshundertsatz aus der Anzahl der Kuxe.

$$V = \frac{\text{Vermögen}}{\text{Anzahl der Kuxe}}; \quad E = \frac{\text{Ertrag}}{\text{Anzahl der Kuxe}}$$

Die weitere Berechnung erfolgt nach der Formel auf S. 77.

Abschn. 74,4 VStR: Sind mehr als 25 % aller Anteile oder Aktien einer Kapitalgesellschaft in den Händen eines einzelnen Steuerpflichtigen, so ist ein sog. Paketzuschlag von höchstens 25 %, bezogen auf den Nennwert, dem gemeinen Wert zuzurechnen. Die Höhe des Paketzuschlages richtet sich nach dem Umfang der zu bewertenden Beteiligung.

Das Stuttgarter Verfahren wird auch zur Berechnung des Firmenwertes empfohlen siehe S. 83ff.).

(b) Investmentanteile und Anteile an Immobilienfonds

Anteilscheine, die von Kapitalanlagegesellschaften ausgegeben werden, werden mit dem Rücknahmepreis bewertet; für sie kommt also das Stuttgarter Verfahren nicht in Frage.
Für Anteile an sonstigen Immobilienfonds, die nicht unter das Kapitalanlagegesetz fallen, gelten besondere Vorschriften, deren Erörterung hier jedoch zu weit führte.

2. Bewertung von Kapitalforderungen und Schulden

Kapitalforderungen sind Forderungen, die auf Zahlung einer Geldsumme gerichtet sind, einschl. solcher Forderungen, die in Wertpapieren verbrieft sind. Diese sind nach § 12,1 BewG mit dem Nennwert anzusetzen.

§ 12,3 BewG: „Der Wert unverzinslicher Forderungen oder Schulden, deren Laufzeit mehr als ein Jahr beträgt und die zu einem bestimmten Zeitpunkt fällig sind, ist der Betrag, der vom Nennwert nach Abzug von Zwischenzinsen unter Berücksichtigung von Zinseszinsen verbleibt. Dabei ist von einem Zinssatz von 5,5 % auszugehen."

Die befristeten und unverzinslichen Forderungen oder Schulden des § 12,3 werden wie nachschüssige Renten behandelt, deren Barwerte zum Bewertungszeitpunkt als steuerliche Bilanzwerte angesetzt werden sollen:

$$k_0 = r \cdot a_n$$

Der Barwert einer unverzinslichen Forderung oder Schuld, die auf l Jahre unkündbar ist, errechnet sich nach der Formel für aufgeschobene nachschüssige Renten:

$$k_0 = r \cdot a_n \cdot v^l$$

Den Barwert einer nach n Jahren auf einmal rückzahlbaren unverzinslichen Forderung oder Schuld erhält man durch Abzinsung um n Jahre:

$$k_0 = K \cdot v^n$$

Beispiele: 1. Bewertung einer unverzinslichen Forderung von 8000,— DM, die auf 6 Jahre unkündbar ist und dann in 4 gleichen Jahresbeträgen zurückgezahlt wird.

$k_0 = r \cdot a_4 \cdot v^6$

$k_0 = 2000 \cdot 3{,}5052 \cdot 0{,}7252$

Steuerlicher Bilanzwert $= k_0 =$ 5083,94 DM.

2. Bewertung einer unverzinslichen Forderung von 5000,— DM auf die Dauer von 8 Jahren unkündbar.

$k_0 = Kv^8$

$k_0 = 5000 \cdot 0{,}6516$

Steuerlicher Bilanzwert $= k_0 =$ 3258,— DM.

VII. Die Bewertung von Nutzungen und Leistungen

(auf Grund der Bewertungsvorschriften des BewG)

Die §§ 13—16 regeln die Bewertung von wiederkehrenden Nutzungen und Leistungen. Der Gesetzgeber versteht darunter Erträge, die ein Berechtigter auf Grund eines Rechtes eines ihm nicht gehörigen Wirtschaftsgutes erhält. Hierunter fallen Renten, Altenteilsleistungen, Leistungen auf Grund eines Nießbrauchsrechts u. a.

1. Zeitlich beschränkte und immerwährende Nutzungen und Leistungen

a) § 13,1 BewG: „Der Gesamtwert von Nutzungen oder Leistungen, die auf bestimmte Zeit beschränkt sind, ist die Summe der einzelnen Jahreswerte abzüglich der Zwischenzinsen unter Berücksichtigung von Zinseszinsen. Dabei ist von einem Zinssatz in Höhe von 5,5 % auszugehen. Der Gesamtwert darf das Achtzehnfache des Jahreswertes nicht übersteigen. Ist die Dauer des Rechts außerdem durch das Leben einer oder mehrerer Personen bedingt, so darf der nach § 14 zu berechnende Kapitalwert nicht überschritten werden."

Wiederkehrende Nutzungen oder Leistungen, die auf eine bestimmte Zeit beschränkt sind, werden wie vorschüssige Renten behandelt. Für die Bewertung auf den Stichtag ist von der Summe der Jahreswerte auszugehen.

r = Jahreswert = $m \cdot$ unterjährliche Nutzung / Leistung

$$\underline{k_0 = r \cdot q \cdot a_n}$$

Der vorschüssige Kapitalisierungsfaktor $q \cdot a_n$ errechnet sich tabellarisch nach der Formel: $q \cdot a_n = 1 + a_{n-1}$ (siehe S. 57).

Das 18fache des Jahreswertes, das als Höchstgrenze des Gesamtwertes (Barwertes k_0) vorgeschrieben ist, wird nach $n = 53$ Jahren erreicht:

Wenn $n \geqslant 53$, dann $k_0 = 18 \cdot r$

Beispiel: Eine monatliche Rente von 100,— DM wird auf die Dauer von 25 Jahren gezahlt. Mit welchem Gesamtwert ist die Rente anzusetzen?

r = Jahreswert = $12 \cdot 100 = 1200$,—

$$k_0 = r \cdot q \cdot a_{25}$$

$$q \cdot a_{25} = q\, a_{20} + q\, a_5\, v^{20} = 12{,}6077 + 4{,}5052 \cdot 0{,}3427$$

$$q \cdot a_{25} = 12{,}6077 + 1{,}5439 = 14{,}1516$$

$$k_0 = 1200 \cdot 14{,}1516 = \underline{16\,981{,}92 \text{ DM}}$$

Bei Leistungen, die sowohl auf bestimmte als auch auf unbestimmte Zeit gewährt werden, ist zwischen dem Kapitalisierungsfaktor $q \cdot a_n$ für $r = 1$ des § 13 Abs. 1 und dem 9fachen des Jahreswertes des § 13 Abs. 2 der niedrigste Wert für die Bewertung zu wählen.

Beispiele: 1. Eine monatliche Rente von 100,— DM wird auf 10 Jahre, höchstens jedoch bis zur Verheiratung gewährt.

r = Jahreswert = 1200,—

$q\ a_{10} = 7{,}9522 < 9$ fache des Jahreswertes

$k_0 = 1200 \cdot 7{,}9522 = \underline{9542{,}64\ \text{DM}}$

2. Wird die Rente dagegen auf mindestens 15 Jahre gewährt, so ist der Jahreswert mit dem 9fachen zu kapitalisieren:

$q\ a_{15} = 12{,}6077 > 9$ fache

$k_0 = 1200 \cdot 9 = \underline{10800{,}—\ \text{DM}}$

b) § 13,2 BewG: „Immerwährende Nutzungen oder Leistungen sind mit dem Achtzehnfachen des Jahreswertes, Nutzungen oder Leistungen von unbestimmter Dauer vorbehaltlich des § 14 mit dem Neunfachen des Jahreswertes zu bewerten."

Die im ersten Halbsatz aufgeführten immerwährenden Nutzungen oder Leistungen sind äußerst selten. Strenggenommen gibt es sie überhaupt nicht. Es wird sich in den meisten Fällen um Nutzungen oder Leistungen von unbestimmter Dauer handeln, wie sie im zweiten Halbsatz genannt werden.

Sind diese außer von einem ungewissen Ereignis auch noch von der Lebenszeit abhängig, so greift die Bestimmung des § 14 über die Bewertung von lebenslänglichen Nutzungen oder Leistungen ein. Der Kapitalwert errechnet sich dann mit dem geringeren Kapitalisierungsfaktor (siehe auch § 13,1, Satz 3 auf S. 80).

Beispiel: Eine Frau erhält eine monatliche Rente von 200,— DM auf Lebenszeit, höchstens aber bis zur Verheiratung. Die Berechtigte ist am Stichtag 42 Jahre.

Jahreswert = r = 2400,—

Kapitalisierungsfaktor nach § 13,2 = 9

Kapitalisierungsfaktor nach § 14,1 = 15 (siehe S. 82).

$k_0 = 2400 \cdot 9 = \underline{21600{,}—\ \text{DM}}$.

2. Lebenslängliche Nutzungen und Leistungen

§ 14,1 BewG: „Lebenslängliche Nutzungen und Leistungen sind mit dem aus Anlage 9 zu entnehmenden Vielfachen des Jahreswertes anzusetzen."

6

Kapitalisierungsfaktoren bei lebenslänglichen Renten (§ 14,1 BewG)
(Auszug)*

Lebensalter	Kapitalisierungsfaktor		Lebensalter	Kapitalisierungsfaktor	
	Männer	Frauen		Männer	Frauen
15 Jahre	17,2	17,6	63 Jahre	8,9	10,1
25 „	16,5	17,0	66 „	8,0	9,1
35 „	15,3	16,0	69 „	7,2	8,1
42 „	14,1	15,0	72 „	6,3	7,1
49 „	12,6	13,8	75 „	5,5	6,1
53 „	11,6	12,9	79 „	4,5	4,9
57 „	10,5	11,8	83 „	3,6	3,9
60 „	9,7	11,0	86 „	3,0	3,3
			88 „	2,6	2,9

Für die Bewertung des steuerlichen Kapitalwertes wird der Wert der einjährigen Nutzung oder Leistung zugrunde gelegt.

Beispiel: Der Kapitalwert einer Rente auf Lebenszeit von monatlich 250,— DM beträgt bei einem Lebensalter der Berechtigten von 63 Jahren:
$k_0 = 3000 \cdot 10{,}1 = \underline{30300{,}\text{— DM}}$.

3. Jahreswert von Nutzungen und Leistungen

§ 15,1 BewG: „Der einjährige Betrag der Nutzung einer Geldsumme ist, wenn kein anderer Wert feststeht, zu 5,5 % anzunehmen."
Diese Bestimmung greift nur ein, wenn für die Berechnung des Jahreswertes kein anderer Wert feststeht.

§ 15,3 BewG: „Bei Nutzungen oder Leistungen, die in ihrem Betrag ungewiß sind oder schwanken, ist als Jahreswert der Betrag zugrunde zu legen, der in Zukunft im Durchschnitt der Jahre voraussichtlich erzielt wird."
Hierunter fallen Nutzungen oder Leistungen aus Urheberrechten, Patenten, Lizenzen u. a.

Der sich aus dem zukünftigen, durchschnittlichen, jährlichen Ertrag ergebende Jahreswert ist als wiederkehrende Nutzung des § 13,1 wie eine vorschüssige Rente zu behandeln.

Beispiel: Die künftigen, voraussichtlich erzielbaren Erträge aus einem Patent werden auf 5000,— DM jährlich geschätzt. Die Nutzung steht dem Berechtigten noch 20 Jahre zu.

$k_0 = 5000 \cdot q \cdot a_{20} = 5000 \cdot 12{,}6077$

$\text{Kapitalwert} = k_0 = \underline{63038{,}50 \text{ DM}}$.

Handelt es sich um lebenslängliche Nutzungen oder Leistungen, so ist § 14,1 BewG anzuwenden.

*) Die Kapitalisierungsfaktoren sind auf 3 Dezimalstellen errechnet. Zur Vereinfachung sind sie hier nur mit 1 Dezimalstelle wiedergegeben.

VIII. Der Gesamtwert einer Unternehmung

1. Der Firmenwert

Der in der Jahresbilanz angegebene Kapitalanteil des ausscheidenden Gesellschafters kann meistens nicht als Abfindungsguthaben angesprochen werden. Der Buchwert der Unternehmung stellt nicht den Wert der Unternehmung dar; denn außer den eventuell gebildeten stillen Reserven verfügt die Unternehmung über ideelle Werte, die nicht bilanzierungsfähig sind, an denen der ausscheidende Gesellschafter jedoch einen Anteil hat. Diese werterhöhenden Faktoren, die keinen selbständigen Veräußerungswert besitzen, faßt man in dem Ausdruck „Firmenwert“ oder „*goodwill*“ zusammen.

Werterhöhende Faktoren können sein:

der feste Kundenstamm,
gesicherte Absatzverhältnisse,
günstige Bezugsquellen,
ausgefeilte Betriebsorganisation,
eingearbeiteter Facharbeiterstamm,
das Ansehen der Firma durch Persönlichkeitswerte u. a. m.

Der Gesetzgeber unterscheidet in § 153,5 AktG den originären und derivativen Firmenwert. Der originäre ist der selbstgeschaffene goodwill, der derivative der abgeleitete, der von fremder Hand geschaffene, durch Kauf erworbene Firmenwert:

Über die Bilanzierung des Firmenwertes sagt

§ 153,5 AktG: „Für den Geschäfts- oder Firmenwert darf (in der Jahresschlußbilanz) kein Aktivposten eingesetzt werden. Übersteigt jedoch die für die Übernahme eines Unternehmens bewirkte Gegenleistung die Werte der einzelnen Vermögensgegenstände des Unternehmens im Zeitpunkt der Übernahme, so darf der Unterschied unter die Posten des Anlagevermögens aufgenommen werden. Der Betrag ist gesondert auszuweisen und in jedem folgenden Geschäftsjahr zu mindestens einem Fünftel durch Abschreibungen zu tilgen.“

Die oben angeführten, im einzelnen wertmäßig nicht zu erfassenden Komponenten des Firmenwertes müssen, soweit man von einer rohen Schätzung absieht, durch eine Hilfsrechnung näherungsweise ermittelt werden.

Der ausscheidende Gesellschafter hat Anteil an dem Gesamtwert, dem materiellen und ideellen Wert der Unternehmung.

Von den vielen Möglichkeiten, den Gesamtwert einer Unternehmung zu ermitteln, wird hier nur das Ertragswert-Verfahren angesprochen. Alle Berechnungsmethoden enthalten in ihren Wertansätzen erhebliche Unsicherheiten, so daß ein exakter Wert nicht ermittelt werden kann. Die Ergebnisse stellen nur Annäherungs- bzw. Hilfswerte dar. (Vgl. auch S. 89.)

2. Der Ertragswert und der Firmenwert

Der Gesamtwert einer Unternehmung kann durch Kapitalisierung der zukünftig zu erwartenden Gewinne bestimmt werden. Die zukünftigen, von außerordentlichen Aufwendungen und Erträgen bereinigten, risikofreien durchschnittlichen Jahresgewinne werden als Rente angesehen, deren Zeitwert, Barwert, Kapitalwert den Gesamtwert der Unternehmung (Ertragswert) darstellt.

Der Ertragswert ist der Gesamtwert der Unternehmung.

Dem Ertragswert steht gegenüber der Sachwert, Substanzwert, Reproduktionskostenwert.

Reproduktionskosten sind Anschaffungskosten, die für die Beschaffung und betriebsfertige Herrichtung von Betriebsmitteln am Bewertungsstichtag entstehen würden, wenn Preise und Kosten an diesem Tage der Wertberechnung zugrunde gelegt würden.

Reproduktionskostenwert = Summe der Aktiva
— eventueller Verlustvortrag
— Verbindlichkeiten.

Die Differenz zwischen dem Ertragswert und dem Reproduktionskostenwert ergibt die Größe des immateriellen, ideellen Wertes, des goodwill, des Firmenwertes einer Unternehmung.

3. Die Berechnung des Ertragswertes einer Unternehmung

Der Durchschnittsertrag wird als Rente betrachtet, die durch die in der Unternehmung eingesetzten Werte erzielt wird. Somit wird der Unternehmungswert zum Barwert aller Renten.

Der Ertragswert ist die Summe aller auf den Bewertungsstichtag diskontierten Renten.

Die Praxis vertritt zwei Auffassungen über die Ermittlung des Ertragswertes:

a) die mathematische und
b) die kaufmännische Methode.

a) Die mathematische Berechnungsmethode:

Die mathematische Berechnungsmethode geht von der Annahme aus, der Ertragswert einer Unternehmung sei jenes Kapital, das für eine bestimmte Anzahl von Jahren dem Eigentümer eine Rente abwirft, die im Sinne einer Zeitrente das Kapital mit aufzehrt; d. h. Ertragswert (E_M) ist der Barwert einer Rente E, die die Unternehmung n-mal abwirft:

$$E_M = \frac{E \cdot (q^n - 1)}{q^n (q - 1)} = E \cdot a_n \qquad \text{(nachschüssige Rente)}$$

Am Ende der Ertragsdauer verbleibt ein Verkaufswert = Liquidationserlös. Der auf den Bewertungsstichtag diskontierte Liquidationserlös (L) ergibt den endgültigen Ertragswert nach der mathematischen Methode:

$$\boxed{E_M = E \cdot a_n + L\,v^n}$$

Diese Formel ist mit kritischer Vorsicht zu gebrauchen; denn abgesehen davon, daß der durchschnittliche Gewinn, der zum Ansatz kommende Zinssatz und insbesondere die Ertragsdauer, d. h. die Lebensdauer der Unternehmung, geschätzt werden müssen, wird eben die Lebensdauer grundsätzlich als begrenzt angesehen.
Zwar können Unternehmungen von begrenzter Lebensdauer sein — die Alltagserfahrung kennt viele Beispiele —, jedoch wird der die Unternehmung gründende oder übernehmende Geschäftsmann den Grundsatz vertreten müssen, daß er das investierte Kapital nicht aufzehren will, sondern daß es gerade der Sinn der Investierung war, das Kapital unbegrenzt zu erhalten, wenn nicht gar zu vermehren. Somit wird der jährliche Gewinn zu einer ewigen Rente, zu einem Zins, der das Kapital nicht angreift. Von der praktischen Wirtschaft her gesehen bedeutet das, daß der Kaufmann sich bemüht, zur rechten Zeit in der richtigen Art seine Unternehmung auf die gegenwärtigen Notwendigkeiten und Bedürfnisse einzustellen und sie damit lebensfähig, gewinnbringend zu erhalten.
Die obige Formel kann dem Ersterwerber nur gerecht werden, wenn sie berücksichtigt, daß ihm bei einer späteren Bewertung der ursprüngliche Ertragswert erhalten geblieben sein muß, so daß

$$L = E_M$$

gesetzt werden muß.
Damit geht die mathematische Ermittlung des Ertragswertes E_M einer Unternehmung in die in der Praxis angewandte kaufmännische Berechnungsmethode des Ertragswertes E_k über. (Vgl. hierzu auch S. 89.)

b) Die kaufmännische Berechnungsmethode:

$$E_k = E_M = E \cdot a_n + E_M \cdot v^n$$

$$E_k = E_M\,(1 - v^n) = E \cdot \frac{(q^n - 1)}{q^n\,(q - 1)}$$

$$E_k = E_M = E \cdot \frac{(q^n - 1) \cdot 1}{q^n\,(q - 1)\,(1 - v^n)}\,; \quad \frac{1}{1 - v^n} = \frac{q^n}{q^n - 1}$$

$$E_k = E_M = \frac{E \cdot (q^n - 1) \cdot q^n}{q^n\,(q - 1)\,(q^n - 1)} = \frac{E}{q - 1} = \frac{E}{1 + \frac{p}{100} - 1} = \frac{E \cdot 100}{p}$$

$$\boxed{E_k = E_M = \frac{E \cdot 100}{p}}$$

Die kaufmännische Berechnungsmethode betrachtet den Gewinn der Unternehmung nicht als eine Zeitrente, sondern als ewige Rente, als Zins des investierten Eigenkapitals, und ermittelt die Höhe des Ertragswertes in dem Kapital, das jährlich für unbegrenzte Dauer den Zins E = Ertrag = Gewinn abwirft. Die Ermittlung des Ertragswertes ist daher auch nach der einfachen Zinsformel möglich:

$$z = \frac{k_0 \cdot p \cdot t}{100}$$

$$k_0 = \frac{z \cdot 100}{p \cdot t} \qquad t = 1; \quad z = E$$

$$\boxed{k_0 = \frac{z \cdot 100}{p} = \frac{E \cdot 100}{p} = E_k = E_M}$$

Für die praktische Anwendung der Formel bleibt zu klären:

a) die Höhe des einzusetzenden Kapitalisierungszinssatzes p und
b) die Ermittlung des durchschnittlichen Ertrags E.

Der Kapitalisierungszinsfuß

Über die Höhe des für die Kapitalisierung des Durchschnittsertrages anzusetzenden Zinssatzes gehen die Meinungen in der Theorie und Praxis weit auseinander, jedoch glaubt man, drei die Höhe des Prozentsatzes bestimmende Faktoren herausstellen zu können:

a) den landesüblichen Zinsfuß für langfristige risikofreie Kapitalanlagen (Staatsanleihen, Kommunalobligationen, Pfandbriefe und sonstige mündelsichere Wertpapiere);
b) die Durchschnittsrendite der Branche, zu der die zu bewertende Unternehmung gehört;
c) die mit der Gründung bzw. Übernahme der Unternehmung für die kontinuierliche Gewinnerzielung verbundenen Risiken und Wagnisse.

Neben vielen anderen Kombinationsmöglichkeiten dieser Faktoren bildet die Praxis häufig den Gesamtprozentsatz aus dem arithmetischen Mittel zwischen dem landesüblichen Zinsfuß und der Branchenrendite zuzüglich eines Risikozuschlages W:

$$p = \frac{a + b}{2} + W = \text{Kapitalisierungszinsfuß.}$$

Der durchschnittliche Ertrag

Den durchschnittlichen zukünftigen Ertrag E versucht man an Hand der vergangenen Erträge zu schätzen. Hierin liegt ein kritischer Punkt für die Anwendung der Ertragswertberechnung. Die Annahme, daß die Preise und Kosten in der Zukunft konstant bleiben, ist bei der Unkontrollierbarkeit der Märkte und der Veränderlichkeit der Wirtschaft in den meisten Fällen abzulehnen. Man versucht, Schätzungsfehler dadurch in tragbaren Grenzen zu halten, daß man die durchschnittlichen Erträge der letzten 3—5 Jahre zugrunde legt.

Für die Ermittlung des durchschnittlichen Ertrags werden nur die bereinigten, risikofreien Beträge berücksichtigt, die aus der eigentlichen Unternehmungstätigkeit durchschnittlich erzielt werden:

	Jahresreingewinn
—	außerordentliche Erträge
+	außerordentliche Aufwendungen
	bereinigter Jahresgewinn.

Bei Personengesellschaften und Einzelfirmen ist außerdem noch der Unternehmerlohn vom Gewinn abzuziehen.
Bei der Berechnung des durchschnittlichen Ertrages sind nach der Veränderlichkeit des Kapitaleinsatzes zu unterscheiden:

a) *Der durchschnittliche Ertrag bei unverändertem Kapitaleinsatz:*
Durchschnittlicher Ertrag = arithmetisches Mittel der bereinigten Erträge der letzten Jahre

$$E = \frac{E_1 + E_2 + \ldots + E_n}{n} \quad (n = 3\text{—}5 \text{ Jahre})$$

b) *Der durchschnittliche Ertrag bei verändertem Kapitaleinsatz:*
Beispiel:

n	bereinigte Erträge	Kapitaleinsatz
0	... des letzten Jahres = 60000,—	400000,— DM
1	... vor 1 Jahr = 50000,—	400000,— DM
2	... vor 2 Jahren = 50000,—	400000,— DM
3	... vor 3 Jahren = 40000,—	350000,— DM
4	... vor 4 Jahren = 25000,—	250000,— DM
	225000,—	1800000,— DM

Wie hoch ist der durchschnittliche Ertrag, bezogen auf den Kapitaleinsatz des letzten Jahres?

Lösung: Auf einen Gesamtkapitaleinsatz von 1800000,— DM bezieht sich ein Gesamtertrag von 225000,— DM, dann gilt für einen Kapitaleinsatz von 400000,— DM ein durchschnittlicher Ertrag von

$$E = \frac{225000 \cdot 400000}{1800000} = \underline{50000,\text{— DM}}.$$

Allgemein dargestellt:

$$E = \frac{(E_0 + E_1 + \ldots + E_n)}{(K_0 + K_1 + \ldots + K_n)} \cdot K$$

K = Kapitaleinsatz = Bezugsgröße.

4. Der korrigierte Ertragswert und Firmenwert

Um die Unsicherheiten der Rechnung, die insbesondere in der Feststellung des durchschnittlichen Ertrages und in der Höhe des Prozentsatzes liegen, in Grenzen zu halten, ermittelt man den korrigierten Gesamtwert der Unternehmung aus dem arithmetischen Mittel zwischen Ertragswert und Substanzwert:

$$\text{Gesamtwert der Unternehmung} = \frac{\text{Ertragswert } E_k + \text{Substanzwert } R}{2}$$

$$\text{Gesamtwert der Unternehmung} = \frac{E_k + R}{2}$$

Statt des Ertragswertes E_k oder E_M kann man für die Berechnung des Gesamtwertes auch das arithmetische Mittel der beiden Ertragswerte zugrunde legen:

$$\text{Ertragswert} = \text{EW} = \frac{E_k + E_M}{2}$$

Der Firmenwert als der ideelle Wert ergibt sich demnach aus der Differenz zwischen Gesamtwert und Substanzwert:

Firmenwert = Gesamtwert — Substanzwert

$$\boxed{\text{Firmenwert} = \frac{E_k + R}{2} - R = \frac{E_k - R}{2}}$$

5. Die Bewertung der Unternehmung

Beispiel: Ertragswert und Firmenwert einer Unternehmung sind zu ermitteln; folgende Werte sind gegeben:

a) durchschnittlicher, von außerordentlichen Aufwendungen und Erträgen bereinigter, risikofreier Jahresgewinn	50000,— DM
b) landesübliche Verzinsung für langfristige Kapitalanlagen	6%
c) branchenübliche Rendite	12%
d) Risikozuschlag	3,5%
e) Vermögensstatus: Aktiva	450000,— DM
Verbindlichkeiten	150000,— ,,

Der Ertragswert errechnet sich dann wie folgt:

$$\text{Ertragswert } (E_k) = \frac{E \cdot 100}{p}$$

$$p = \frac{6 + 12}{2} + 3,5 = 12,5\%$$

$$\text{Kapitalisierungsfaktor: } \frac{100}{12,5} = 8$$

$$\text{Ertragswert} = 50000 \cdot 8 = \underline{400000}$$

$$\text{Substanzwert} = \text{Aktiva} - \text{Verbindlichkeiten} = 300000$$

$$\text{Gesamtwert der Unternehmung} = \frac{400000 + 300000}{2} = \underline{350000}$$

$$\text{Firmenwert} = 350000 - 300000 = \underline{50000,\!-\text{ DM.}}$$

Das Ertragswert-Verfahren

versucht, einen Annäherungswert für die Bestimmung des Firmenwertes zu finden.

Bei der Ermittlung des Gesamtwertes einer Unternehmung wird der goodwill, der ideelle, immaterielle Wert bewertet. Man versucht, die Höhe des Firmenwertes aus dem Umsatz bzw. aus dem Gewinn der Unternehmung abzuleiten. Hier liegen die ersten Unsicherheitsfaktoren für die rechnerische Ermittlung des Firmenwertes, denn über Ertragserwartungen kann etwas Bestimmtes nicht ausgesagt werden.

Beide Rechnungsverfahren zur Ermittlung des Ertragswertes gehen von der Voraussetzung aus, daß die Ertragslage der Unternehmung in der Vergangenheit sich mit der der Zukunft deckt. Durch Einbeziehen eines Risikozuschlages in den Kapitalisierungszinsfuß versucht man, die mit der kontinuierlichen Gewinnerzielung verbundenen Risiken auszugleichen.

Die mathematische Berechnungsmethode fordert die Kenntnis der genauen Lebensdauer der Unternehmung und die Höhe des Liquidationserlöses, Werte, die sich einer exakten Erfassung entziehen. Nur geschätzte Werte können zum Ansatz kommen, so daß das Rechnungsverfahren nur mit großer Vorsicht angewendet werden darf.

Die kaufmännische Berechnungsmethode unterstellt eine unbegrenzte Lebensdauer der Unternehmung und wandelt dadurch die Gewinne in eine ewige Rente um. Die Wirkung dieser Vergröberung des Tatbestandes schwächt sich dadurch ab, daß die Differenz zwischen E_k und E_M mit wachsendem n kleiner wird und für $n > 50$ bedeutungslos wird.

Als ein weiterer unsicherer Wertansatz kommt für beide Verfahren die Bestimmung des Kapitalisierungszinsfußes hinzu. Wenn man auch versucht, den Gesamtprozentsatz aus mehreren Faktoren zu kombinieren, so bleibt doch die nicht der Realität entsprechende Annahme der Kontinuität der angenommenen Werte.

Durch die Bildung arithmetischer Mittel ist man bemüht, Unsicherheiten der Rechnung auszugleichen. Doch auch hier handelt es sich um unzureichende Methoden, die den Gesamtwert der Unternehmung verzerren können.

Die herausgestellte Problematik der Berechnung des Gesamtwertes der Unternehmung läßt erkennen, daß von den vielen Möglichkeiten, den Gesamtwert der Unternehmung zu berechnen, keine exakt richtig sein kann, sondern die Ergebnisse nur Annäherungswerte darstellen können.

IX. Die Auseinandersetzung

In Fortsetzung der Ertragswertberechnung wird nun der Abfindungsbetrag des ausscheidenden Gesellschafters ermittelt. Der Abfindungsbetrag ergibt sich aus seiner Kapitaleinlage und einem der Kapitalverteilung entsprechenden Anteil am Firmenwert.

Mit dem Ausscheiden eines Gesellschafters aus einer OHG, KG, Stillen Gesellschaft, GmbH oder Gesellschaft des bürgerlichen Rechts bei Weiterführung der Unternehmung muß für den Ausscheidenden oder dessen Erben der Anteil am Gesamtvermögen festgestellt und der Abfindungsbetrag abgegolten werden.

Die Auseinandersetzung ist der Inbegriff aller Maßnahmen zur Lösung des Gesellschaftsvermögens aus der Gebundenheit mit dem Ziel, dem ausscheidenden Gesellschafter seinen Anteil zukommen zu lassen.

In Ermangelung besonderer gesetzlicher Vorschriften für die Abfindung beim Ausscheiden aus der Gesellschaft ist man, soweit eine vertragliche Regelung nicht vorliegt, auf die Bestimmungen des BGB angewiesen.

Nach den §§ 738 bis 740 BGB hat der Ausscheidende Anspruch auf eine Geldabfindung in Höhe seines Anteils am Gesellschaftsvermögen im Zeitpunkt des Ausscheidens:

§ 738 BGB: „Scheidet ein Gesellschafter aus der Gesellschaft aus, so wächst sein Anteil am Gesellschaftsvermögen den übrigen Gesellschaftern zu. Diese sind verpflichtet, dem Ausscheidenden die Gegenstände, die er der Gesellschaft zur Benutzung überlassen hat, zurückzugeben, ihn von den gemeinschaftlichen Schulden zu befreien und ihm dasjenige zu zahlen, das er bei der Auseinandersetzung erhalten würde, wenn die Gesellschaft zur Zeit seines Ausscheidens aufgelöst worden wäre ....".

Dieser Gesetzestext ist dahingehend zu verstehen, daß nicht die Versilberung der einzelnen Vermögensteile, die Liquidation, unter „aufgelöst worden wäre" gemeint ist; vielmehr geht der Gesetzgeber von der Veräußerung der Unternehmung im ganzen unter Weiterführung der Geschäfte aus.

Beispiel: **Ein Gesellschafter einer OHG scheidet aus der Gesellschaft aus. Der Abfindungsbetrag, fällig sofort (31. 12. 1976), ist mit 100000,— DM festgestellt. Um Liquiditätsschwierigkeiten der Unternehmung zu vermeiden, werden vereinbart:**

Fall a): die Umwandlung des Abfindungsbetrages in eine zehnmal zu zahlende, sofort beginnende nachschüssige Rente;
Wie hoch ist diese Rente bei einem vereinbarten Zinseszinssatz von $p = 6\%$?

$$k = r \cdot a_n$$

$$r = \frac{k_0}{a_n} = \frac{100\,000}{a_{6/10}} = \frac{100\,000}{7{,}36} = \underline{13\,586{,}80.}$$

Fall b): Die Umwandlung des Abfindungsbetrages in eine sofort beginnende vorschüssige Rente; $n = 10$
Wie hoch ist die Rente bei $p = 6\%$?

$$k_0 = r \cdot q \cdot a_n$$

$$r = \frac{k_0}{q \cdot a_n} = \frac{100\,000}{1{,}06 \cdot a_{6/10}} = \frac{100\,000}{1{,}06 \cdot 7{,}36} = \underline{12\,817{,}72.}$$

Fall c): Abschlagszahlungen:
31. 12. 1976 10000,— DM
31. 12. 1977 20000,— DM
31. 12. 1978 30000,— DM

Die Restforderung wird in eine nachschüssige Rente umgewandelt; die erste Rentenzahlung soll am 31. 12. 1979, die letzte am 31. 12. 1982 erfolgen.

Wie hoch ist die Rente bei p = 6 %?

1976	77	78	79	80	81	82
DM 10000	DM 20000	DM 30000	1. Rente	2. R.	3. R.	4. R.

Barwert = k_0 = diskontierte zukünftige Leistungen auf den Bewertungsstichtag 1976

1. Barwert der 10000,— DM = 10000,—
   ,, ,, 20000,— ,, = 20000,— · v
   ,, ,, 30000,— ,, = 30000,— · v^2

2. Barwert der um 2 Jahre aufgeschobenen viermal zu leistenden nachschüssigen Rente:
   $r \cdot a_{6/4} \cdot v^2$

3. $k_0 = 100\,000 = 10\,000 + 20\,000 \cdot v + 30\,000 \cdot v^2 + a_{6/4} \cdot r \cdot v^2$
   $k_0 = 100\,000 = 10\,000 + 20\,000 \cdot 0{,}94339623 + 30\,000 \cdot 0{,}88999$
   $+ r \cdot 3{,}46510561 \cdot 0{,}88999644$
   $3{,}08\, r = 44\,432{,}19$
   $\underline{r = 14426{,}03.}$

Fall d): Es gilt der Fall c) mit der Änderung, daß der ausscheidende Gesellschafter am 31. 12. 1980 in Übereinstimmung mit der Unternehmung seine Restforderungen zur sofortigen Fälligkeit kapitalisieren läßt.

Welchen Betrag erhält der Gesellschafter am 31. 12. 1980 insgesamt ausgezahlt? p = 6%.

Am 31. 12. 1980 erhält der Ausscheidende die am 31. 12. 1980 fällige Rente sowie den Barwert der noch ausstehenden Renten für die Jahre 1981 und 1982:

$k_{1980} = 14426{,}03 + 14426{,}03 \cdot a_{6/2}$
$k_{1980} = 14426{,}03 + 14426{,}03 \cdot 1{,}83339267$
$k_{1980} = \underline{40874{,}61.}$

Man kann die drei Leistungen ansehen als vorschüssige Renten
$k_{1980} = r \cdot q \cdot a_{6/3}$
$= 14426{,}03 \cdot 1{,}06 \cdot 2{,}67301195$
$= 14426{,}03 \cdot 2{,}833393 = \underline{40874{,}61.}$

X. Die Investitionsrechnung

1. Grundsätzliches

a. Die Investitionsrechnung ist eine Vorschaurechnung; Investitionen sollen bewertet werden. Betriebswirtschaftliche Vorhaben sollen hinsichtlich ihrer zu erwartenden Rendite gekennzeichnet werden.

b. Eine solche Vorschaurechnung ist wie alle Prognosen in ihren Aussagegehalten mit Unsicherheiten belastet; dennoch gilt auch hier der Leitsatz: lieber eine unsichere Prognose als gar keine.

c. Ausgangsdaten: Um Bewertungen von Investitionen vornehmen zu können, müssen Aussagen gemacht werden über

die Marktdauer bezw. die wirtschaftliche oder technische Nutzungsdauer des Investitionsobjektes,

die in den einzelnen Jahren der Nutzungsdauer zu erwartenden Aufwendungen und Erträge aus dem Investitionsobjekt,

den Investitionsbetrag und den Restwert am Ende der Investitionsperiode.

Mit Ausnahme der Beschaffungskosten neuer Anlagegüter können sowohl über die Marktdauer der zu erstellenden Leistung als auch über die künftigen Aufwendungen/Kosten und Erträge nur sehr lockere und unsichere Aussagen gemacht werden. Hier liegen im wesentlichen die Unsicherheitsfaktoren für die Aufstellung und Verwendung einer Investitionsrechnung. Handelt es sich beispielsweise bei dem Vorhaben des Unternehmens um die Herstellung eines Inselproduktes, das kaum eine Verwandtschaft in den Grundstoffen, in der Fertigungsweise und in der Verwendung mit den Kerngütern des Produktionsprogrammes aufweist, so mag eine Zurechnung von Aufwendungen/Kosten und Erträgen eher möglich sein als bei Produkten, die als Komplementärartikel im wirtschaftlichen Sog der Leitprodukte stehen. Wird im Rahmen einer Rationalisierung und Integration der Leistungserstellung eine Investition vorgenommen, so wird es nahezu unmöglich sein, vertretbare Daten für die Zurechnung von Aufwendungen/Kosten und Erträgen für die einzelnen Produkte oder Produktgruppen zu finden.

d. Grundlegend und entscheidend für die Durchführung einer Investitionsrechnung ist weiterhin die Beantwortung der Frage, welcher Tatbestand eigentlich mit der „Bewertung einer Investition“ erfaßt werden soll.

Soll als eine solche Bewertung nur die Rendite aus der „Erst-Investition“ gelten oder

sollen auch die Renditen aus den möglicherweise erzielten und wieder investierten Überschüssen als „Differenz- oder Folgeinvestition“ für die Beurteilung mit herangezogen werden?

Zieht man die Renditen von Folgeinvestitionen mit ein, so vergrößert sich der Unsicherheitsgrad in der Rechnung; subjektiv ausgerichtete Erwartungsdaten gewinnen einen übergroßen Einfluß auf die Aussage, denn die in den einzelnen

Jahren erzielten Überschüsse können ebensogut wieder investiert werden wie als Gewinn ausgeschüttet werden. Um dieses Problem zu umgehen, ist es zweckmäßig,

sich bei der Bewertung von Investitionen nur auf die Überschüsse der Erst-Investitionen zu beschränken in Verbindung mit der Unterstellung, daß Folgeinvestitionen dieselbe Rendite wie die Erst-Investition erbringen werden.

2. Die Berechnungsverfahren

Drei Verfahren werden als klassische herausgestellt:

a. das Verfahren des internen Zinsfußes,
b. das Verfahren des Kalkulationszinsfußes,
c. das Annuitäten-Verfahren.

Zu a Das Verfahren des internen Zinsfußes
Folgender Fall sei gegeben:

Ein Unternehmen plant für die Einführung eines neuen Produktes eine Investition (maschinelle Anlage) in Höhe von DM 135000,—. Eine Investitionsrechnung soll durchgeführt werden; folgende Daten werden angesetzt:

Marktdauer des zu erstellenden Produktes: 4 Jahre.
Zu erwartende Aufwendungen/Kosten und Erträge aus dem Vorhaben, bezogen auf das Jahresende:

Jahre	Aufwendungen	Erträge
1.	DM 40000,—	85000,—
2.	DM 50000,—	100000,—
3.	DM 60000,—	100000,—
4.	DM 40000,—	60000,—

Der Restwert der neu zu beschaffenden Maschine am Ende des 4. Jahres wird auf DM 20000,— geschätzt.

Das Investitionsvorhaben ist zu bewerten, d.h. die aus dem Vorhaben zu erwartende Rendite ist zu ermitteln.

Skala:

Jahre	0	1	2	3	4
Erträge		**85**	**100**	**100**	**80**
Aufwendg. Kosten (in Tausend)		**40**	**50**	**60**	**40**
Überschuß		**45**	**50**	**40**	**40**

Einem Investitionsbetrag von DM 135000,— im Zeitpunkt Null stehen die in der Zeitskala aufgeführten Überschüsse gegenüber. Für die Durchführung des Wertvergleiches bezieht man alle Beträge auf einen gemeinsamen Stichtag; dazu empfiehlt sich der Zeitpunkt Null. Für die Abzinsung setzt man einen geschätzten Zinssatz — den internen Zinssatz — an: z.B. 12% und anschließend 10% p.a. Danach ergibt sich folgende Werttabelle:

Jahre	Überschüsse in DM	Abzinsungsfaktor für p = 12% p.a.	Barwerte	Abzinsungsfaktor für p = 10% p.a.	Barwerte
n = 1	45000	0,8929	40181	0,9091	40910
n = 2	50000	0,7972	39860	0,8264	41320
n = 3	40000	0,7118	28472	0,7513	30052
n = 4	40000	0,6355	25420	0,6830	27320
	175000		133933		139602

Ergebnisse:

Bei einem Kapitaleinsatz von DM 135000,— ergeben die kapitalisierten Überschüsse bei einem Zinssatz von 12% einen Barwert von DM 133933,—, d.h., um eine Rendite von 12% p.a. zu erhalten, hätte der Kapitaleinsatz 133933,— DM betragen müssen. Erforderlich waren aber DM 135000,—; d.h., die Rendite liegt unter 12% p.a.

Unter Ansatz eines Zinssatzes von 10% p.a. ergibt sich als Barwert der Überschuß von DM 139602,—. Da nur DM 135000,— eingesetzt worden sind, ergibt sich eine Rendite von über 10% p.a.

Die Interpolationsrechnung führt zum Endergebnis:

Barwert der Überschüsse (12%): DM 133933,—
(10%): DM 139602,—
Kapitaleinsatz : DM 135000,—

Interpolation:

139602 → 10%
133933 → 12%
5669 → 2% bezogen auf 135000,

$$\text{Basis } 10\%: \frac{2 \cdot 4602}{5669} = 1{,}623$$

Rendite = 10 + 1,623 = 11,62% p.a.: interner Zinssatz

Exkurs: Kann das Vorhaben nicht mit Eigenmitteln finanziert werden, und ist in der vorstehenden Rechnung ein Eigenkapitalzins als Kostenfaktor nicht einbezogen worden, bedeutet p = 11,62% p.a., daß eine Fremdfinanzierung bis zu einem Zinssatz von 11,62% p.a. vorgenommen werden kann, ohne das Unternehmen aus diesem Vorhaben in die Verlustzone zu bringen.)

Zu b. Das Verfahren des Kalkulationszinsfußes

— das Kapitalwertverfahren —

Das Kapitalwertverfahren geht an sich von denselben Überlegungen aus wie die Rechnung mit dem internen Zinsfuß. Nach dem Kapitalwertverfahren wird ebenfalls der Barwert der Überschüsse — der Kapitalwert — ermittelt, wobei allerdings hier als Abzinsungsprozentsatz der Kalkulationszinssatz, wie er in dem betreffenden Unternehmen üblich ist, angesetzt wird. Meistens ist es der Zinssatz, der als Mindestrendite für das Vorhaben angesetzt wird. Wird in dem vorliegenden Fall dieser Prozentsatz mit 8% p.a. vorgegeben, so ergibt sich der Kapitalwert der Überschüsse mit DM 145685,—. Stellt nun dieser Prozentsatz die geforderte Mindestrendite dar, so darf die Investition den Betrag von DM 145685,— nicht übersteigen. In dem vorliegenden Fall sind nur DM 135000,— erforderlich, so daß der Durchführung des Vorhabens zugestimmt werden kann, jedenfalls sofern die Rendite-Betrachtung das Entscheidungskriterium darstellt.
Eine Investition erweist sich also als vorteilhaft, sofern der interne Zinssatz — 11,62% p.a. — höher als der Kalkulationszinssatz — 8% p.a. — ist.

Zu c. Das Annuitätenverfahren

Unternehmungen sind häufig daran interessiert, den zu erwartenden Gewinnzuwachs für die Finanzierung weiterer Investitionsvorhaben über das übliche Maß hinaus zu kennen.

Dargestellt am obigen Fall ergeben sich folgende Betrachtungen:

Barwert der Überschüsse (Kalkulationszinssatz: 8% p.a.)	: DM 145685,—
Kapitaleinsatz	: DM 135000,—
Barwert des Zusatzgewinnes	: DM 10685,—
Umwandlung in Annuitäten auf Basis des Kalkulationszinssatzes (8%)	: DM 3226,—
Zusätzlicher Jahresgewinn	: DM 3226,—

Da es in der Wirtschaftspraxis üblich ist, mit durchschnittlichen Jahreskosten und Erträgen anstatt mit deren Salden zu arbeiten, ergeben sich dafür folgende Daten: (Kalkulationszinssatz: 8% p.a.)

Jahre	Aufwendungen Kosten	Barwert	Erträge	Barwert
1	40000	37036	85000	78702
2	50000	42865	100000	85730
3	60000	47628	100000	79380
4	40000	29400	80000	58800
	190000	156929	365000	302612
+ Anschaffungskosten		135000		
		291929: Barwert aller Kosten		

Umwandlung in Annuitäten bei p = 8% p.a.:

$$K_0 = A \cdot a_n;\ A = \frac{K_0}{a_n} = \frac{291\,929}{3{,}3121} = 88\,140$$

Durchschnittliche Jahreskosten: DM 88140,—

Entsprechend ergeben sich die durchschnittlichen Jahreserträge.

Durchschnittliche Jahreserträge: DM 91366,—

Die durchschnittlichen Erträge sind höher als die durchschnittlichen Aufwendungen Das Vorhaben weist sich damit als vorteilhaft aus. Es entsteht ein durchschnittlicher Zusatzgewinn von jährlich DM 3226,— (Unter Ansatz von p = 8% p.a).

Kapitalisiert man diese Gewinne auf den Zeitpunkt Null, erhält man natürlich wieder den Barwert mit DM 10685,—.

Vielfach verwendet man in der Praxis, um schnell die erforderlichen Orientierungsdaten zu erhalten, das unter dem Namen „Pay-off" oder „Pay-out" sowie „Pay-back" bekannte Rechnungsverfahren. Es ermittelt die Zeitspanne, in der die Überschüsse aus den Investitionen die Anschaffungskosten wieder hereinbringen werden.

Bezogen auf den vorliegenden Fall:

Durchschnittliche Jahreserträge (ohne Abzinsung):
365000:4 = 91250,—

Durchschnittliche Aufwendungen/Kosten (ohne Abzinsung):
190000:4 = 47500,— (ohne Anschaffungskosten)

Durchschnittlicher Überschuß:
91250 — 47500 = 43750,—

Anschaffungskosten: DM 135000,—

Pay-back-Periode: 135000:43750 = 3,09 Jahre.

In 3,09 Jahren haben die Überschüsse die durch die Investition insgesamt verursachten Kosten und Aufwendungen wieder hereingebracht.
Gelegentlich wird sich ein Unternehmen im Sinne einer Risikostreuung bei der Auswahl von mehreren Investitionsmöglichkeiten für jene entscheiden, die die kürzeste Pay-back-Periode in Aussicht stellt.

3. Vergleich mehrerer Investitionsvorhaben

Liegen mehrere Investitionsvorhaben zur Entscheidung an, und soll dabei die Höhe der Rendite das Entscheidungskriterium sein, ergeben sich folgende Erwägungen:

Steht z.B. dem obigen Fall — interner Zinssatz: 11,62% — ein zweites Vorhaben mit dem internen Zinssatz von 10% p.a. gegenüber, allerdings bei einer Laufzeit von 6 Jahren, so ist ein unmittelbarer Vergleich nicht möglich. Erforderlich wird, daß auch für das erste Vorhaben die Wirkungsdauer der Investition fiktiv um das 5. und das 6. Jahr ausgeweitet wird. Setzt man nun für die Zusatzjahre eine Rendite in Höhe des bisherigen internen Zinssatzes an (11,62 % = p), so läßt sich der Vergleich durchführen. Setzt man jedoch einen anderen Zinssatz an, muß erst die durchschnittliche Jahresrendite ermittelt werden. Die Praxis unterstellt dabei häufig, daß die Rendite in den fiktiven Jahren ebenso hoch ist wie in den realen, wenngleich das auch in der Realität nicht der Regelfall sein wird.

XI. Die Wertpapiere des Rentenmarktes

1. Das Darlehen

Die Beschaffung von kurz-, mittel- oder langfristigen Fremdmitteln für Privatunternehmungen, Körperschaften des öffentlichen Rechts (Bundesbahn, Bundespost), Länder und Gemeinden sowie den Staat kann durch Aufnahme von Darlehen erfolgen.

Ein Darlehen ist die Hingabe von Geld oder anderen vertretbaren Sachen gegen die Verpflichtung des Darlehnsnehmers, später Sachen von gleicher Art, Güte und Menge zurückzuerstatten. In der Regel sind Darlehen Gelddarlehen, bei denen ausdrücklich Zinsen durch eine besondere Vereinbarung bedungen sind. In besonderen Fällen — zur Erfüllung gemeinnütziger Aufgaben — werden Darlehen zinslos gewährt.

§ 608 BGB: „Sind für ein Darlehen Zinsen bedungen, so sind sie, sofern nicht ein anderes bestimmt ist, nach dem Ablauf je eines Jahres ... zu entrichten."

§ 609 BGB: „Ist für die Rückerstattung eines Darlehens eine Zeit nicht bestimmt, so hängt die Fälligkeit davon ab, daß der Gläubiger oder der Schuldner kündigt."

2. Die Kreditsicherung

Die Kreditgewährung wird in der Praxis abhängig gemacht von der Festlegung einer Sicherheit für die Rückerstattung des Kapitals, für die Sicherung der Zinsen und Vergütung der mit der Kreditgewährung verbundenen Kosten.

Die *Sicherstellung* erfolgt üblicherweise durch:

a) schuldrechtliche Verträge, in denen über den Darlehnsvertrag hinaus ein Dritter für die Leistungen des Hauptschuldners verpflichtet wird in Form der

   1. selbstschuldnerischen Bürgschaft oder
   2. der Ausfallbürgschaft oder
   3. der Garantie

   (Die Hermes Kredit-Versicherungs-AG und die Ausfuhrkredit-GmbH (AKA) spielen bei der Exportfinanzierung eine Rolle.)

b) sachenrechtliche Verträge, in denen ein bestimmtes Recht an einer bestimmten Sache die Sicherheit stellt. Sie erfolgt entweder durch

   1. Verpfändung (Lombardgeschäft)
   2. Sicherungsübereignung von
      Mobilien: Waren und Wertpapieren
      Immobilien: Hypotheken, Grund- und Rentenschulden.

3. Die Wertpapiere

Die Darlehnsschuld wird in der Regel verbrieft in Form

a) eines Darlehnsbriefes, eines einfachen Schuldscheins. Der Darlehnsbrief kann als einfaches Wertpapier angesprochen werden, weil er eine Urkunde ist, in der eine privatrechtliche Schuld bescheinigt wird und festgelegt ist, daß der Gläubiger nur gegen Vorlage dieses Papieres seine Forderungen geltend machen kann.

b) in Form von Schuldverschreibungen, von in der Regel festverzinslichen Wertpapieren des Rentenmarktes: von Effekten, die sich durch ihre Fungibilität auszeichnen.

Fungibilität bedeutet Vertretbarkeit des Wertpapiers durch ein anderes derselben Art, desselben Ausstellers, desselben Nennwertes und derselben Bedingungen.

Insbesondere sind auf dem *Rentenmarkt* vertreten:

Schuldverschreibungen der Bundesrepublik Deutschland, der Länder, der Körperschaften des öffentlichen Rechts (Bundespost, Bundesbahn). Diese Anleihen werden zur Deckung des Kapitalbedarfes für die Finanzierung der öffentlichen Aufgaben des Staates und der Länder aufgenommen.

Der Staat begibt auch unverzinsliche Schatzanweisungen mit einer Laufzeit bis zu einem Jahr, bei denen eine nominelle Verzinsung nicht erfolgt. Die Verzinsung wird durch eine Ausgabe der Anweisungen unter Nennwert ersetzt.

Kommunalschuldverschreibungen, herausgegeben von Städten, Kreisen und Kommunalverbänden für die Finanzierung gemeinnütziger Aufgaben wie Siedlungen, Straßenbau und öffentliche Bauten; z. B. die

7,5% Anleihe der Stadt Hamburg von 1956 und die
4% Anleihe des Provinzialverbandes der Provinz Schleswig-Holstein von 1941.

Pfandbriefe und Kommunalschuldverschreibungen der öffentlich-rechtlichen Kreditanstalten, der Hypotheken- und Schiffspfandbrief-Banken; z. B. die

Anleihen der Deutschen Pfandbriefanstalt,
Anleihen der Westdeutschen Landesbank (Girozentrale), Düsseldorf
Anleihen des Bremenschen ritterschaftlichen Kreditvereins, Stade
Pfandbriefe der Bayrischen Hypotheken- und Wechsel-Bank

Industrieschuldverschreibungen (Industrieobligationen) zur langfristigen Finanzierung von Unternehmungen der Industrie; z. B. die

$6^1/_2$% Schuldverschreibungen der Hamburger Electricitäts-Werke-AG von 1949,
$6^1/_2$% ($5^1/_2$%) Inhaberschuldverschreibungen der Hamburger Hochbahn-AG von 1950 und
$7^1/_2$%-Anleihe der Daimler-Benz-AG, Stuttgart von 1954 (vgl. Tageszeitung: Börsennotiz).

In der Regel werden die Schuldverschreibungen als Inhaberpapiere ausgegeben. Die *Emission* ist nach § 795 BGB genehmigungspflichtig.

§ 793 BGB: „Hat jemand eine Urkunde ausgestellt, in der er dem Inhaber der Urkunde eine Leistung verspricht (Schuldverschreibung auf den

Inhaber), so kann der Inhaber von ihm die Leistung nach Maßgabe des Versprechens verlangen, es sei denn, daß er zur Verfügung über diese Urkunde nicht berechtigt ist."

§ 795 BGB: „Im Inland ausgestellte Schuldverschreibungen auf den Inhaber, in denen die Zahlung einer bestimmten Geldsumme versprochen wird, dürfen nur mit staatlicher Genehmigung in den Verkehr gebracht werden, soweit nicht Ausnahmen zugelassen sind."

§ 795, 1 BGB gilt nicht für Schuldverschreibungen des Bundes und der Länder. — Die Genehmigung erteilt der zuständige Bundesminister im Einvernehmen mit der obersten Landesbehörde.

Alle Schuldverschreibungen werden in Stücken von z. B. 100, 500, 1000, 5000 und 10000 DM auf den Markt gebracht (Stückelung, Teilschuldverschreibungen). (Orderschuldverschreibungen als kaufmännische Verpflichtungsscheine (vgl. § 363 HGB) sind in der Praxis nur selten anzutreffen.)

4. Die Tilgungs- und Fristanleihen

Die Rückerstattung der aufgenommenen Gelder, die Tilgung der Schuld, kann erfolgen durch:

Auslosung (Auslosungsanleihe): innerhalb eines bei der Ausgabe der Anleihe bekanntgegebenen Zeitraumes werden die zur Tilgung heranstehenden Stücke durch das Los (Lotterie) ermittelt. Nach der Ziehung sind die ausgelosten Nummern in Pflichtblättern zu veröffentlichen.

Beispiel:

Schluchseewerk-Aktien-Gesellschaft
Freiburg i. Br.

$6^1/_2\%$ Teilschuldverschreibungen von 1949 A/O (36755) und
$5^1/_2\%$ ($6^1/_2\%$) konvert. Teilschuldverschreibungen von 1949 A/O (36758)

Zweite Verlosung von DM 2000000,— am 12. Dezember 1955,
zahlbar am 1. April 1956 zum Nennbetrag.

In der heute vorgenommenen zweiten notarischen Verlosung wurden folgende Nummern gezogen:

Stück 1700 zu je DM 1000,— = DM 1700000,—

00010—00019	03010—03019	06010—06019	
00050—00059	03050—03059	06050—06059	
00110—00119	03110—03119	06110—06119	
00150—00159	03150—03159	06150—06159	
00210—00219	03210—03219	06210—06219	
00250—00259	03250—03259	06250—06259	
00310—00319	03310—03319	06310—06319	etc.

Die Einlösung erfolgt zum Nennwert ab 1. 4. 1956 gemäß § 4 der Anleihebedingungen gegen Einreichung der Teilschuldverschreibungen nebst Zinsscheinen vom 1. 10. 1956 u. ff. bei den nachfolgenden Zahlstellen:

Badische Bank
usw.

Rückkauf: Der Aussteller behält sich das Recht vor, nach eigenem Ermessen Darlehnsstücke auf dem Markt zurückzukaufen. Er wird von dieser Tilgungsart Gebrauch machen, wenn der Marktpreis niedriger ist als der Rückzahlungskurs.

Kündigung innerhalb der angegebenen Frist.

Die *Tilgung* erfolgt durch Auslosung in Verbindung mit der Möglichkeit zusätzlicher Kündigung, z. B.:

$7^1/_2$%-Anleihe der Daimler-Benz-AG, Stuttgart, von 1954

Tilgung:

Die planmäßige Tilgung der Anleihe erfolgt nach 5 tilgungsfreien Jahren durch jährliche Auslosung von je zwei Serien zum Kurse von 103%. Die erste Tilgungsrate ist am 1. Februar 1960 fällig, so daß die gesamte Anleihe spätestens am 1. Februar 1969 zurückgezahlt sein wird. Die Auslosung findet jeweils spätestens drei Monate vor dem Tilgungstermin unter Aufsicht eines Notars statt; das Auslosungsergebnis wird alsdann unverzüglich im Gesellschaftsblatt und in sonstigen Pflichtblättern bekanntgemacht. Die Anleiheschuldnerin ist berechtigt, die in Absatz 1 vorgesehene Tilgung durch gleichzeitige Auslosung und Rückzahlung weiterer Serien zu verstärken mit der Maßgabe, daß durch zusätzliche Auslosungen getilgte Teilschuldverschreibungen auf spätere Tilgungen angerechnet werden dürfen.

Kündigung:

Die Anleiheschuldnerin ist berechtigt, die gesamten noch nicht getilgten Anleihe-Stücke mit einer Frist von drei Monaten zu jedem Zinstermin — erstmalig zum 1. Februar 1961 — zur Rückzahlung zum Kurse von 103% zu kündigen. Seitens der Anleihe-Gläubiger sind die Teilschuldverschreibungen unkündbar.

(Ein Kündigungsrecht der Gläubiger wird im allgemeinen nicht vereinbart, wenn auch in den letzten Jahren bei einzelnen Anleihen diese Möglichkeit in die Anleihebestimmungen aufgenommen worden ist. Vgl. 8% Degussa-Obligationen von 1953.)

Die Tilgungsform führt zu der finanzmathematisch bedeutsamen Aufteilung der Schuldverschreibungen in Zinsschuld, Ratenschuld, Annuitätenschuld.

a) Die Zinsschuld

Unter einer Zinsschuld versteht man ein zinspflichtiges Darlehen, das in einem Betrag zum vereinbarten Zeitpunkt (nach einer bestimmten Frist) zurückerstattet wird *(Fristanleihe)*.

Beispiel: Das einfache Darlehen und z. T. auch Pfandbriefe, Sonderanleihen

0 = Hingabe des Darlehens: k_0

Z = Zinsleistungen

n = Laufzeit; Rückzahlung nach n Jahren.

Zinsschuld:

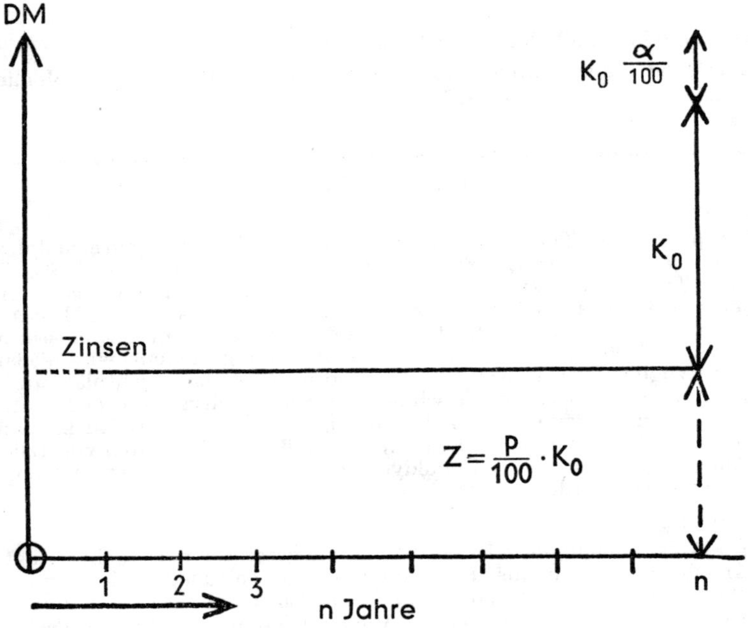

Beispiele von Zinsschulden:

5½%-Anleihe der Lastenausgleichsbank von 1955
rückzahlbar zum Nennwert am 1. August 1967

Zeichnungsangebot

Die Lastenausgleichsbank (Bank für Vertriebene und Geschädigte) — Anstalt des öffentlichen Rechts —, Bad Godesberg, begibt zur Vorfinanzierung des Lastenausgleichs auf Grund des Genehmigungsbescheides des Herrn Bundesministers für Wirtschaft vom 27. Juni 1955, Gesch.Nr. VI A 1–051 a/160 2014/55 eine 5½%-Anleihe im Betrage von DM 250000000,—, wovon bereits DM 50000000,— fest übernommen sind.
Ein Teilbetrag von DM 200000000,— der vorbezeichneten Anleihe wird durch das unterfertigte Konsortium zur öffentlichen Zeichnung aufgelegt.

Ausstattung der Anleihe

Stückelung:

Die Anleihe wird in Stücken von DM 100,—, 500,—, 1000,—, 5000,— und 10000,— ausgefertigt. Sämtliche Stücke lauten auf den Inhaber.

(Fortsetzung S. 103)

Verzinsung:

Die Verzinsung der Anleihe beträgt jährlich $5^1/_2\%$. Die Zinsen sind halbjährlich nachträglich am 1. Februar und 1. August jeden Jahres zahlbar. Der erste Zinsschein wird am 1. Februar 1956 fällig. Stückzinsen in Höhe von $5^1/_2\%$ vom Tage der Einzahlungen bis zum Beginn des Zinsenlaufes werden bei der Zeichnungsabrechnung vergütet.

Laufzeit:

Die Laufzeit der Anleihe beträgt 12 Jahre. Die Anleihe wird am 1.8.1967 zum Nennwert zurückgezahlt. Die Rückzahlung des Kapitals erfolgt bei Fälligkeit gegen Rückgabe der Anleihestücke bei der Lastenausgleichsbank (Bank für Vertriebene und Geschädigte), Bad Godesberg, sämtlichen Niederlassungen der Landeszentralbanken und bei allen dem Konsortium angehörenden Banken und Bankfirmen.
Die Zinsen werden jeweils gegen Rückgabe der Zinsscheine durch die gleichen Stellen ausgezahlt.

Bundesbürgschaft:

Die Bundesrepublik Deutschland übernimmt gemäß § 7 Lastenausgleichsgesetz die Bürgschaft für die Anleihe.

Mündelsicherheit:

Die Anleihe ist nach § 1807 Ziff. 3 BGB mündelsicher.

Börseneinführung:

Die Börseneinführung wird nach Erscheinen der Stücke an allen Börsen im Bundesgebiet und in Berlin (West) veranlaßt.

Lombardfähigkeit:

Die Anleihe ist lombardfähig im Sinne des Landeszentralbankgesetzes (§ 13, Abs. I Ziff. 5c).

Stückeverfügung:

Den Erwerbern der Anleihe wird zur Wahl gestellt:
die Einlegung in ein Sammeldepot bei einer Wertpapiersammelbank über ein Kreditinstitut
oder die Ausfertigung von Stücken
oder die Eintragung in das Bundesschuldbuch zu beantragen.

Zeichnungsbedingungen

Zeichnungskurs:

Der Zeichnungskurs beträgt 97% spesenfrei zuzüglich Börsenumsatzsteuer unter Vergütung von $5^1/_2\%$ Stückzinsen.

Zeichnungsfrist und Zeichnungsstellen:

Zeichnungen werden in der Zeit vom 11. Juli 1955 bis 23. Juli 1955 bei den nebenstehend genannten Banken und deren Zweigniederlassungen während der üblichen Geschäftsstunden entgegengenommen.
Die Zeichnung kann auch durch Vermittlung aller übrigen nicht namentlich aufgeführten Kreditbanken, Privatbankiers, Sparkassen, Zentralkassen, Kreditgenossenschaften und sonstigen Kreditinstitute erfolgen.

Zahlungstermin:

Schlußtermin für die Bezahlung der gezeichneten Anleihe ist der 23. Juli 1955.

Stückelieferung:

Die Lieferung der Stücke erfolgt sofort nach ihrer Herstellung.

Bad Godesberg, im Juli 1955

7%

Anleihe der Bundesrepublik Deutschland

von 1965 III. Ausgabe

— Wertpapier-Kennummer 110031 —

VERKAUFSANGEBOT

Die Bundesrepublik Deutschland begibt zur Finanzierung von Ausgaben des außerordentlichen Haushalts für werbende Zwecke auf Grund des Gesetzes über die Feststellung des Bundeshaushaltsplans für das Rechnungsjahr 1965 (Haushaltsgesetz 1965) vom 18. März 1965 (BGBl. II S 193) eine 7% Anleihe von 1965 III. Ausgabe im Betrage von

DM 200000000,—

Ausgabekurs:
98 ¼ % spesenfrei zuzüglich Börsenumsatzsteuer und unter Verrechnung von 7% Stückzinsen.

Verzinsung:
7%, nachträglich am 1. November jedes Jahres zahlbar. Die ersten Zinsen werden am 1. November 1966 fällig.

Nennbeträge:
DM 100, 500, 1000, 5000, 10000 und 100000.

Laufzeit:
10 Jahre. Die Anleihe wird am 1. November 1975 zum Nennwert zurückgezahlt. Vorzeitige Kündigung ist ausgeschlossen.

Börseneinführung:
Zum amtlichen Handel an allen deutschen Börsen.

Sparprämien:
Sparprämienbegünstigte Anlage möglich.

Mündelsicherheit:
Gemäß § 1807 Abs. 1 Nr. 2 BGB.

Lombardfähigkeit:
Gemäß § 19 Abs. 1 Nr. 3 d des Gesetzes über die Deutsche Bundesbank.

Verkaufstermin und Verkaufsstellen:
Die Anleihe wird

ab 21. Oktober 1965

während der üblichen Geschäftsstunden bei allen Kreditinstituten (Banken, Sparkassen, Kreditgenossenschaften) zum Verkauf gestellt.

Einzelheiten über die Belieferung der Käufe und über die Zahlstellen sowie eine vollständige Liste aller dem Konsortium angehörenden Kreditinstitute sind aus dem im Bundesanzeiger Nr. 199 vom 21. Oktober 1965 veröffentlichten und bei den Kreditinstituten erhältlichen ausführlichen Verkaufsangebot zu ersehen.

Im Oktober 1965 **Deutsche Bundesbank**

b) Die Ratenschuld (Tilgungsanleihe)

Eine Ratenschuld ist dadurch gekennzeichnet, daß innerhalb der Tilgungszeit (n) der Anleihe die Schuld in gleichen Teilbeträgen (Raten) jährlich zurückgezahlt wird. Am Ende eines Jahres sind außer der Tilgung die Zinsen zu leisten. Durch die sukzessive Tilgung vermindert sich die Schuld von Jahr zu Jahr, so daß die jährlichen Zinsleistungen sinken:

$$Z_1 > Z_2 > Z_3 > \dots\dots\dots\dots\dots > Z_n.$$

Anleihe $= k_0$; $n =$ Laufzeit $=$ Tilgungszeit; Tilgungsrate: $T = \frac{k_0}{n}$; jährliche Zinssenkung: $\frac{k_0}{n} \cdot \frac{p}{100}$:

$$T + Z_1 > T + Z_2 > T + Z_3 > \dots\dots\dots\dots > (T + Z_n).$$

Im Wirtschaftsleben setzt im Rahmen einer langfristigen Finanzierung die Tilgung der Schuld nicht unmittelbar nach der Ausgabe der Anleihe ein, zumal Tilgung und Zinszahlung aus den zusätzlichen, durch die Neuinvestierung erzielten und einbehaltenen Gewinnen vorgenommen werden sollen. Die Tilgung wird im allgemeinen um eine Reihe von Jahren aufgeschoben (vgl. Daimler-Benz-Anleihe $7^1/_2$% von 1954).

0	Z1	Z2	Z3	Z4	Z5	Z6	Z7	Z8	Z9	Z10	Z11	Z12
	1	2	3	4	5	6	7	8	9	10	11	12
k_0						1.T	2.T	3.T	4.T	5.T	6.T	7.T

Nennwert der Schuld:	k_0	Tilgungsdauer:	7
Verzinsung:	p%	Laufzeit der Anleihe:	$l + n = 12$ Jahre
Die Tilgung ist um 5 Jahre aufgeschoben:	l	Tilgungsrate jährlich:	$T = \frac{k_0}{7}$

Ratenschuld

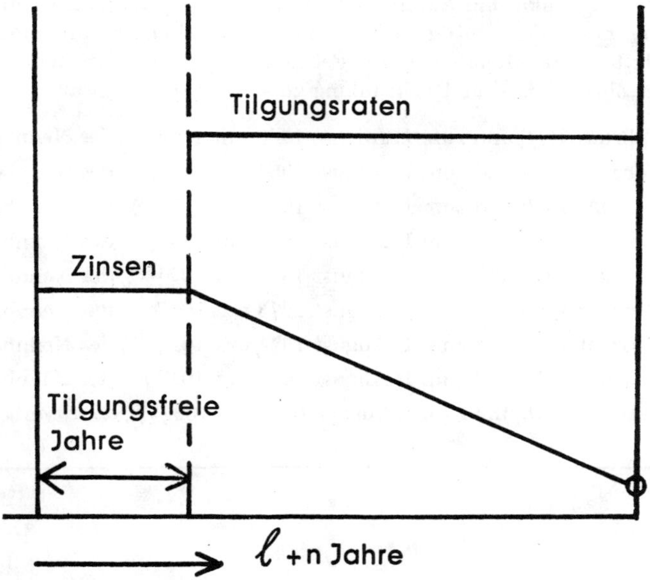

Beispiel: *Anleihe mit gestaffeltem Rückzahlungsagio (Ratenschuld)*

Präfektur Osaka — Stadt Osaka

6½% Teilschuldverschreibungen von 1962

Die Präfektur Osaka und die Stadt Osaka begeben als Gesamtschuldner

unter der Garantie Japans

eine 6½% Deutsche Mark-Anleihe von 1962 im Gesamtnennbetrag von

DM 100000000,—.

Die Teilschuldverschreibungen werden hiermit von einem Konsortium, vom 12. Februar 1962 an zu einem Kurs von

96½%

spesenfrei zuzüglich Börsenumsatzsteuer unter Verrechnung von Stückzinsen freibleibend zum Verkauf gestellt.

Die Präfektur Osaka und die Stadt Osaka sind nur gemeinsam berechtigt, die jeweils noch nicht getilgten Teilschuldverschreibungen mit einer Frist von wenigstens drei Monaten zum 1. Februar 1968 oder zu einem der darauffolgenden Zinstermine zur Rückzahlung zu kündigen, und zwar

zum 1. Februar 1968 und zum 1. August 1968 mit 104½% des Nennbetrages
zum 1. Februar 1969 und zum 1. August 1969 mit 104% des Nennbetrages
zum 1. Februar 1970 und zum 1. August 1970 mit 103½% des Nennbetrages
zum 1. Februar 1971 und zum 1. August 1971 mit 103% des Nennbetrages
zum 1. Februar 1972 und zum 1. August 1972 mit 102½% des Nennbetrages
zum 1. Februar 1973 und zum 1. August 1973 mit 102% des Nennbetrages
zum 1. Februar 1974 und zum 1. August 1974 mit 101½% des Nennbetrages
zum 1. Februar 1975 und zum 1. August 1975 mit 101% des Nennbetrages
zum 1. Februar 1976 und zum 1. August 1976 mit 100½% des Nennbetrages.

Beispiel:

Verkaufsangebot

für

DM 75000000,—

$5^1/_2$% ige Anleihe des Landes Berlin von 1955

— garantiert von der Bundesrepublik Deutschland —

Das Land Berlin begibt zur Deckung von Ausgaben für den sozialen Wohnungsbau und die Erweiterung des Untergrundbahnnetzes, die im außerordentlichen Landeshaushalt 1954 vorgesehen waren und inzwischen anderweitig vorfinanziert worden sind, eine mit jährlich $5^1/_2$% verzinsliche Anleihe im Betrage von

DM 75000000,—.

Die Anleihe hat folgende Ausstattung:

Stückelung:

Die Anleihe wird in fortlaufend numerierten Stücken zu DM 10000,—, 5000,—, 1000,—, 500,— und 100,— ausgefertigt. Die Stücke lauten auf den Inhaber.

Verzinsung:

Die Anleihe ist mit jährlich $5^1/_2$% verzinslich. Die Zinsen sind in halbjährlichen Teilbeträgen nachträglich jeweils am 1. März und 1. September eines jeden Jahres zahlbar. Der Zinslauf beginnt am 1. September 1955, so daß der erste Zinsschein am 1. März 1956 fällig wird.

Laufzeit:

Die Laufzeit der Anleihe beträgt 15 Jahre.

Tilgung:

Die Anleihe wird nach 5 tilgungsfreien Jahren in 10 gleichen Jahresraten durch Auslosung getilgt. Die Rückzahlung erfolgt zum Nennbetrag. Die Tilgungsbeträge sind jeweils am 1. September, erstmalig am 1. September 1961, zur Zahlung fällig. Die Tilgung der Anleihe kann durch Mehrauslosung zu den planmäßigen Terminen verstärkt werden. Zusätzliche Tilgungen sind auf spätere planmäßige Tilgungen anrechenbar.

Vorzeitige Rückzahlung:

Das Land Berlin ist berechtigt, die gesamten noch nicht getilgten Schuldverschreibungen mit einer Frist von 3 Monaten, erstmalig zum 1. September 1961 und alsdann zu jedem Zinstermin, zur Rückzahlung zum Nennbetrag zu kündigen.

Bundesgarantie:

Die Bundesrepublik Deutschland hat auf Grund des Gesetzes über die Übernahme einer Bürgschaft oder sonstigen Gewährleistung für eine Anleihe des Landes Berlin vom 19. Januar 1955 (BGBl. I, S. 30) für die Erfüllung aller Verpflichtungen aus der Anleihe die Garantie übernommen.

Mündelsicherheit und Deckungsstockfähigkeit:

Die Anleihe ist nach § 1807 Abs. 1 Ziff. 2 und 3 BGB mündelsicher und nach § 68 Abs. 1 Ziff. 1 VAG deckungsstockfähig.

Börseneinführung:

Die Einführung der Anleihe zum amtlichen Handel und zur Notierung an den Börsen: Berlin, Bremen, Düsseldorf, Frankfurt/M., Hamburg,

(Fortsetzung S. 108)

Hannover, München und Stuttgart wird nach Erscheinen der Stücke veranlaßt werden.

Lombardfähigkeit:

Die Anleihe ist lombardfähig im Sinne der Ziff. 34 Buchst. f Abs. 3 der Verordnung über die Einrichtung der Berliner Zentralbank und des § 13 Abs. 1 Ziff. 5c des Landeszentralbankgesetzes.

Die Schuldverschreibungen werden zum Kurse von

98% spesenfrei

ab sofort durch die unterzeichneten Banken und ihre Niederlassungen freibleibend zum Verkauf gestellt. Die Bezahlung erfolgt unter Verrechnung von $5^1/_2$% p. a. Stückzinsen.

Liberalisierte Kapitalkonten können zum Erwerb der Schuldverschreibungen verwendet werden.

Auf Wunsch erhalten die Erwerber der Schuldverschreibungen bis zum Erscheinen der effektiven Stücke von den unterzeichneten Banken oder ihren Niederlassungen nicht übertragbare Kassenquittungen. Gegen deren Rückgabe können die effektiven Stücke nach Fertigstellung bei diesen Stellen kostenfrei erworben werden. Die Aussteller der Kassenquittungen sind berechtigt, aber nicht verpflichtet, die Legitimation des Einreichers zu prüfen.

Berlin, Bielefeld, Bochum, Bremen, Düsseldorf, Essen, Frankfurt a. M., Hamburg, Hannover, Karlsruhe, Köln, München, Stuttgart, im August 1955

c) Die Annuitätenschuld (Tilgungsanleihe)

Eine Annuitätenschuldverschreibung ist eine Anleihe, bei der die die Schuldverschreibung herausgebende Unternehmung jährlich für Tilgung und Zinsen denselben Gesamtbetrag aufwenden will, d. h.

$$\text{Tilgungsrate} + \text{Zinsen} = \text{konstant} = \text{Annuität} = A.$$

Beispiel: Teilschuldverschreibungen von 1953 der Badenwerk-AG, Karlsruhe

Tilgung:

Die Tilgung der Anleihe erfolgt nach 5 tilgungsfreien Jahren durch Auslosung in 7 Jahren in jeweils um die ersparten Zinsen anwachsenden Jahresraten.

Die Annuitätenschuld kennzeichnet sich also durch die Gleichung:

$$A = T + Z = \text{konstant}$$

$$A = T_1 + Z_1 = T_2 + Z_2 = T_3 + Z_3 = \ldots\ldots\ldots\ldots\ldots T_n + Z_n.$$

Die jährliche Amortisation mindert die zinspflichtige Schuld; die zu leistenden Zinsbeträge verringern sich von Jahr zu Jahr. Damit die Summe aus Tilgung und Zinsen jährlich konstant bleibt, wachsen die Tilgungsraten in den einzelnen Jahren um die durch die Tilgung eingesparten Zinsbeträge.

Für die finanzmathematische Erfassung der Annuitätenschuld ist es erforderlich,

a) die Tilgungsraten T_1 bis T_n und

b) die Annuität, den jährlich gleichbleibenden Gesamtbetrag,

zu errechnen.

Berechnung der Tilgungsraten T_2 bis T_n *aus der gegebenen Tilgung des ersten Jahres* T_1:

Jahr	Tilgung	Eingesparte Zinsen
1.	T_1	—
2.	T_2	$T_1 \cdot \frac{p}{100}$
3.	T_3	$T_2 \cdot \frac{p}{100}$
4.	T_4	$T_3 \cdot \frac{p}{100}$
.	.	
.	.	
.	.	
n	T_n	$T_{n-1} \cdot \frac{p}{100}$

Die Tilgungsrate T_x ergibt sich aus T_{x-1} + eingesparte Zinsen:

$$T_2 = T_1 + T_1 \cdot i = T_1 (1 + i) = T_1 q$$ [1]

$$T_3 = T_2 + T_2 \cdot i = T_2 (1 + i) = T_2 \cdot q = T_1 \cdot q^2$$

.
.
.

$$T_n = T_{n-1} + T_{n-1} \cdot i = T_{n-1} (1 + i) = T_{n-1} \cdot q = T_1 \cdot q^{n-1}$$

$$\boxed{T_n = T_{n-1} \cdot q} \qquad \boxed{T_n = T_1 \cdot q^{n-1}}$$

Die bisher als bekannt angenommene Tilgungsrate des ersten Jahres T_1 ergibt sich aus folgenden Überlegungen:

Die Summe aller Tilgungsraten = ursprüngliche Schuld k_0:

$$k_0 = T_1 + T_2 + T_3 + \dots T_n$$

$$k_0 = T_1 + T_1 \cdot q + T_1 \cdot q^2 + T_1 \cdot q^3 + \dots T_1 \cdot q^{n-1}$$

$$k_0 = T_1 (1 + q + q^2 + q^3 \dots q^{n-1})$$

$$(1 + q + q^2 + q^3 \dots + q^{n-1}) =$$

$$\text{Summe einer geometrischen Reihe} = \frac{q^n - 1}{q - 1}$$

$$\boxed{k_0 = T_1 \cdot \frac{(q^n - 1)}{q - 1}} \qquad \boxed{T_1 = k_0 \cdot \frac{(q - 1)}{q^n - 1}}$$

---

[1] $i = \frac{p}{100}$; $1 + i = q$

Annuitätenberechnung

Die **Annuitäten** A, die gleichbleibenden Jahresbeträge, können als nachschüssige Rente betrachtet werden, deren Barwert $= k_0$ ist.

$$\boxed{k_0 = A \cdot a_n = A \cdot \frac{(q^n - 1)}{q^n (q - 1)}}$$

Aus den **Formeln**:

$$k_0 = A \cdot a_n \quad \text{und}$$

$$k_0 = T_1 \cdot \frac{(q^n - 1)}{q - 1} \quad \text{ergibt sich}$$

$$T_1 \cdot \frac{(q^n - 1)}{q - 1} = k_0 = A \cdot \frac{(q^n - 1)}{q^n (q - 1)}$$

$$\boxed{A = T_1 \cdot q^n = T_{n+1}}$$

Der Begriff der Annuität ist grundlegend für die Aufstellung von Tilgungsplänen (vgl. Berechnung von Annuitäten, Seite 180).

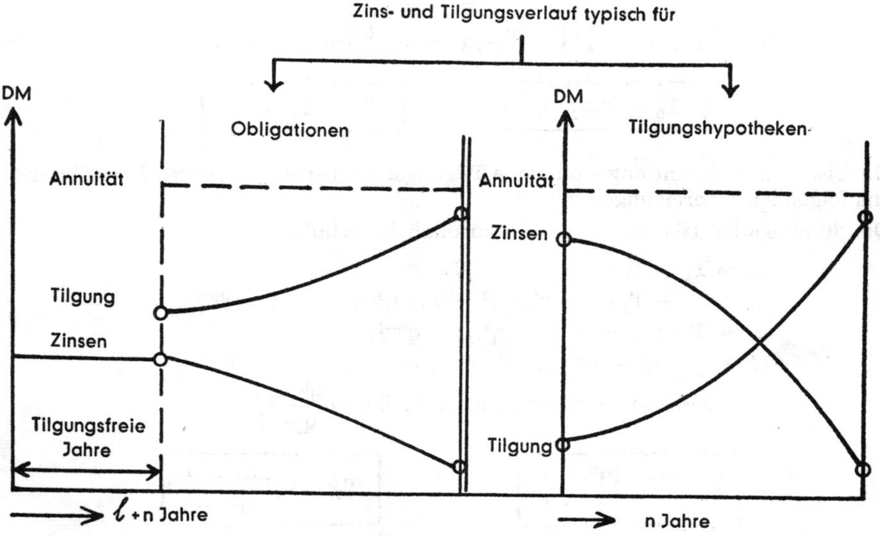

Beispiel: *Annuitätenschuld*

Verkaufsangebot
über
DM 13 000 000,—

8% ige, durch selbstschuldnerische Bürgschaft des Landes Baden-Württemberg gesicherte, auf den Inhaber lautende
Teilschuldverschreibungen von 1953
der
Badenwerk-Aktiengesellschaft
Karlsruhe

Die Badenwerk-Aktiengesellschaft, Karlsruhe, begibt im Rahmen ihres Programms zum beschleunigten Ausbau ihrer der Elektrizitätsversorgung dienenden Anlagen eine mit 8% p. a. verzinsliche, durch selbstschuldnerische Bürgschaft des Landes Baden-Württemberg gesicherte Teilschuldverschreibungsanleihe von
nom. DM 15 000 000,—,
wovon ein Teilbetrag von DM 2 000 000,— für einen besonderen Zweck abgezweigt worden ist.

Die Genehmigung nach dem Gesetz über den Kapitalverkehr vom 15. 12. 1952 ist erteilt.

Stückeeinteilung:

Die Anleihe ist eingeteilt in unter sich gleichberechtigte Teilschuldverschreibungen zu DM 5 000,—, DM 1 000,—, DM 500,— und DM 100,— Nennwert. Die Teilschuldverschreibungen lauten auf den Inhaber.

Verzinsung:

Die Zinsen von 8% p. a. sind halbjährlich nachträglich jeweils am 1. April und 1. Oktober zu entrichten. Der Zinslauf beginnt am 1. Oktober 1953; der erste Zinsschein wird am 1. April 1954 fällig.

Laufzeit: Die Laufzeit der Anleihe beträgt 12 Jahre.

Tilgung:

Die Tilgung der Anleihe erfolgt nach 5 tilgungsfreien Jahren durch Auslosung zu
102%
in sieben, jeweils um die ersparten Zinsen anwachsenden Jahresraten oder durch freihändigen Rückkauf. Die erste Tilgungsrate wird am 1. Oktober 1959, die letzte am 1. Oktober 1965 fällig. Ab 1. Oktober 1959 ist verstärkte Tilgung durch freihändigen Rückkauf jederzeit und durch Auslosung zu jedem planmäßigen Tilgungstermin zugelassen.

Die zusätzlich getilgten Beträge können auf spätere planmäßige Tilgungsraten angerechnet werden. Die Anleiheschuldnerin ist berechtigt, die noch umlaufenden Schuldverschreibungen mit einer Frist von drei Monaten zu einem Zinstermin, frühestens jedoch auf den 1. Oktober 1959
zum Rückzahlungskurs von 102%
zu kündigen. Seitens der Gläubiger sind die Teilschuldverschreibungen unkündbar.

Die Teilschuldverschreibungen kommen
zu einem Ausgabekurs von 97½%
zuzüglich Börsenumsatzsteuer, ohne Provisionsberechnung und freibleibend in der Zeit vom 28. September bis 10. Oktober 1953 zum Verkauf.

5. Spezielle Ausstattungsklauseln

Selbstschuldnerische Bürgschaft

Bei einer selbstschuldnerischen Bürgschaft verzichtet der Bürge im Gegensatz zur Ausfallbürgschaft auf das Recht der Einrede der Vorausklage (vgl. § 771 BGB), d. h., für die Wirksamkeit der Bürgschaft braucht der Gläubiger nicht erst nachzuweisen, daß er eine Zwangseintreibung gegen den Hauptschuldner erfolglos versucht hat.

Mündelsicherheit

Nach § 1806 BGB hat der Vormund das zum Vermögen des Mündels gehörende Geld verzinslich anzulegen, soweit es nicht zum Bestreiten von Ausgaben bereitzuhalten ist. Die Anlage der Gelder darf nur erfolgen:

1. in Forderungen, für die eine sichere Hypothek an einem inländischen Grundstück besteht oder in sicheren Grund- oder Rentenschulden an inländischen Grundstücken;
2. in verbrieften Forderungen gegen die Bundesrepublik oder die Länder;
3. in verbrieften Forderungen, deren Verzinsung von der Bundesrepublik oder einem der Bundesländer gewährleistet ist;
4. in Wertpapieren, insbesondere Pfandbriefen, sowie in verbrieften Forderungen jeder Art gegen eine inländische kommunale Körperschaft, sofern die Wertpapiere oder die Forderungen von der Bundesregierung zur Anlage von Mündelgeldern für geeignet erklärt worden sind;
5. bei einer inländischen öffentlichen Sparkasse.

Deckungsstockfähigkeit

Der bei einer Lebensversicherung regelmäßig zu leistende gleichbleibende Beitrag (Prämie) setzt sich zusammen aus

a) der Risikoprämie, in der die Sterbenswahrscheinlichkeit rechnerisch zum Ausdruck kommt und
b) der Sparprämie.

In den ersten Jahren der Versicherung ist die Gesamtprämie höher, als das Risiko es erfordern würde. In späteren Jahren können die in den ersten Jahren angesammelten Sparprämien (Deckungsrücklagen oder Prämienreserven) zur Erfüllung der aus Lebensversicherungsverträgen eingegangenen Verpflichtungen herangezogen werden. Der Deckungsstock ist gesondert vom sonstigen Vermögen zu verwahren.

Nach § 68 des Gesetzes über die Beaufsichtigung der privaten Versicherungsunternehmungen und Bausparkassen vom 6. 6. 1931 können die Bestände des Deckungsstockes angelegt werden u. a. in:

mündelsicheren Wertpapieren sowie in
lombardfähigen Pfandbriefen.

Lombardfähigkeit

Die Landeszentralbanken lombardieren (beleihen) die im Verzeichnis der LZB aufgeführten Wertpapiere; sie geben Kredit gegen Verpfändung der genannten Papiere *(Effektenlombard)*; z. B. Schatzwechsel, unverzinsliche Schatzanweisungen, Ausgleichsforderungen, Schuldbuchforderungen und festverzinsliche Wertpapiere der Bundesrepublik, der Bundesbahn, der Bundespost, der Länder der Bundesrepublik, des Landes Berlin sowie zahlreicher anderer Anleihen.

Beispiel: *Zinsschuld*

Verkaufsangebot

über

6% Pfandbriefe der Hamburgischen Landesbank — Girozentrale
Ausgabe 26, Kenn-Nummer 264.025

Verzinsung:
6% p.a., halbjährlich nachträglich zahlbar am 2. Mai und 1. November jeden Jahres; der erste Zinsschein wird am 2. Mai 1961 fällig.

Tilgung:
Die Pfandbriefe werden durch Auslosung oder Gesamt- oder Teilkündigung zum Nennwert oder durch freihändigen Rückkauf bis spätestens zum 1. November 1995 getilgt. Die Tilgung ist frühestens zum 1. November 1963 und weiterhin zu jedem Zinstermin zulässig. Seitens der Gläubiger sind die Pfandbriefe unkündbar.

Stückelung:
DM 100,—, DM 500,—, DM 1000,— und DM 5000,—.

Mündelsicherheit:
Die Pfandbriefe sind gemäß § 1807 BGB mündelsicher.

Lombardfähigkeit:
Nach Börseneinführung sind die Pfandbriefe bei den Landeszentralbanken zum Lombardverkehr zugelassen und bis zu 75% des Kurswertes beleihbar.

Deckungsstockfähigkeit:
Die Pfandbriefe können von Versicherungsgesellschaften zur Anlage für den Deckungsstock gekauft werden.

Sparprämienbegünstigte Anlage:
Die Anlage in diesen Pfandbriefen ist sparprämienbegünstigt möglich. Das Sparprämiengesetz vom 5. Mai 1959 gibt unbeschränkt einkommensteuerpflichtigen natürlichen Personen mit Wohnsitz im Inland die Möglichkeit, für Aufwendung zum Ersterwerb dieser Pfandbriefe eine Prämie zu erhalten.
Voraussetzung für die Gewährung der Sparprämie ist die Festlegung auf 5 Jahre. Heiratet der Prämiensparer nach Vertragsschluß, verkürzt sich die Frist von 5 auf 2 Jahre.
Die Sparprämie beträgt 20% der im Kalenderjahr geleisteten Aufwendung für den Ersterwerb der Pfandbriefe. Die Höhe der Prämie ist bei alleinstehenden Personen unter 50 Jahren auf 120,— DM, bei Ehegatten und Personen über 50 Jahren auf 240,— DM begrenzt. Die prämienbegünstigte Anlage in Pfandbriefen wirkt sich auf die steuerlich abzugsfähigen Sonderausgaben und die Gewährung von Wohnungsbauprämien nicht aus.

Zeichnungskurs: 97,5%

Hamburg, im November 1960

Hamburgische Landesbank
— Girozentrale —

Beispiel: *Ratenschuld*

6% Anleihe der Deutschen Bundesbahn von 1961

rückzahlbar zum Nennwert in den Jahren 1966 bis 1973

Zeichnungsangebot

Die Deutsche Bundesbahn begibt zur Konsolidierung schwebender Kredite auf Grund des Bundesbahngesetzes vom 13. 12. 1951 eine 6% Anleihe von 1961 im Betrage von

DM 250000000,— DM,

die durch das unterzeichnete Konsortium zur öffentlichen Zeichnung aufgelegt wird.

Ausstattung der Anleihe:

Stückelung:

Die Anleihe wird in Stücken von DM 100, 500, 1000, 10000 und 100000 ausgefertigt. Sämtliche Stücke lauten auf den Inhaber.

Verzinsung:

Die Anleihe wird mit 6% jährlich verzinst. Die Zinsen sind halbjährlich nachträglich am 1. Februar und am 1. August jedes Jahres zahlbar. Der erste Zinsschein wird am 1. August 1961 fällig.

Laufzeit: Die Anleihe läuft längstens 12 Jahre.

Tilgung:

Die Anleihe ist für Auslosungszwecke in acht etwa gleich große Gruppen eingeteilt. Sie wird nach vier tilgungsfreien Jahren durch jährliche Auslosung einer Gruppe zum Nennwert getilgt. Die erste Tilgungsrate ist am 1. Februar 1966 fällig, so daß die gesamte Anleihe am 1. Febr. 1973 zurückgezahlt sein wird.

Eine verstärkte Tilgung ist ausgeschlossen. Die Schuldverschreibungen können weder durch die Anleiheschuldnerin noch durch die Anleihegläubiger vorzeitig gekündigt werden.

Zeichnungsbedingungen:

Zeichnungskurs:

Der Zeichnungskurs beträgt

99% spesenfrei

zuzüglich Börsenumsatzsteuer unter Verrechnung von 6% Stückzinsen.

im Februar 1961 Deutsche Bundesbank

Beispiel: *Ratenschuld mit ungleicher Serientilgung*

Mannesmann Aktiengesellschaft
Düsseldorf

5%ige Inhaber-Teilschuldverschreibungen von 1959

Verkaufsangebot

Die Mannesmann Aktiengesellschaft hat beschlossen, zur Ablösung hochverzinslicher Schulden eine Teilschuldverschreibungsanleihe im Gesamtnennbetrage von

DM 150000000,—

zu begeben.

Ausstattung der Anleihe:

Verzinsung:

Die Anleihe wird vom 1. Juni 1959 an mit 5% jährlich verzinst. Die Zinsen sind halbjährlich nachträglich am 1. Juni und 1. Dezember eines jeden Jahres zahlbar; der erste Zinsschein wird am 1. Dezember 1959 bezahlt.

Stückelung:

Die Anleihe ist eingeteilt in unter sich gleichberechtigte, auf den Inhaber lautende Teilschuldverschreibungen im Nennbetrage von DM 200,—, DM 500,—, DM 1000,— und DM 5000,—.

Laufzeit: Die Laufzeit der Anleihe beträgt längstens 25 Jahre.

Tilgung:

Die Anleihe ist nach fünf tilgungsfreien Jahren durch jährliche Auslosung von Serien zum Nennwert zu tilgen. Jede Serie umfaßt Teilschuldverschreibungen der verschiedenen Stückelung im Gesamtnennbetrage von DM 3000000,—. In den ersten fünf Tilgungsjahren wird je eine Serie, in den folgenden fünf Jahren werden je zwei Serien, in den darauffolgenden fünf Jahren je drei Serien und in den letzten fünf Jahren je vier Serien ausgelost. Die erste Rückzahlungsrate ist am 1. Juni 1965 fällig. Die am 1. Juni 1983 noch nicht ausgelosten Teilschuldverschreibungen werden am 1. Juni 1984 ohne Auslosung zur Rückzahlung fällig. Die Anleiheschuldnerin ist berechtigt, die Tilgung der Anleihe nach ihrer Wahl durch Auslosung weiterer Serien zu den planmäßigen Terminen oder durch freihändigen Rückkauf zu verstärken. Zusätzliche Tilgungen sind auf spätere planmäßige Tilgungsraten nur anrechenbar, wenn sie im Wege der Auslosung erfolgen oder die zurückgekauften Stücke nachträglich ausgelost werden.

Zeichnungskurs:

Die Teilschuldverschreibungen werden vom 30. Mai 1959 an zum Kurse von

98%

spesenfrei zuzüglich Börsenumsatzsteuer, gegebenenfalls unter Verrechnung von Stückzinsen, freibleibend zum Verkauf gestellt.

Beispiel: *Annuitätenschuld*

Verkaufsangebot
über
DM 15000000,—
6% tarifbesteuerte Bodenkultur — Obligationen
— Ausgabe H von 1959 —
der
Hannoverschen Landeskreditanstalt

Ausstattung der Anleihe:

Emissionsbetrag: 15000000,— DM, Kenn-Nummer: 265 308

Stückelung:

Die Bodenkultur-Obligationen werden in folgender Stückelung ausgegeben: 100,—, 500,—, 1000,— und 5000,— Deutsche Mark.

Verzinsung:

Bis zur Fälligkeit wird das Kapital mit 6% für das Jahr in halbjährlichen am 1. April und 1. Oktober jeden Jahres fälligen Raten nachträglich verzinst. Der erste Zinsschein ist am 1. April 1960 fällig.
Die Zinserträge sind von den Obligationen-Besitzern im Rahmen des EStG zu versteuern (sog. Tarifbesteuerung*). Dabei ist zu beachten, daß es nicht zu einer steuerlichen Veranlagung kommt, wenn Lohnsteuerpflichtige jährlich nur bis zu DM 950,— (einschl. 150,— DM Werbungskostenpauschbetrag) Einnahmen aus Kapitalvermögen oder sonstigen Quellen beziehen. Dieser Betrag erhöht sich bei der Zusammenveranlagung mit der Ehefrau um weitere DM 150,—. Bei getrennter Veranlagung von Ehegatten, die beide lohnsteuerpflichtig sind, wird jedem Ehegatten bei Einnahmen aus Kapitalvermögen und sonstigen Quellen ein steuerfreier Betrag bis zu DM 950,— gewährt.

Tilgung:

Die Tilgung erfolgt durch Rückkauf oder Auslosung mit mindestens 2% zuzüglich ersparter Zinsen jeweils zum 1. April 1964 bis 1989. Bis zum 1. April 1964 ist eine Kündigung durch die Bank ausgeschlossen. Von diesem Termin ab ist eine verstärkte Auslosung und Gesamtkündigung zu jedem Zinsscheintermin zulässig.

Emissionskurs:

97,5%

*) Vgl. Tarifbesteuerte Renten, Seite 147.

XII. Die Kursberechnung von Anleihen

1. Begriff des Kurses

Die an festverzinslichen Wertpapieren interessierten Käufer erhalten von den die Wertpapiere ausgebenden Institutionen ein festes Angebot, in dem ein fester *Emissionskurs* (Ausgabekurs), ein Preis für den Erwerb der Papiere genannt ist. Dieser Preis bestimmt sich durch eine finanzmathematische Rechnung nach dem Grundsatz:

Ausgabekurs = Barwert aller zukünftigen Leistungen

Die *Kursberechnung* befaßt sich mit der Ermittlung sowohl des
Ausgabekurses als auch des
rechnerischen Wertes der Effekten zu einem beliebigen Zeitpunkt innerhalb ihrer Laufzeit.

Der *Kurs* ist der Preis für den Erwerb einer Anleihe; er wird ausgedrückt in Prozenten des Nennwertes. Der *Ausgabekurs* von 98% der 5%-Anleihe des Landes Berlin z. B. besagt, daß gegen Zahlung von 98,— DM eine Teilschuldverschreibung von 100,— DM erworben werden kann.

Der Inhaber der Teilschuldverschreibungen hat Anrecht auf die zukünftigen Leistungen (Zinsen und Rückzahlung), die in der Anleihe verbrieft sind. Ein Geschäftsabschluß über Kauf bzw. Verkauf eines Anleihestückes wird möglich, wenn der Preis den Käufer zum Erwerb anreizt und dem Verkäufer ein angemessenes Entgelt zukommen läßt.

Voraussetzung ist die individuelle Wertgleichheit zwischen der Sofortzahlung des Preises und den zukünftigen Leistungen:

Kurs = Preis = Barwert aller zukünftigen Leistungen (Zinsen und Rückzahlung, ausgedrückt im Prozentsatz des Nennwertes 100,— DM)

z. B.: Ein Darlehen von 200,— DM, verzinslich zu 5%, wird am Ende des 5. Jahres zurückgezahlt:

k_0	Z	Z	Z	Z	Z	+ Rückzahlung
200,—	10,—	10,—	10,—	10,—	10,—	(200 DM)

$k_0 = 200,\!—$

Die *Zinsen* stellen eine Rente von jährlich 10,— DM dar.

$k_0 = 200,\!—$ = Barwert der Zinsen und des Rückzahlungsbetrages:

a) Barwert der Zinsen: $10 \cdot a_{5/5} = 10 \cdot 4{,}3294 = \underline{43{,}294}$

b) Barwert des Rückzahlungsbetrages: $200 \cdot v^{5/5} = 200 \cdot 0{,}78353 = \underline{156{,}706}$

c) $k_0 = 200 = 43{,}294 + 156{,}706 = \underline{200{,}-}$.

Ist nun der Darlehnsgeber im Augenblick der Hingabe des Darlehnsbetrages z. B. in Liquiditätsschwierigkeiten gekommen, so kann er die soeben erworbenen Forderungen gegen den Schuldner an einen Dritten verkaufen. Er erhält jedoch den Barwert von 200,— DM nur unter der Voraussetzung, daß der Käufer mit der Verzinsung von 5% zufrieden ist. Fordert der Erwerber jedoch auf Grund des Marktzinsfußes eine Verzinsung von z. B. 7%, wird er nicht bereit sein, 200,— DM zu zahlen.

Der Erwerber erhält jährlich 10,— DM Zinsen und fordert, daß dieser Betrag und das Aufgeld für ihn eine 7%ige Verzinsung seines investierten Geldes bedeute.

Der Barwert der zukünftigen Leistungen unter Berücksichtigung einer Verzinsung von 7% ist der Kaufpreis, den der Erwerber zu leisten bereit ist, also:

$$\text{Barwert} = 10 \cdot a_{7/5} + 200 \cdot v^{7/5}$$
$$\text{Barwert} = 10 \cdot 4{,}1002 + 200 \cdot 0{,}71299$$
$$\text{Barwert} = 41{,}002 + 142{,}598 = 183{,}6;$$

d. h., der neue Erwerber zahlt 183,6 DM; er erhält jährlich an Zinsen 10,— DM und am Ende des 5. Jahres die Rückzahlung der 200,— DM. Damit hat sich der von ihm gezahlte Betrag von 183,6 DM zu 7% jährlich verzinst,

oder

die zinspflichtige Forderung von 200,— DM erwirbt er zu 183,6 DM, d. h., eine Forderung von 100,— DM wäre zu bezahlen mit

$$\text{DM } 91{,}8 = \text{Kurs}$$
$$\text{Kurs} = \frac{183{,}6 \cdot 100}{200} = \underline{91{,}8}$$

Benennungen:

Nennwert = Nominalkapital = 200,— DM = k_0

Realkapital = Effektivkapital = 183,6 DM = k'_0

Kurs = 91,8% = C

Nominalverzinsung p = 5%

Realverzinsung p' = Effektivverzinsung = p' = 7% = Rendite.

Entsprechend ergeben sich:

$$\frac{p'}{100} = i'; \qquad 1 + i' = q'; \qquad \frac{q'^n - 1}{q'^n (q' - 1)} = a'_n$$

$$\text{Kurs} = C = \frac{\text{Realkapital} \cdot 100}{\text{Nominalkapital}}$$

$$C = \frac{k'_0 \cdot 100}{k_0}$$

Definition des Kurses: Der Kurs einer Anleihe ist der unter Verwendung des Effektivzinssatzes errechnete **Barwert** aller zukünftigen Leistungen, ausgedrückt in Prozenten des Nominalkapitals.

Da die Kurse immer in Prozentwerten des Nominalkapitals angegeben werden, kann man bei allen Kursermittlungen das Nominalkapital

$k_0 = 100$ setzen, so daß

$\boxed{C_0 = k'_0}$ ist, d. h.

der Kurs einer Anleihe ist der unter Verwendung der Effektivverzinsung ermittelte Barwert aller zukünftigen Leistungen.

Beispiel: Wie hoch ist der Ausgabekurs C_0 einer 6%igen Zinsschuld mit einer Laufzeit von 10 Jahren, wenn der Erwerber eine effektive Verzinsung von 7% fordert? $k_0 = 100$

Kurs $= C_0 =$ Barwert der zukünftigen Leistung:
Barwert der Zinsen $= 6 \cdot a_{7/10} = 6 \cdot 7{,}0236 = 42{,}14$
Barwert der Rückzahlung $= 100 \cdot v^{7/10} = 100 \cdot 0{,}5083 = 50{,}83$

$$C_0 = 42{,}14 + 50{,}83 = \underline{92{,}97\%}.$$

2. Nominal- und Effektivverzinsung, Nettoverzinsung

Die Angabe der Verzinsung für Effekten erfolgt in der Praxis mit zwei verschiedenen Zinssätzen:
dem Nominalzinssatz und dem Effektivzinssatz. Der Aussteller der Anleihe möchte dem Erwerber eine andere, meist höhere Verzinsung zukommen lassen, als nominell in den Anleihebedingungen festgelegt ist.
Warum arbeitet man mit diesen unterschiedlichen Zinssätzen?
Will man dem Erwerber z. B. eine 8%ige Verzinsung zukommen lassen, so stattet man die Anleihe einfach mit einer Nominalverzinsung von 8% bei einem Ausgabekurs von 100% aus. Zweifelsohne ist das möglich und findet auch häufig Anwendung.
Aus psychologischen Gründen ersetzt man einen Teil der Verzinsung durch:

a) die Ausgabe der Anleihe unter pari (unter Nennwert = 100); z. B. 97,5% bei einer Rückzahlung zum Nennwert. Die Differenz (2,5%) zwischen Ausgabekurs (97,5%) und Rückzahlungskurs (100%) wirkt sich rechnerisch als zusätzliche Verzinsung aus. Ausgabe-Disagio ist vorausbezahlter Zins.
b) Die Anleihe wird zu pari ausgegeben und zu einem erhöhten Rückzahlungskurs, z. B. 103%, getilgt. Entsprechend dem Ausgabe-Disagio ist das Rückzahlungs-Agio ein nachträglich gezahlter Zins.
c) Es werden a) und b) kombiniert, d. h. also, das Ausgabe-Disagio und das Rückzahlungs-Agio beeinflussen die Höhe der effektiven Verzinsung.

Beispiele: $5^1/_2$%-Anleihe des Landes Niedersachsen von 1955
Verkaufskurs 97,5% = Ausgabekurs = C_0
Rückzahlungskurs 100%

Arenberg Bergbau-Gesellschaft m.b.H., Essen, 8%-Anleihe von 1954
Verkaufskurs = Ausgabekurs = C_0 = 100%
Rückzahlungskurs = 100%

Harpener Bergbau-AG, Dortmund, 8%ige Anleihe von 1953
Verkaufskurs = Ausgabekurs = C_0 = 98%
Rückzahlungskurs = 103%.

d) Die Höhe der Effektivverzinsung hängt ab von:
der Höhe der nominellen Verzinsung,
der Höhe des Rückzahlungskurses bzw. des Verkaufserlöses,
der Höhe des Ausgabekurses bzw. des Erwerbspreises,
den Tilgungsbedingungen,
der Laufzeit.

e) Effektivverzinsung abzüglich der Kapitalertragsteuer ergibt die Nettoverzinsung.

Zu jedem Kurs einer Kapitalschuld gehört eine bestimmte Effektivverzinsung, die in einer Funktionsbeziehung zur Nominalverzinsung steht.

Sind Nominal- und Effektivverzinsung gleich, so erfolgt die Ausgabe einer Anleihe zu „pari", d. h. $C_0 = 100\%$.

Erfordert der Kapitalmarkt für die Einführung einer Anleihe eine höhere Effektivverzinsung, so gewährt der Anleiheschuldner dem Erwerber einen Abschlag auf den Nennwert, d. h. die Emission erfolgt „unter pari".

Umgekehrt wird die Ausgabe zu „über pari" erfolgen, wenn der Erwerber mit einer niedrigeren Verzinsung zufrieden ist.

Aus diesen Überlegungen folgt, daß die Effektivverzinsung um so höher ist, je niedriger der Kurs ist und umgekehrt.

$$p = p' \rightarrow C_0 = 100 \quad \text{pari}$$
$$p < p' \rightarrow C_0 < 100 \quad \text{unter pari}$$
$$p > p' \rightarrow C_0 > 100 \quad \text{über pari}$$
$$p' \text{ steigt} \rightarrow C_0 \text{ fällt}$$
$$p' \text{ fällt} \rightarrow C_0 \text{ steigt.}$$

Wenn auch der Anleihegläubiger einen höheren oder niedrigeren Kurswert im Vergleich zum Nennwert zu zahlen hat, so beziehen sich selbstverständlich Zinsen und Tilgungsraten stets auf den Nennwert.

3. Kursberechnung von Zinsschulden

a) Kursberechnung einer Zinsschuld ohne Aufgeld (Agio)

Gegeben sei eine Zinsschuld:

$$k_0 = \text{Nominalkapital} = 100$$
$$p = \text{Nominalzinssatz}$$
$$p' = \text{Effektivzinssatz}$$
$$n = \text{Laufzeit}$$
$$\text{Barwert der Zinsen} = p \cdot a'_n$$
$$\text{Barwert der Rückzahlung} = 100 \cdot v'^n$$

$$\boxed{C_0 = p \cdot a'_n + 100\, v'^n}$$

Der Barwertfaktor a'_n ist die abgekürzte Schreibweise für die Summe der geometrischen Reihe $a'_n = v' \frac{v'^n - 1}{v' - 1}$, wie bei der Ableitung des nachschüssigen Barwertfaktors dargestellt (vgl. S. 56). Löst man diese Summenformel nach v'^n auf, so ändert sich die Kursformel wie folgt:

$$a'_n = v' \cdot \frac{v'^n - 1}{v' - 1} = \frac{v'^n - 1}{\frac{v'}{v'} - \frac{1}{v'}} = \frac{v'^n - 1}{1 - q'} = \frac{v'^n - 1}{1 - \left(1 + \frac{p'}{100}\right)} = \frac{v'^n - 1}{-\frac{p'}{100}}$$

$$-a'_n \cdot \frac{p'}{100} = v'^n - 1$$

$$v'^n = 1 - a'_n \cdot \frac{p'}{100}$$

Eingesetzt in die Kursformel $C_0 = p\, a'_n + 100\, v'^n$:

$$C_0 = p\, a'_n + 100 \left(1 - a'_n \cdot \frac{p'}{100}\right) = p\, a'_n + 100 - p'\, a'_n$$

$$\boxed{C_0 = 100 - (p' - p)\, a'_n}$$

Der Erwerber der Anleihe im Zeitpunkt 0 hat natürlich die Möglichkeit, am Ende des 1. oder 2. .... oder n—1. Jahres seine Stücke zu veräußern. Er kann sich den rechnerischen Preis ermitteln, soweit er unterstellt, daß der Käufer mit der bisher angesetzten Effektivverzinsung p' einverstanden ist.
Auf Grund der Kursdefinition:

Kurs = Barwert aller zukünftigen Leistungen

ergibt sich folgende Überlegung z. B. für eine Laufzeit von 10 Jahren:

Zeitpunkt: Ende des	Anzahl der zukünftigen Leistungen		Barwert Kurs
	Zinsen	Tilgung	
0. Jahr	n = 10	1	C_0
1. ,,	n = 9	1	C_1
2. ,,	n = 8	1	C_2
3. ,,	n = 7	1	C_3
.	.	.	.
.	.	.	.
.	.	.	.
9. ,,	n = 1	1	C_9

Für die Zinsschuld: $k_0 = 100$
$p = 6\%$
$p' = 7\%$
$n = 10$ Jahre

ergeben sich zu Beginn der einzelnen Jahre der Laufzeit folgende

Kurse:

n	$C = p \cdot a'_n$	$+ 100 \cdot v'^n$	$= C$
10	$C_0 = 6 \cdot 7{,}0236$	$+ 100 \cdot 0{,}5083$	$= 92{,}98$
9	$C_1 = 6 \cdot 6{,}5152$	$+ 100 \cdot 0{,}5439$	$= 93{,}48$
8	$C_2 = 6 \cdot 5{,}9713$	$+ 100 \cdot 0{,}5820$	$= 94{,}03$
7	$C_3 = 6 \cdot 5{,}3893$	$+ 100 \cdot 0{,}6227$	$= 94{,}61$
6	$C_4 = 6 \cdot 4{,}7665$	$+ 100 \cdot 0{,}6663$	$= 95{,}23$
5	$C_5 = 6 \cdot 4{,}1002$	$+ 100 \cdot 0{,}7130$	$= 95{,}90$
4	$C_6 = 6 \cdot 3{,}3872$	$+ 100 \cdot 0{,}7629$	$= 96{,}61$
3	$C_7 = 6 \cdot 2{,}6243$	$+ 100 \cdot 0{,}8163$	$= 97{,}37$
2	$C_8 = 6 \cdot 1{,}8080$	$+ 100 \cdot 0{,}8735$	$= 98{,}20$
1	$C_9 = 6 \cdot 0{,}9346$	$+ 100 \cdot 0{,}9346$	$= 99{,}07$

Kontrollrechnung für den letzten Kurs: $C_9 = 99{,}07$:
Die Anleihe kann zu Beginn des letzten Jahres der Laufzeit zum rechnerischen Kurs von $C_9 = 99{,}07$ erworben werden. Am Ende des Jahres erhält der Inhaber

die Zinsen von 6,— DM und
den Rückzahlungsbetrag von 100,— „
106,— DM,

d. h. 6,93 Gesamtzins für 99,07 investierte DM: $\frac{6{,}93 \cdot 100}{99{,}07} = \underline{7\%\ \text{effektiv.}}$

b) Kursberechnung von Zinsschulden mit Aufgeld

Häufig ist eine Anleihe mit einem Aufgeld ausgestattet. Die Schuld wird nicht mit dem Nominalwert (Nennwert) zurückgezahlt, sondern zu einem erhöhten Kurs $(100 + \alpha)$ = Rückzahlungskurs.

$\alpha\%$ = Aufgeld (Agio), ausgedrückt in % der Gesamtschuld.

Mit der Tilgung verbindet sich die Zahlung des Aufgeldes. Entsprechend dem Ausgabe-Disagio bewirkt das Rückzahlungs-Agio die Erhöhung der Effektivverzinsung. Ein Ausgabe-Disagio könnte in ein entsprechendes Rückzahlungs-Agio und umgekehrt umgewandelt werden.
Die Kursformel für eine Zinsschuld mit Aufgeld lautet:

$$\boxed{C_0 = p \cdot a'_n + (100 + \alpha)\, v'^n}$$

Für eine 6%ige Zinsschuld mit einer Laufzeit von $n = 10$ Jahren, die mit einem Aufgeld von 2% ausgestattet ist, ergeben sich bei einer Effektivverzinsung von 7% folgende Kurse C_0 bis C_9:

Kurse

Laufzeit	$C = p \cdot a'_n + (100+\alpha) \cdot v'^n = C$
n = 10	$C_0 = 6 \cdot 7{,}0236 + 102 \cdot 0{,}5083 = 93{,}99$
9	$C_1 = 6 \cdot 6{,}5152 + 102 \cdot 0{,}5439 = 94{,}57$
8	$C_2 = 6 \cdot 5{,}9713 + 102 \cdot 0{,}5820 = 95{,}17$
7	$C_3 = 6 \cdot 5{,}3893 + 102 \cdot 0{,}6227 = 95{,}86$
6	$C_4 = 6 \cdot 4{,}7665 + 102 \cdot 0{,}6663 = 96{,}56$
5	$C_5 = 6 \cdot 4{,}1002 + 102 \cdot 0{,}7130 = 97{,}33$
4	$C_6 = 6 \cdot 3{,}3872 + 102 \cdot 0{,}7629 = 98{,}15$
3	$C_7 = 6 \cdot 2{,}6243 + 102 \cdot 0{,}8163 = 99{,}00$
2	$C_8 = 6 \cdot 1{,}8080 + 102 \cdot 0{,}8735 = 99{,}95$
1	$C_9 = 6 \cdot 0{,}9346 + 102 \cdot 0{,}9346 = 100{,}94$

Nachrechnung für den letzten Kurs:

Zu Beginn des letzten Jahres der Laufzeit kann die Anleihe erworben werden für 100,94 DM je 100,— DM Nennwert. Der Erwerber erhält am Ende des Jahres

Zinsen	6,— DM
Rückzahlung	100,— ,,
Aufgeld	2,— ,,
	108,— DM, d. h. 7,06 DM Gesamtzins auf

$$100{,}94 \text{ DM} = \frac{7{,}06 \cdot 100}{100{,}94} = \underline{7\% \text{ effektiv.}}$$

c) Kurszuschlag für Zinsschulden mit und ohne Aufgeld bei halbjährlicher Zinszahlung

Obwohl in den Anleihebestimmungen der Jahreszinssatz p% angegeben ist, legen fast alle Anleihen fest, daß die Zinsen halbjährlich mit $\frac{p}{2}$ DM zu den angegebenen Terminen (April/Oktober, März/September, Januar/Juli usw.) ausgezahlt werden sollen.

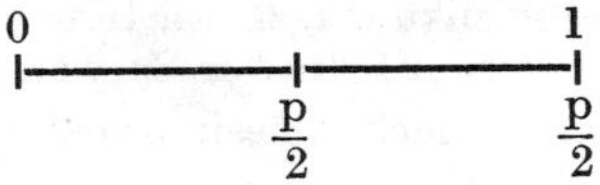

Infolge der vorzeitigen Zahlung des Betrages $\frac{p}{2}$ erhält der Gläubiger einen Mehrzins in Höhe der Zinsen vom Kapital $\frac{p}{2}$ für ½ Jahr zum geforderten Effektivzinssatz p'.

$$\text{Mehrzinsen: } \frac{\frac{p}{2} \cdot p'}{2 \cdot 100} = \frac{p \cdot p'}{400}$$

Neuer Gesamtjahreszinssatz p'':

$$\boxed{p'' = p + \frac{p \cdot p'}{400} = p\left(1 + \frac{p'}{400}\right)}$$

Der *Mehrzins* stellt eine höhere Leistung des Schuldners dar; bei gleichbleibender Effektivverzinsung muß der Kurs höher liegen als bei ganzjährlicher Zinszahlung. Um die neuen Kurse unter Berücksichtigung einer halbjährlichen Zinszahlung zu ermitteln, braucht man in der Kursformel für Zinsschulden p nur zu ersetzen durch:

$$p'' = p\left(1 + \frac{p'}{400}\right)$$

Beispiel: Wie hoch ist der *Ausgabekurs* einer 6%igen Zinsschuld,

Laufzeit $n = 10$ Jahre; $p' = 7\%$
$\alpha = 2\%$, wenn die Zinszahlungen halbjährlich erfolgen?

Zinsschuldformel:

$$C_0 = p \cdot a'_n + (100 + \alpha)\, v'^n; \quad p'' = 6\left(1 + \frac{7}{400}\right) = 6{,}105\%$$

$$C_0 = p''\, a'_n + (100 + \alpha)\, v'^n$$

$$C_0 = 6{,}105 \cdot 7{,}0236 + 102 \cdot 0{,}5083 = \underline{94{,}72\%}$$

Eine häufiger angewandte Methode ist die des *Kurszuschlages*. Man rechnet zunächst den Kurs für ganzjährliche Zinszahlungen und fügt einen Zuschlag auf Grund folgender Überlegungen hinzu:

anstatt jährlich p DM Zinsen erhält der Inhaber bei halbjährlicher Verzinsung jährlich: $p + \frac{p \cdot p'}{400}$ DM, d. h. jährlich einen *Zinszuschlag* in Höhe von $\frac{p \cdot p'}{400}$ DM.

	0	1	2	3 ...	n
Zusatzzinsen:		$\frac{p \cdot p'}{400}$	$\frac{p \cdot p'}{400}$	$\frac{p \cdot p'}{400}$	$\frac{p \cdot p'}{400}$

Da der *Kurs* der Barwert aller zukünftigen Leistungen unter Berücksichtigung der Effektivverzinsung ist, kommt zum Kurs der Barwert der Zusatzzinsen hinzu.

Die *Zusatzzinsen* können als nachschüssig n-mal zu zahlende Rente aufgefaßt werden:

$$\boxed{\text{Barwert} = \text{Kurszuschlag} = \frac{p \cdot p'}{400} \cdot a'_n}$$

Aus obigem Beispiel ergibt sich C_0 bei jährlicher Zinsleistung mit 93,99% (vgl. Tabelle S. 123):

$$\text{der Kurszuschlag beträgt } \frac{6 \cdot 7}{400} \cdot 7{,}02358 = \underline{0{,}73}$$

$$C_0 = 93{,}99 + 0{,}73 = \underline{94{,}72} \text{ (s. oben).}$$

Kurszuschläge für halbjährliche Verzinsung
für p = 6% und p′ = 7%

n	$\frac{p \cdot p'}{400} \cdot a'_n$ = Kurszuschlag	
10	$\frac{6 \cdot 7}{400}$	0,105 · 7,02358 = 0,7375
9	,,	0,105 · 6,51523 = 0,6841
8	,,	0,105 · 5,97129 = 0,6270
7	,,	0,105 · 5,38929 = 0,5659
6	,,	0,105 · 4,76654 = 0,5005
5	,,	0,105 · 4,10019 = 0,4305
4	,,	0,105 · 3,38721 = 0,3557
3	,,	0,105 · 2,62432 = 0,2756
2	,,	0,105 · 1,80802 = 0,1898
1	,,	0,105 · 0,93458 = 0,0981

Gesamtbeispiele:

1. Zu welchem Kurs muß eine $5^1/_2$%ige Zinsschuld mit der Laufzeit n = 5 ausgegeben werden, wenn die Anleihe mit einem Aufgeld von α = 3% ausgestattet ist, die Zinszahlungen halbjährlich erfolgen und der Erwerber eine Effektivverzinsung von 6% erzielen soll?

$$C_0 = p \cdot a'_n + (100 + \alpha) \cdot v'^n + \frac{p \cdot p'}{400} \cdot a'_n$$

$$C_0 = 5{,}5 \cdot a_{6/5} + 103\, v^{6/5} + \frac{5{,}5 \cdot 6}{400} \cdot a_{6/5}$$

$$C_0 = 5{,}5 \cdot 4{,}21237 + 103 \cdot 0{,}74726 + \frac{33 \cdot 4{,}21237}{400}$$

$$C_0 = 23{,}17 + 76{,}97 + 0{,}3475 = \underline{100{,}49\%.}$$

2. Grundlage: die $5^1/_2$% Anleihe der Lastenausgleichsbank von 1955 (vgl. S. 102).
Die Herausgeber der Anleihe der Lastenausgleichsbank glaubten, bei einer Effektivverzinsung von höchstens 6% die Anleihe auf dem Markt unterbringen zu können.
Zu welchem Zeichnungskurs *(Emissionskurs)* müßte die Anleihe angeboten werden, wenn der Kurs in vollen Prozenten angegeben werden soll?

Daten der Anleihe: p = 5,5%
n = 12 Jahre
α = 0
p′ = 6%

Zinsen werden halbjährlich gezahlt:

$$C_0 = p \cdot a'_n + 100\, v'^n + \frac{p \cdot p'}{400} a'_n$$

$$C_0 = 5{,}5 \cdot 8{,}383844 + 100 \cdot 0{,}496969 + \frac{5{,}5 \cdot 6 \cdot 8{,}383844}{400}$$

$$C_0 = 46{,}11 + 49{,}6996 + 0{,}6916 = 95{,}81\%$$

95,81 auf 96% aufgerundet: $\underline{C_0 = 96\%}$ (vgl. Emissionsbedingungen Seite 102-3).

(Eine Abrundung auf $C_0 = 95\%$ hätte die Effektivverzinsung von 6% übersteigen lassen; die Aufrundung von 95,81 auf 96% führt zu einer Effektivverzinsung von unter 6%.)

4. Kursberechnung von Ratenschulden

Auch für die Kursberechnung einer Ratenschuld gilt die Definition:

Kurs = C = Barwert aller zukünftigen Leistungen.

Für die mathematische Erfassung der Ratenschuld, für die später folgenden Berechnungen von Gesamtrenditen und Stückrenditen ist es zweckmäßig, die Ratenschuld als Summe von n Zinsschulden in Höhe von je $\frac{100,-}{n}$ DM mit einer Laufzeit von $n = 1$ bis $n = n$ Jahren aufzufassen.

Die Ratenschuld in Höhe von $k_0 = 100$ (Laufzeit = n, Verzinsung = p%) zeigt folgendes Bild:

		Z_1	Z_2	Z_3	Z_4	Z_5	Z_6	Z_7	Z_8	Z_n (Zinsen)
$k_0 = 100$	0	1	2	3	4	5	6	7	8 . . .	n
		$\frac{100}{n}$	$\frac{100}{n}$	$\frac{100}{n}$	$\frac{100}{n}$	$\frac{100}{n}$	$\frac{100}{n}$	$\frac{100}{n}$	$\frac{100}{n}$ . . .	$\frac{100}{n}$ (Tilgung)

a) Jährliche Rückzahlung der Schulden: $\frac{100}{n}$

b) Die jährlichen Zinsverpflichtungen nehmen jährlich um die Zinsen der getilgten Beträge ab:

$$\frac{100}{n} \cdot \frac{p}{100} = \frac{p}{n}.$$

Jahr	Zinsverpflichtungen in den einzelnen Jahren	
1.	$Z_1 = p$	$= \frac{p}{n} \cdot n$
2.	$Z_2 = p - \frac{p}{n}$	$= \frac{p}{n}(n - 1)$
3.	$Z_3 = p - \frac{2 \cdot p}{n}$	$= \frac{p}{n}(n - 2)$
.	.	
.	.	
.	.	
n	$Z_n = p - \frac{(n-1) \cdot p}{n}$	$= \frac{p}{n}\left[n - (n - 1)\right] = \frac{p}{n}$

a) Auflösung einer Ratenschuld in Zinsschulden

Gesamtverpflichtungen aus der Ratenschuld:

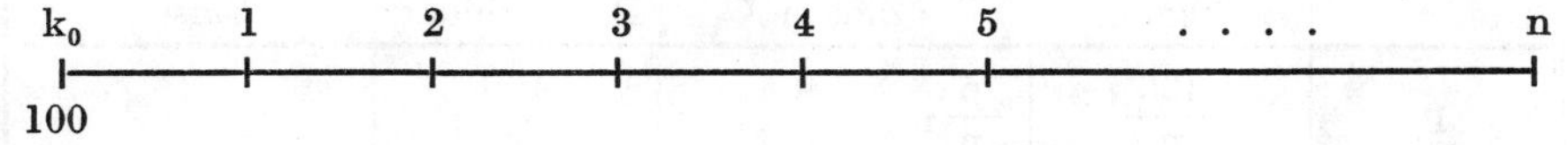

Tilgung:	$\frac{100}{n}$	$\frac{100}{n}$	$\frac{100}{n}$	$\frac{100}{n}$	$\frac{100}{n}$	. . . .	$\frac{100}{n}$
Zinsen:	Z_1	Z_2	Z_3	Z_4	Z_5	. . . .	Z_n

Die Gesamtverpflichtungen kann man in Einzelverbindlichkeiten auflösen, die Zinsschulden darstellen, so daß insgesamt die Ratenschuld in n entsprechende Zinsschulden aufgelöst wird:

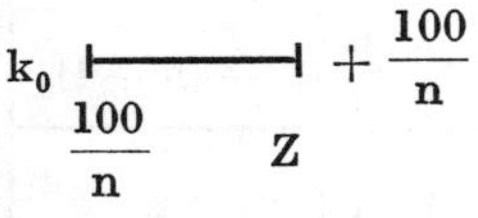

: 1. Zinsschuld

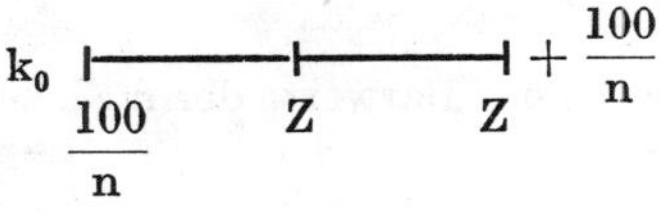

: 2. Zinsschuld

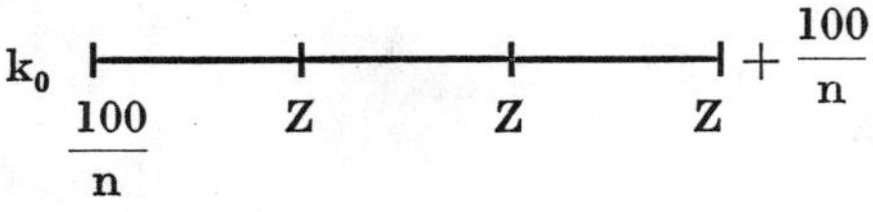

: 3. Zinsschuld

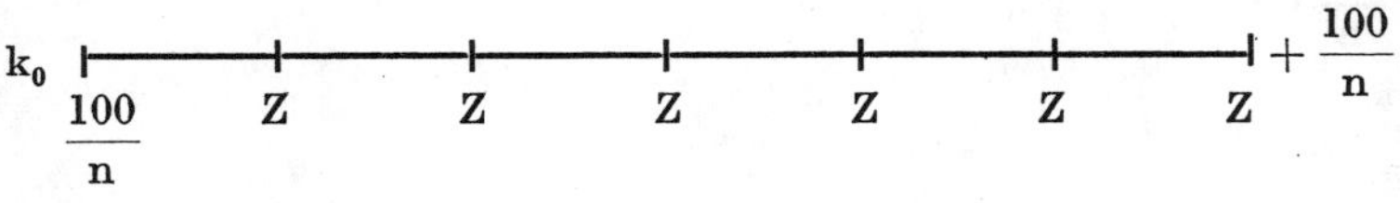

: n.te Zinsschuld

Z unverändert für alle Zinsschulden $= \frac{100}{n} \cdot \frac{p}{100} = \frac{p}{n}$.

$\frac{100}{n}$ = Rückzahlung der Zinsschulden.

Der Kurs C_0 der Ratenschuld ist gleich der Summe der Barwerte der n Zinsschulden, denn die Jahresgesamtleistungen aus den Zinsschulden decken sich mit den einzelnen Jahresleistungen aus der Ratenschuld:

Endpunkt der Jahre	Verpflichtungsbeträge der Ratenschuld		Verpflichtungsbeträge der Zinsschulden	
	Tilgung	Zinsen	Rückzahlung	Zinsen
1	$\frac{100}{n}$	$\frac{p}{n}\,n$	$\frac{100}{n}$	$\frac{p}{n}\,n$
2	$\frac{100}{n}$	$\frac{p}{n}(n-1)$	$\frac{100}{n}$	$\frac{p}{n}(n-1)$
3	$\frac{100}{n}$	$\frac{p}{n}(n-2)$	$\frac{100}{n}$	$\frac{p}{n}(n-2)$
4	$\frac{100}{n}$	$\frac{p}{n}(n-3)$	$\frac{100}{n}$	$\frac{p}{n}(n-3)$
5	$\frac{100}{n}$	$\frac{p}{n}(n-4)$	$\frac{100}{n}$	$\frac{p}{n}(n-4)$
.				
.				
n	$\frac{100}{n}$	$\frac{p}{n}[n-(n-1)]$	$\frac{100}{n}$	$\frac{p}{n}[n-(n-1)]$
Summe	100	$\frac{n}{2}\left(p+\frac{p}{n}\right)$	100	$\frac{n}{2}\left(p+\frac{p}{n}\right)$

Also: **Kurs der Rentenschuld** ist gleich der Summe der Barwerte der n Zinsschulden:

$$C_0 = \frac{p}{n} a'_1 + \frac{100}{n} v' \qquad \text{(Barwert der 1. Zinsschuld)}$$

$$+ \frac{p}{n} a'_2 + \frac{100}{n} v'^2 \qquad (\;\text{„}\quad\text{„}\quad 2.\quad\text{„}\;)$$

$$+ \frac{p}{n} a'_3 + \frac{100}{n} v'^3 \qquad (\;\text{„}\quad\text{„}\quad 3.\quad\text{„}\;)$$

. .

. .

. .

$$+ \frac{p}{n} a'_n + \frac{100}{n} v'^n \qquad (\;\text{„}\quad\text{„}\quad n.\quad\text{„}\;)$$

$$C_0 = \frac{p}{n}(a'_1 + a'_2 + a'_3 + \ldots a'_n) + \frac{100}{n}(v' + v'^2 + v'^3 + \ldots v'^n)$$

$(v' + v'^2 + v'^3 + \ldots v'^n)$ = Barwert der nachschüssigen Rente 1

$$= v' \cdot \frac{(v'^n - 1)}{v' - 1} = \frac{q'^n - 1}{q'^n(q' - 1)} = a'_n$$

$$C_0 = \frac{p}{n}(a'_1 + a'_2 + a'_3 + \ldots a'_n) + \frac{100}{n} \cdot a'_n$$

Der Wert $(a'_1 + a'_2 + a'_3 + \ldots a'_n)$ wird gleich y gesetzt und näher untersucht:

$$y = a'_1 + a'_2 + a'_3 + \ldots a'_n$$

Der Wert a′ von 1 bis n wird in die Langform zurückübertragen: $\left(a_n = \frac{q^n - 1}{q^n(q-1)}\right)$

$$y = \frac{q'-1}{q'(q'-1)} + \frac{q'^2-1}{q'^2(q'-1)} + \frac{q'^3-1}{q'^3(q'-1)} + \ldots + \frac{q'^n-1}{q'^n(q'-1)}$$

$$y = \frac{q'^1}{q'(q'^1-1)} - \frac{1}{q'(q'-1)} + \frac{q'^2}{q'^2(q'-1)} - \frac{1}{q'^2(q'-1)} + \ldots + \frac{q'^n}{q'^n(q'-1)} - \frac{1}{q'^n(q'-1)}$$

$$y = \frac{n \cdot 1}{(q'-1)} - \frac{1}{(q'-1)}\left(\frac{1}{q'} + \frac{1}{q'^2} + \ldots . \frac{1}{q'^n}\right)$$

$$y = \frac{n}{q'-1} - \frac{1}{q'-1}(v' + v'^2 + \ldots . v'^n) \text{ [siehe oben]}$$

$$y = \frac{n}{q'-1} - \frac{1}{q'-1} \cdot a'_n$$

$$q' = 1 + \frac{p'}{100}$$

$$y = \frac{n \cdot 100}{p'} - \frac{100 \cdot a'_n}{p'}$$

$$C_0 = \frac{p}{n} \cdot y + \frac{100}{n} \cdot a'_n$$

$$C_0 = \frac{p}{n}\left(\frac{n \cdot 100}{p'} - \frac{100\, a'_n}{p'}\right) + \frac{100}{n}\, a'_n$$

$$C_0 = \frac{p \cdot 100}{p'} - \frac{p \cdot 100\, a'_n}{n \cdot p'} + \frac{100}{n}\, a'_n$$

$$\boxed{C_0 = 100\left[\frac{a'_n}{n}\left(1 - \frac{p}{p'}\right) + \frac{p}{p'}\right]}$$

b) Kursberechnung einer Ratenschuld mit Aufgeld (α)

Ist die Ratenschuld mit einem Aufgeld $\alpha\%$ ausgestattet, so verteilt sich das Agio gleichmäßig auf die Jahre und beträgt jährlich

$$\frac{100 \cdot \alpha}{n \cdot 100} = \frac{\alpha}{n}.$$

Der Kurs ist der Barwert aller zukünftigen Leistungen; der Barwert der Agiobeträge beträgt also

$$\frac{\alpha}{n} \cdot a'_n$$

$$\boxed{C_0 = 100 \left[\frac{a'_n}{n}\left(1 - \frac{p}{p'}\right) + \frac{p}{p'}\right] + \frac{\alpha}{n}\, a'_n}$$

Beispiel 1: Wie hoch ist der Ausgabekurs einer 6%igen Ratenschuld mit einer Laufzeit von 15 Jahren, wenn die Anleihe mit einem Aufgeld von 2% ausgestattet ist und eine Effektivverzinsung von 7,5% bringen soll?

$$C_0 = 100 \left[\frac{a_{7,5/15}}{15}\left(1 - \frac{6}{7,5}\right) + \frac{6}{7,5}\right] + \frac{2}{15}\, a_{7,5/15}$$

$$C_0 = 100 \left[\frac{8,82712}{15}\left(1 - \frac{6}{7,5}\right) + \frac{6}{7,5}\right] + \frac{2 \cdot 8,82712}{15}$$

$$C_0 = 100\,(0,118 + 0,8) + 1,18 = 91,8 + 1,18 = \underline{92,98\%}.$$

Beispiel 2: Wie hoch muß der Ausgabekurs einer Ratenschuld sein, wenn
$p = 6\%$
$p' = 7\%$
$n = 10$ Jahre ist?

a) $$C_0 = 100 \cdot \left[\frac{a_{7/10}}{10}\left(1 - \frac{6}{7}\right) + \frac{6}{7}\right]$$

$$C_0 = 100 \cdot \frac{7,0236}{10}\left(1 - \frac{6}{7}\right) + \frac{600}{7} = \underline{95,74\%}.$$

b) Mit Hilfe der Kurstabelle für Zinsschulden ergibt sich aus der Formel:

$$C_{0R} = \frac{C_{0Z} + C_{1Z} + C_{2Z} \ldots . C_{9Z}}{n}$$

(C_{0R} = Kurs der Ratenschuld;
C_{0Z}, C_{1Z} .... Kurse der entsprechenden Zinsschulden)

$$\begin{aligned} C_{0R} = C_{0Z} &= 92,98 \\ + C_{1Z} &= 93,48 \\ + C_{2Z} &= 94,03 \\ + C_{3Z} &= 94,61 \\ + C_{4Z} &= 95,23 \\ + C_{5Z} &= 95,90 \\ + C_{6Z} &= 96,61 \\ + C_{7Z} &= 97,37 \\ + C_{8Z} &= 98,20 \\ + C_{9Z} &= 99,07 \\ \hline &= 957,48 : 10 = \underline{95,74\%}. \end{aligned}$$

c) Kursberechnung einer aufgeschobenen Ratenschuld

Fast alle Anleihen sind aufgeschoben, d. h. die erste Tilgung erfolgt erst nach einer Reihe von tilgungsfreien Jahren. Die Jahre, um die die Tilgung aufgeschoben ist, kennzeichnet der Buchstabe l, die reine Tilgungszeit der Buchstabe n, die Laufzeit der Anleihe ergibt sich aus l + n,

also: Tilgungsfreie Jahre: l
Tilgungsdauer: n
Laufzeit: l + n

$k_0 = 100$	1	2	3	4	5	6	7	p	Z_9	Z_{10}	Z_{11}	...
C_0	p	p	p	p	p	p	p	1. Tilg.	2. T.	3. T.	4. T.	...
								$\frac{100}{n}$	$\frac{100}{n}$	$\frac{100}{n}$	$\frac{100}{n}$	
								8	9	10	11	...

C_0 = Barwert der zukünftigen Leistungen, d. h.

a) Barwert der Zinsen vor dem ersten Tilgungstermin:

$$p \cdot a'_l$$

b) Barwert der Leistungen nach den tilgungsfreien Jahren:

$$100 \left[\frac{a'_n}{n}\left(1 - \frac{p}{p'}\right) + \frac{p}{p'}\right] \cdot v'^l \quad \text{demnach}$$

$$\boxed{C_0 = p \cdot a'_l + 100 \left[\frac{a'_n}{n}\left(1 - \frac{p}{p'}\right) + \frac{p}{p'}\right] \cdot v'^l} \quad \text{und}$$

unter Berücksichtigung eines Aufgeldes:

$$\boxed{C_0 = p \cdot a'_l + 100 \left[\frac{a'_n}{n}\left(1 - \frac{p}{p'}\right) + \frac{p}{p'}\right] \cdot v'^l + \frac{\alpha}{n} a'_n \cdot v'^l}$$

Beispiel: Wie hoch ist der Ausgabekurs einer 5%igen Ratenschuld mit einer Effektivverzinsung von 6,5% und einem Rückzahlungskurs von 103%? Die Tilgung ist um l = 5 Jahre aufgeschoben und soll in den nachfolgenden 10 Jahren zu gleichen Raten erfolgen:

p = 5%
p' = 6,5%
α = 3%
n = 10 Jahre
l = 5 Jahre
Gesamtlaufzeit = 15 Jahre

$$C_0 = p \cdot a'_l + 100 \left[\frac{a'_n}{n}\left(1 - \frac{p}{p'}\right) + \frac{p}{p'}\right] \cdot v'^l + \frac{\alpha}{n} a'_n \cdot v'^l$$

$$C_0 = 5 \cdot 4{,}15568 + 100 \left[\frac{7{,}18883}{10}\left(1 - \frac{5}{6{,}5}\right) + \frac{5}{6{,}5}\right] \cdot 0{,}72988 + \frac{3}{10} \cdot 7{,}18883 \cdot 0{,}72988$$

$$C_0 = 20{,}78 + 68{,}21 + 1{,}57 = \underline{90{,}56\%}.$$

d) Kursberechnung einer Ratenschuld mit halbjährlicher Zinszahlung

Entsprechend den Betrachtungen über Kurszuschläge für Zinsschulden muß in Ratenschuldformeln für die Berücksichtigung einer halbjährlichen Zinszahlung p durch p'' ersetzt:

$$p'' = p + \frac{p \cdot p'}{400}$$

oder durch einen entsprechenden Kurszuschlag berücksichtigt werden.

Kurszuschlag einer Ratenschuld für halbjährliche Zinszahlungen

Wir ersetzen die Ratenschuld wie in der Vorbetrachtung durch n entsprechende Zinsschulden; es entsteht bei jeder der n Zinsschulden jährlich eine Zusatzrente in Höhe von $\frac{p \cdot p'}{n \cdot 400}$ (Mehrzins)

$$k_0 \text{ der einzelnen Zinsschulden} = \frac{100}{n}$$

Der Barwert dieser Zusatzrenten beträgt aus der:

1. Zinsschuld: $\frac{p \cdot p'}{400 \cdot n} \; v'$

2. Zinsschuld: $\frac{p \cdot p'}{400 \cdot n} \; a'_2$

3. Zinsschuld: $\frac{p \cdot p'}{400 \cdot n} \cdot a'_3$

. .
. .
. .

n. Zinsschuld: $\frac{p \cdot p'}{400 \cdot n} \cdot a'_n$.

Summe = Kurszuschlag = Z.

$$Z = \frac{p \cdot p'}{400 \cdot n} \cdot (v + a'_2 + a'_3 \ldots a'_n), \quad \text{da}$$

$$v'_1 = a' = \frac{q'^n - 1}{q'^n (q' - 1)}; \text{ für } n = 1 \text{ ergibt sich}$$

$$Z = \frac{p \cdot p'}{400 \cdot n} \cdot (a'_1 + a'_2 + a'_3 \ldots a'_n); \text{ vgl. Seite 109}$$

$$Z = \frac{p \cdot p'}{400 \cdot n} \cdot \left(\frac{n \cdot 100}{p'} - \frac{100 \cdot a'_n}{p'}\right)$$

$$\boxed{Z = \frac{p}{4} \cdot \left(1 - \frac{a'_n}{n}\right)}$$

Kurszuschlag bei einer aufgeschobenen Ratenschuld:

Der Gesamtkurszuschlag Z einer um l Jahre aufgeschobenen Ratenschuld setzt sich zusammen aus:

a) den um l Jahre diskontierten Wert:

$$\frac{p}{4}\left(1-\frac{a'_n}{n}\right), \text{ d. h. } \frac{p}{4}\left(1-\frac{a'_n}{n}\right) v'^l;$$

b) aus dem Zuschlag für den in den l tilgungsfreien Jahren wirksamen Zinszuschlag $\frac{p \cdot p'}{400} a'_l$

Gesamtzuschlag:
$$\boxed{Z = \frac{p \cdot p'}{400} \cdot a'_l + \frac{p}{4}\left(1-\frac{a'_n}{n}\right) \cdot v'^l}$$

Beispiel: Welchen Emissionskurs in vollen % müßte die Deutsche Bundespost für die $5^1/_2$%ige Anleihe von 1955 ansetzen, wenn die Ratenschuld wie folgt ausgestattet ist und eine Effektivverzinsung von 5,75% gewährt werden soll?

p = 5,5%, zahlbar halbjährlich, beginnend am 1. 3. 1956
Aufgeld = 0
Tilgungsfreie Jahre = 10
Tilgungsdauer = 5 Jahre
Laufzeit der Anleihe = 15 Jahre

$$C_0 = p \cdot a'_l \qquad : 40{,}96$$
$$+ 100\left[\frac{a'_n}{n}\left(1-\frac{p}{p'}\right)+\frac{p}{p'}\right] \cdot v'^l \qquad : 56{,}75$$
$$+ \frac{p \cdot p'}{400} a'_l \qquad : 0{,}58885$$
$$+ \frac{p}{4}\left(1-\frac{a'_n}{n}\right) v'^l \qquad : 0{,}119$$
$$\underline{\underline{98{,}42\%}}.$$

(Vgl. Original-Emissionskurs C_0 = 98%.)

Beispiel: Wie hoch muß der Ausgabekurs angesetzt sein für die $5^1/_2$%ige Anleihe des Landes Berlin von 1955 folgender Ausstattung?

p = 5,5%
n = 10 Jahre
l = 5 Jahre
α = 0

Die Effektivverzinsung ist mit $p' = 5^3/_4$% angesetzt.

$$C_0 = 5{,}5 \cdot 4{,}241167 + 100\left[\frac{7{,}44805}{10}\left(1-\frac{5{,}5}{5{,}75}\right)+\frac{5{,}5}{5{,}75}\right] \cdot 0{,}75613$$
$$+ \frac{5{,}5 \cdot 5{,}75}{400} \cdot 4{,}241167 + \frac{5{,}5}{4}\left(1-\frac{7{,}44805}{10}\right) \cdot 0{,}75613$$
$$C_0 = 23{,}33 + 74{,}77 + 0{,}3353 + 0{,}2655 = \underline{98{,}70\,\%}.$$

e) Ratenschuldformeln

Tilgungs-freie Jahre	Ver-zinsung	Aufgeld	Formelausdruck
—	$^1/_2$-jährlich	—	$C_0 = 100\left[\frac{a'_n}{n}\left(1-\frac{p}{p'}\right)+\frac{p}{p'}\right]+\frac{p}{4}\left(1-\frac{a'_n}{n}\right)$
—	$^1/_2$-jährlich	$\alpha\%$	$C_0 = 100\left[\frac{a'_n}{n}\left(1-\frac{p}{p'}\right)+\frac{p}{p'}\right]+\frac{\alpha}{n}a'_n+\frac{p}{4}\left(1-\frac{a'_n}{n}\right)$
1	$^1/_2$-jährlich	$\alpha\%$	$C_0 = p\cdot a'_1 + 100\left[\frac{a'_n}{n}\left(1-\frac{p}{p'}\right)+\frac{p}{p'}\right]\cdot v'^1 + \frac{\alpha}{n}\cdot a'_n\cdot v'^1 + \frac{p\cdot p'}{400}a'_1 + \frac{p}{4}\left(1-\frac{a'_n}{n}\right)\cdot v'^1$

5. Die Kursberechnung von Annuitätenschulden

a) mit und ohne Aufgeld

Eine Annuitätenschuld kennzeichnet sich durch den jährlich gleichbleibenden Jahresbetrag, der sich aus der Tilgungsrate und den Zinsen zusammensetzt:

a) Tilgungsrate + Zinsen = konstant = Annuität = A

b) $A = \frac{k_0}{a_n}$

c) $A = T_1\cdot q^n$

d) $T_n = T_1\cdot q^{n-1}$

e) $A = T_{n+1}$ (vgl. S. 108 ff.)

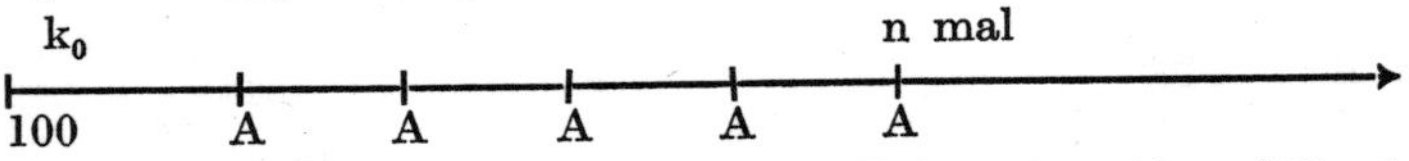

Kurs = C_0 = Barwert der zukünftigen Leistungen (Annuitäten)

$C_0 = A\cdot a'_n$

$$A = \frac{k_0}{a_n} = \frac{100}{a_n}$$

$$\boxed{C_0 = 100\,\frac{a'_n}{a_n}}$$

Ist die Anleihe mit einem Aufgeld $\alpha\%$ ausgestattet, gilt:

$$\boxed{A = \text{Tilgungsrate} + \text{Aufgeld} + \text{Zinsen} = \text{konstant.}}$$

Durch die Einschaltung des Aufgeldes hat sich die Gesamtschuld von k_0 erhöht auf:

$$\boxed{k_0 + \frac{k_0\cdot\alpha}{100} = k_0\left(1+\frac{\alpha}{100}\right) = k_0^*.}$$

Soll für die Kursberechnung einer Annuitätenschuld die

Grundformel: $C_0 = 100 \cdot \frac{a'_n}{a_n}$ auch für eine Annuitätenschuld mit Aufgeld Anwendung finden, ist zu bedenken, daß in der

Ausgangsformel, $C_0 = \frac{100\, a'_n}{a_n}$, $k_0 = 100$ sowohl der Schuldbetrag als auch der zinspflichtige Betrag ist.

In der neuen Schuld $k_0^* = (100 + \alpha)$ ist aber α nicht zinspflichtig, denn α ist nur ein Aufgeld, das in Verbindung mit der Rückzahlung gewährt wird.
Würde man in der Formel:

$$C_0 = 100 \cdot \frac{a'_n}{a_n}$$

100 durch $(100 + \alpha)$ ersetzen, so hätte man α mit zur zinspflichtigen Verbindlichkeit gemacht, d. h. die jährlichen Zinsbeträge würden zu hoch.
Eine Korrektur des Zinssatzes p ist derart erforderlich, daß die jährlichen Zinsbeträge von k_0 bei einem Zinssatz von p% sich decken mit dem Jahreszinsbetrag von k_0^* zum gesuchten Zinssatz p^*.

Also: $k_0 \cdot \frac{p}{100} = \text{Zinsen} = k_0^* \cdot \frac{p^*}{100}$

$$k_0 \cdot \frac{p}{100} = k_0 \left(1 + \frac{\alpha}{100}\right) \cdot \frac{p^*}{100}$$

$$\boxed{p^* = \frac{p}{1 + \frac{\alpha}{100}}}$$

Beispiel: Eine Schuld von 100,— DM, verzinslich zu 5,5%, wird mit einem Aufgeld von 10% zurückgezahlt. Wie hoch muß der Zinssatz p^* sein, wenn die 10% Aufgeld zur zinspflichtigen Schuld werden?

a) DM $k_0 = 100$ = Schuld
$p = 5{,}5\%$; Zinsen DM 5,50

b) DM $k_0^* = 110$; $p^* = \frac{5{,}5}{1{,}1} = \underline{5\%\ \text{Zinsen} = \text{DM}\ 5{,}50.}$

Ist also eine Annuitätenschuld mit einem Aufgeld ausgestattet, geht die Formel:

$$C_0 = 100 \cdot \frac{a'_n}{a_n} \quad \text{über in}$$

$$\boxed{C_0 = (100 + \alpha) \cdot \frac{a'_n}{a^*_n}}$$

(a^*_n bedeutet, daß der in a_n wirksame Prozentsatz p durch p^* ersetzt worden ist.)

Beispiel: Wie hoch muß der Ausgabekurs einer 5,5%igen Annuitätenschuld sein, die mit einem Aufgeld von 10% bei einer Laufzeit = Tilgungszeit von n = 10 Jahren ausgestattet ist?
Die Effektivverzinsung soll p' = 6% betragen.

$$C_0 = (100 + \alpha) \cdot \frac{a'_n}{a^*_n}; \qquad p^* = \frac{5{,}5}{1{,}1} = 5\%$$

$$C_0 = 110 \cdot \frac{7{,}36}{7{,}7217} = \underline{104{,}84\%}.$$

b) Kursberechnung einer aufgeschobenen Annuitätenschuld

Ist die Annuitätenschuld aufgeschoben, d. h. liegen vor dem Tilgungsbeginn tilgungsfreie Jahre, ergibt sich

$C_0 = p \cdot a'_l + 100 \cdot \frac{a'_n}{a_n} \cdot v'^l$	(ohne Aufgeld)
$C = p \cdot a'_l + \frac{(100 + \alpha)\, a'_n}{a^*_n} \cdot v'^l$	(mit Aufgeld)

Beispiel: Wie hoch mußte der Ausgabekurs für die 8%igen Teilschuldverschreibungen von 1953 der Badenwerk-AG, Karlsruhe, festgelegt werden, wenn folgende Daten gegeben sind?
p = 8%
Laufzeit = 12 Jahre
tilgungsfreie Jahre = 5 Jahre
Tilgungsdauer = 7 Jahre
Tilgungsart = Annuitätentilgung
Rückzahlungskurs: 102%
Effektivverzinsung: 8,5%

$$C_0 = p \cdot a'_l + (100 + \alpha) \cdot \frac{a'_n}{a^*_n} v'^l$$

$$p^* = \frac{8}{1{,}02} = 7{,}84\%$$

$$C_0 = 8 \cdot a_{8,5/5} + (100 + 2) \cdot \frac{a_{8,5/7}}{a_{7,84/7}} \cdot v^{8,5/5}$$

$$C_0 = 8 \cdot 3{,}9406 + \frac{102 \cdot 5{,}1185 \cdot 0{,}66505}{5{,}2350}$$

$$C_0 = 31{,}52 + 66{,}33 = \underline{97{,}85\%}.$$

Der tatsächliche Emissionskurs der Gesellschaft betrug C_0 = 97,5% (vgl. Rendite, Seite 162).

6. Mittlere Laufzeit und mittlerer Tilgungstermin

a) Mittlere Laufzeit einer Annuitätenschuld mit halbjährlicher Zinszahlung

Die „mittlere Laufzeit"

Würde man für eine Annuitätenschuld die halbjährlichen Zinszahlungen durch ähnliche Rechnungen wie bei den Zins- und Ratenschulden durch entsprechende Zuschläge berücksichtigen, ergäben sich in der mathematischen Entwicklung Ausdrücke, die nur mit großen Schwierigkeiten aufgelöst werden könnten. Die Transformation einer Ratenschuld in n Zinsschulden war ohne weiteres möglich, da die Zinsen der Ratenschuld eine arithmetisch fallende Reihe mit der Differenz

$\frac{p}{n}$ darstellte.

Zwar nehmen die Zinsen einer Annuitätenschuld während der Tilgungsjahre ebenfalls ab, jedoch nicht in Form einer arithmetisch fallenden Reihe.
Um die halbjährliche Zinszahlung jedoch auch bei Annuitätenschulden für die Kurs- und Renditerechnung berücksichtigen zu können, nimmt man für die finanzmathematische Auswertung die Transformation der Annuitätenschuld in eine entsprechende Zinsschuld vor.
Der „Transformator" ist die „mittlere Laufzeit".

Begriff der mittleren Laufzeit

Man denkt sich zu einer Annuitätenschuld

vom Ausgabekurs $= C_0$
der Nominalverzinsung $= p$
der Effektivverzinsung $= p'$ und
der Tilgungszeit $= n$

eine Zinsschuld

vom gleichen Ausgabekurs $= C_0$
derselben Nominalverzinsung $= p$
derselben Effektivverzinsung $= p'$

und sucht die entsprechende Laufzeit x der Zinsschuld:

die mittlere Laufzeit *(mathematische Lebensdauer)*.

Zinsschuld und Annuitätenschuld unterscheiden sich aiso in ihrer Ausstattung nur in der Laufzeit.
Die mittlere Laufzeit ist die Laufzeit der Zinsschuld, die bewirkt, daß der Ausgabekurs C_0 der Zinsschuld sich mit dem Ausgabekurs C_0 der Annuitätenschuld deckt, wobei die Übereinstimmung der Nominal- und Effektivverzinsung beider Anleihen gegeben ist; oder
die mittlere Laufzeit ist die Laufzeit der Zinsschuld, die dieselbe Effektivverzinsung aufweist wie die Annuitätenschuld, wenn p und C_0 beider Anleihen übereinstimmen.
Durch die Wertgleichheit von C_0, p und p' ist eine Verbindung zwischen beiden Anleihen geschaffen, aus der sich folgende mathematische Betrachtungen ergeben:

Zinsschuld: $C_0 = p \cdot a'_x + 100 \cdot v'^x$

Annuitätenschuld: $C_0 = 100 \cdot \frac{a'_n}{a_n}$; da

$C_0 = C_0$, ergibt sich

$$p\,a'_x + 100 \cdot v'^x = C_0 = C_0 = 100 \cdot \frac{a'_n}{a_n}$$

$$p \cdot \frac{(q'^x - 1)}{q'^x\,(q' - 1)} + 100\,v'^x = 100 \cdot \frac{a'_n}{a_n}$$

$$p \cdot \frac{(1 - v'^x)}{(q' - 1)} + 100\,v'^x = 100 \cdot \frac{a'_n}{a_n};\quad q' - 1 = \frac{p'}{100}$$

$$\frac{p \cdot (1 - v'^x) \cdot 100}{p'} + 100\,v'^x = 100\,\frac{a'_n}{a_n}$$

$$\frac{p}{p'} - \frac{p \cdot v'^x}{p'} + v'^x = \frac{a'_n}{a_n}$$

$$\frac{p}{p'} + v'^x\left(1 - \frac{p}{p'}\right) = \frac{a'_n}{a_n}$$

$$v'^x \cdot \left(1 - \frac{p}{p'}\right) = \frac{a'_n}{a_n} - \frac{p}{p'} = \frac{a'_n \cdot p' - a_n \cdot p}{a_n \cdot p'}$$

$$v'^x = \frac{a'_n \cdot p' - a_n \cdot p}{a_n \cdot p'\left(1 - \frac{p}{p'}\right)} = \frac{a'_n \cdot p' - a_n \cdot p}{a_n\,(p' - p)}$$

$$x \cdot \log v' = \log \text{Zähler} - \log \text{Nenner}$$

$$x = \text{mittlere Laufzeit} = \frac{\log \text{Zähler} - \log \text{Nenner}}{\log v'}$$

oder

$$\boxed{x = \frac{\log Z - \log N}{\log v'} = \frac{\log N - \log Z}{\log q'}}$$

$$Z = p' \cdot a'_n - p \cdot a_n$$
$$N = a_n\,(p' - p)$$

Das heißt also:

Eine Annuitätenschuld mit der Laufzeit von n Jahren wird ersetzt durch eine Zinsschuld mit der Laufzeit x = mittlere Laufzeit.

Grundsätze für die Anwendung der mittleren Laufzeit

1. Die mittlere Laufzeit ermöglicht für finanzmathematische Betrachtungen die Umwandlung einer Annuitätenschuld in eine Zinsschuld. Die Transformation ist notwendig, wenn der Mehrerlös infolge der halbjährlichen Zins-

zahlungen aus der Annuitätenschuld in die Gesamtrechnung einkalkuliert werden soll.

2. Ist die Annuitätenschuld aufgeschoben, berechnet man die mittlere Laufzeit ohne Berücksichtigung der tilgungsfreien Jahre und erhöht den Wert x anschließend um die tilgungsfreien Jahre l.
3. Soweit die Annuitätenschuld mit einem Aufgeld ausgestattet ist, wird dieses Agio in der Zinsschuld berücksichtigt.
4. Dieser mathematische Begriff der mittleren Laufzeit weicht häufig von dem der Praxis ab, die gelegentlich diesen Ausdruck für die „durchschnittliche" Laufzeit, für die durchschnittliche Lebensdauer eines Papieres verwendet (vgl. Seite 153, Fußnote).

Vergleichsbeispiel:

Wie hoch ist der Ausgabekurs C_0 einer Annuitätenschuld, wenn

$p = 5\%$
$p' = 6\%$
$n = 5$ Jahre betragen?

a) Direkte Berechnung auf Grund der Annuitätenformel:

$$C_0 = 100 \cdot \frac{a'_n}{a_n} = 100 \cdot \frac{a_{6/5}}{a_{5/5}} = \frac{4{,}21236}{4{,}329477} = \underline{97{,}3\%}.$$

b) Indirekte Berechnung mit Hilfe der mittleren Laufzeit:

$$\text{mittlere Laufzeit } x = \frac{\log [a_n (p' - p)] - \log (p'a'_n - p \cdot a_n)}{\log q'}$$

$$= \frac{\log [a_{5/5} (6-5)] - \log (6 \cdot a_{6/5} - 5\ a_{5/5})}{\log 1{,}06}$$

$$= \frac{\log 4{,}3295 - \log 3{,}60}{\log 1{,}06} = \frac{0{,}0801}{0{,}0253} = \underline{3{,}16}.$$

In der Praxis ist es üblich, die errechnete mittlere Laufzeit auf volle Jahre auf bzw. abzurunden (vgl. Rendite, Seite 162). Die durch die Auf- bzw. Abrundung entstehende geringe Ungenauigkeit nimmt man in Kauf.

Damit ist die ursprüngliche Frage nach dem Ausgabekurs einer Annuitätenschuld umgewandelt in die Frage nach dem Kurs C_0 einer $p\%$igen Zinsschuld mit der Laufzeit $n = x = 3$, bei einer Effektivverzinsung von $p' = 6\%$:

$$C_0 = p \cdot a'_n + 100\ v' = 5\ a_{6/3} + 100\ v^{6/3}$$
$$C_0 = 5 \cdot 2{,}673012 + 100 \cdot 0{,}83962 = \underline{97{,}327\%}.$$

Anwendung der mittleren Laufzeit

für die Berücksichtigung der halbjährlichen Zinszahlung bei Annuitätenschulden

Der Begriff der mittleren Laufzeit hat mathematisch die Annuitätenschuld in eine Zinsschuld umgewandelt, so daß für eine halbjährliche Verzinsung auch der Kurszuschlag einer Zinsschuld unter Ansatz der mittleren Laufzeit verwendet werden kann;

aus $$Z = \frac{p \cdot p'}{400} a'_n \quad \text{wird} \quad \frac{p \cdot p'}{400} a'_x.$$

Aus obigem Beispiel ergibt sich also der endgültige Kurs bei halbjährlicher Zinszahlung:

$$C_0 = 97{,}33 + Z; \quad Z = \frac{p \cdot p'}{400} \cdot a'_x = \frac{5 \cdot 6}{400} \cdot a_{6/3}$$

$$= \frac{30}{400} \cdot 2{,}673012 = 0{,}200475$$

$$C_0 = 97{,}33 + 0{,}2005 = \underline{97{,}53\%}.$$

Ist die Annuitätenanleihe aufgeschoben, erhöht sich die mittlere Laufzeit um die
Anzahl der tilgungsfreien Jahre: l
Laufzeit der Zinsschuld: x + l.

Beispiel: Wie hoch ist der Ausgabekurs einer um 10 Jahre aufgeschobenen 5%igen Annuitätenschuld, die bei einer Tilgungszeit von 15 Jahren 6% effektiv erbringen soll?

Daten: $p = 5\%$
$p' = 6\%$
$C_0 = ?$
$l = 10$ Jahre
$n = 15$ Jahre
Laufzeit 25 Jahre

1. Direkte Berechnung (jährliche Zinszahlung):

$$C_0 = p \cdot a_{6/10} + 100 \cdot \frac{a_{6/15}}{a_{5/15}} v^{6/10}$$

$$C_0 = 5 \cdot 7{,}36 + 100 \cdot \frac{9{,}712249}{10{,}37966} \cdot 0{,}55839 = 36{,}80 + 52{,}25 = \underline{89{,}05\%}.$$

2. Berechnung von C_0 durch Anwendung der mittleren Laufzeit (halbjährliche Zinszahlung):

$$\text{Laufzeit} = x + l = \frac{\log [a_{5/15} (6-5) - \log (6 \cdot a_{6/15} - 5 \cdot a_{5/15})]}{\log 1{,}06} + 10 =$$

$$= 18{,}37, \text{ abgerundet auf } x + l = \underline{18 \text{ Jahre}}.$$

$$C_0 = p \cdot a'_n + 100\, v'^n$$
$$C_0 = 5\, a_{6/18} + 100\, v^{6/18}$$
$$C_0 = 54{,}13 + 35{,}03 = \underline{89{,}16}.$$

(Die Differenz zwischen 89,05 und 89,16 erklärt sich aus der Abrundung der mittleren Laufzeit von 18,37 auf 18 Jahre.)

Zuschlag für die halbjährliche Verzinsung:

$$Z = \frac{p \cdot p'}{400} a'_n = \frac{5 \cdot 6}{400} a_{6/18} = \frac{30}{400} \cdot 10{,}827603 = 0{,}812$$

$$C_0 = 89{,}16 + 0{,}812 = \underline{89{,}97}.$$

Beispiel: Wie hoch ist der Ausgabekurs einer 5,5%igen Annuitätenschuld mit einer Laufzeit von 20 Jahren, 12 tilgungsfreien Jahren, einer Effektivverzinsung von 6% und einem Aufgeld von 10% (halbjährliche Zinszahlung)?

$p = 5{,}5\%$
$p' = 6\%$
$l = 12$ Jahre
$n = 8$ Jahre
$\alpha = 10\%$
$p^* = 5\%$

1. Direkte Ermittlung (jährliche Zinszahlung):

$$C_0 = p \cdot a'_l + (100 + \alpha) \frac{a'_n}{a^*_n} \cdot v'^l$$

$$C_0 = 5{,}5 \cdot 8{,}383844 + 110 \cdot \frac{6{,}209794}{6{,}463213} \cdot 0{,}496\,969 = \underline{98{,}64\%}.$$

2. Ermittlung von C_0 mit Anwendung der mittleren Laufzeit (halbjährliche Zinszahlung):

$$\text{Laufzeit} = x + l = \frac{\log [a_{5,5/8}(6-5{,}5)] - \log (6 \cdot a_{6/8} - 5{,}5\, a_{5,5/8})}{\log 1{,}06} + 12$$

$$= 16{,}6; \text{ aufgerundet auf } \underline{17 \text{ Jahre}}.$$

$$C_0 = p \cdot a_{6/17} + (100 + \alpha)\, v^{6/17}$$
$$C_0 = 5{,}5 \cdot 10{,}477260 + 110 \cdot 0{,}371364$$
$$C_0 = 57{,}62 + 40{,}85 = \underline{98{,}47\%}$$
$$Z = \underline{0{,}864\%}$$
$$C_0 = 98{,}47 + 0{,}864 = \underline{99{,}33\%}.$$

b) Mittlere Laufzeit einer Ratenschuld

Die komplizierte Kursformel für Ratenschulden kann dadurch umgangen werden, daß man die Ratenschuld in eine zinsgleiche Zinsschuld mit der mittleren Laufzeit x transformiert.

Entsprechend den Betrachtungen über die Annuitätenschuld ergibt sich die mittlere Laufzeit für Ratenschulden:

$$\text{a) } p\, a'_x + 100 \cdot v'^x = 100 \left[\frac{a'_n}{n}\left(1 - \frac{p}{p'}\right) + \frac{p}{p'}\right]$$

$$\frac{p \cdot (1 - v'^x) \cdot 100}{p'} + 100\, v'^x = 100 \left[\frac{a'_n}{n}\left(1 - \frac{p}{p'}\right) + \frac{p}{p'}\right]$$

$$\frac{p}{p'} - \frac{p}{p'} v'^x + v'^x = \frac{a'_n}{n}\left(1 - \frac{p}{p'}\right) + \frac{p}{p'}$$

$$\frac{p}{p'} + v'^x\left(1 - \frac{p}{p'}\right) = \frac{a'_n}{n}\left(1 - \frac{p}{p'}\right) + \frac{p}{p'}$$

$$v'^x = \frac{a'_n}{n}$$

$$x \log v' = \log a'_n - \log n$$

$x = \frac{\log a'_n - \log n}{\log v'}$	= mittlere Laufzeit
$x = \frac{\log n - \log a'_n}{\log q'}$	= mittlere Laufzeit

b) Ist die Ratenschuld um l Jahre aufgeschoben, erhöht sich die mittlere Laufzeit auf $x + l$ Jahre.

c) Soweit ein Aufgeld α% gewährt wird, ist in der Zinsschuldformel $k_0 = 100$ durch $(100 + \alpha)$ ersetzt.

d) Halbjährliche Zinszahlung bei Ratenschulden wird dadurch berücksichtigt, daß für die halbjährliche Verzinsung der Kurszuschlag einer Zinsschuld unter Ansatz der mittleren Laufzeit verwendet wird.

Beispiel: Wie hoch muß der Ausgabekurs angesetzt sein für die $5^1/_2$%ige Anleihe des Landes Berlin von 1955 folgender Ausstattung?

p = 5,5%, halbjährliche Zinszahlung
n = 10 Jahre
l = 5 Jahre
a = 0
p' = $5^3/_4$%.

a) Nach der Ratenschuldformel ergibt sich ein Kurs von $\underline{C_0 = 98{,}70\,\%}$

b) Transformation in eine zinsgleiche Zinsschuld mit der mittleren Laufzeit x:

$$x = \frac{\log n - \log a'_n}{\log q'} = \frac{\log 10 - \log 7{,}4481}{\log 1{,}0575}$$

$$x = \frac{1 - 0{,}87204}{0{,}02428} = \underline{5{,}27 \text{ Jahre}} = \underline{5 \text{ Jahre } 3 \text{ Monate}} \text{ (abgerundet)}$$

Zinsschuld: $C_0 = p\, a'_{x+l} + 100\, v'^{x+l} + \frac{p \cdot p'}{400} a'_{x+l}$

$x + l = 10$ J. 3 M. (muß jeweils durch Interpolation in die Rechnung einbezogen werden).

$$C_0 = 5{,}5 \cdot 7{,}5833 + 100 \cdot 0{,}5639 + \frac{5{,}5 \cdot 5{,}75}{400} \cdot 7{,}5833$$

$$C_0 = 41{,}71 + 56{,}39 + 0{,}60 = \underline{98{,}70\,\%.}$$

Tabelle für die mittleren Laufzeiten für Ratenschulden

Tilgungsdauer	Effektivzinssatz: %							
	4		5		6		7	
	Mittlere Laufzeit*):							
	Ja	Mo	Ja	Mo	Ja	Mo	Ja	Mo
5	3	—	2	11	2	11	2	11
6	3	5	3	5	3	5	3	5
7	3	11	3	11	3	11	3	10
8	4	5	4	4	4	4	4	4
9	4	10	4	10	4	10	4	9
10	5	4	5	4	5	3	5	3
11	5	10	5	9	5	9	5	8
12	6	3	6	3	6	2	6	1
13	6	9	6	8	6	7	6	6
14	7	2	7	1	7	—	6	11
15	7	8	7	7	7	6	7	4

*) Die mittleren Laufzeiten sind zu vollen Monaten auf- bzw. abgerundet.

c) Der mittlere Tilgungstermin

Der mittlere Tilgungstermin für nicht aufgeschobene Tilgungsanleihen ergibt sich als arithmetisches Mittel aus der kürzesten und längsten Tilgungsfrist: $\frac{n+1}{2}$; bei aufgeschobenen Tilgungsanleihen erhöht sich dieser Wert um die Anzahl der tilgungsfreien Jahre l: $\frac{n+1}{2} + l$.

Der mittlere Tilgungstermin ist bedeutsam für die Berechnung von Renditen (vgl. S. 157).

7. Leitsätze und Formelübersicht

Leitsätze:

1. Der Kurs C_0 ist der Barwert aller zukünftigen Leistungen (Tilgung, Verzinsung, Aufgeld) unter Abzinsung zum Effektivzinsfuß, ausgedrückt in % des Nominalwertes.
2. Die Kurse C_0 bis C_{n-1} einer Anleihe steigen und nähern sich dem Rückzahlungskurs.
3. Decken sich Nominal- und Effektivverzinsung, so sind die Kurse C_0 bis C_n gleich.
4. Der rechnerische Kurs einer Anleihe hängt von der Höhe der Nominal- und Effektivverzinsung, der Höhe des Aufgeldes und der Laufzeit ab.
5. Je kürzer die Laufzeit einer Anleihe bei fester Effektivverzinsung gehalten ist, desto höher wird der Kurs C_0 (Emissionskurs).
6. Je kürzer die Laufzeit bei festem Kurs gehalten ist, desto höher wird die Effektivverzinsung.

Formeln:

1. Zinsschuld:

$$C_0 = p \cdot a'_n + 100\, v'^n \quad \text{(ohne Aufgeld)}$$

$$C_0 = p \cdot a'_n + (100 + \alpha)\, v'^n \quad \text{(mit Aufgeld)}$$

$$Z = \frac{p \cdot p'}{400}\, a'_n = \text{Kurszuschlag}$$

2. Ratenschuld:

$$C_0 = 100 \left[\frac{a'_n}{n}\left(1 - \frac{p}{p'}\right) + \frac{p}{p'}\right] \quad \text{(ohne Aufgeld)}$$

$$C_0 = 100 \left[\frac{a'_n}{n}\left(1 - \frac{p}{p'}\right) + \frac{p}{p'}\right] + \frac{\alpha}{n}\, a'_n \quad \text{(mit Aufgeld)}$$

$$C_0 = p\, a'_l + 100 \left[\frac{a'_n}{n}\left(1 - \frac{p}{p'}\right) + \frac{p}{p'}\right] v'^l + \frac{\alpha}{n}\, a'_n \cdot v'^l \quad \text{(aufgeschobene Ratenschuld mit Aufgeld)}$$

$$Z = \text{Kurszuschlag} = \frac{p}{4}\left(1 - \frac{a'_n}{n}\right) \quad \text{(für halbjährliche Zinszahlung)}$$

$$Z = \frac{p \cdot p'}{400}\, a'_l + \frac{p}{4}\left(1 - \frac{a'_n}{n}\right) \cdot v'^l \quad \text{(für halbjährliche Zinszahlung bei aufgeschobener Tilgung)}$$

3. Annuitätenschuld:

$$C_0 = 100 \cdot \frac{a'_n}{a_n} \quad \text{(ohne Aufgeld)}$$

$$C_0 = (100 + \alpha) \cdot \frac{a'_n}{a^*_n} \quad \text{(mit Aufgeld)}$$

$$p^* = \frac{p}{\left(1 + \frac{\alpha}{100}\right)}$$

$$C_0 = p \cdot a'_l + 100 \cdot \frac{a'_n}{a_n}\, v'^l \quad \text{(aufgeschobene Tilgung ohne Aufgeld)}$$

$$C_0 = p \cdot a'_l + (100 + \alpha)\, \frac{a'_n}{a^*_n}\, v'^l \quad \text{(aufgeschobene Tilgung mit Aufgeld)}$$

$$Z = \frac{p \cdot p'}{400} \cdot a'_x = \text{Kurszuschlag unter Verwendung der mittleren Laufzeit x.}$$

XIII. Renditen von Anleihen und Aktien

Bei der Ermittlung des Emissionskurses einer Anleihe sind weder der zukünftige Erwerber noch der Wertpapiermarkt direkt beteiligt. Der Emissionskurs als errechneter Wert der Anleihe ist kein Marktpreis. Der Ausgabekurs soll sich nach der Börseneinführung des Papieres erst als Marktpreis auf Grund von Angebot und Nachfrage bestätigen. Die Herausgeber des Papieres werden die Effekten so ausstatten, daß die Nachfrage nach dem Papier auch über die Emission hinaus anhält.

Die Kapitalanlage in Wertpapieren soll sich lohnen, rentieren. Für die Gewinnung eines Urteils über das Wertpapier muß es bewertet werden; Maßstab für die Bewertung ist die Rendite der Anleihe im Vergleich zu dem Zinssatz für sonstige langfristige Kapitalanlagen. Gewährt die Anleihe eine Effektivverzinsung über die landesübliche Verzinsung hinaus, wird die Nachfrage nach dem Papier recht rege sein; andernfalls kann das Angebot auf dem Markt überwiegen. (Bei diesen Betrachtungen ist von dem Moment der Sicherheit für die Rückerstattung des Kapitals usw. abgesehen.)

1. Begriff der Rendite

Bei der Bewertung, d. h. der Ermittlung der Renditen von Raten- und Annuitätenschulden, ist deutlich zu unterscheiden zwischen:

a) der Gesamtrendite der Anleihe und
b) den Stückrenditen (Individualrenditen).

Wie noch nachzuweisen sein wird — jedoch aus der Kursrechnung bereits zu ersehen ist —, hängt die Höhe der Rendite wesentlich von der Laufzeit ab.

Sowohl bei Raten- als auch bei Annuitätenschulden erfolgt die Tilgung nicht zu einem einzigen Stichtage, sondern sie ist auf eine Reihe von Jahren verteilt. Die in den einzelnen Jahren zu tilgenden Stücke werden durch das Los bestimmt, so daß die Laufzeit einzelner Stücke

sehr unterschiedlich ist und
im voraus nicht bestimmt werden kann.

Infolge der Abhängigkeit der Rendite von der Laufzeit des Stückes ergibt sich — obwohl alle Stücke grundsätzlich mit gleichen Rechten ausgestattet sind —, daß die Renditen der einzelnen Stücke voneinander abweichen müssen. Erst nachträglich, nach erfolgter Auslosung, kann der Inhaber des Stückes feststellen, welche Rendite einem einzelnen Stück zugefallen ist.

Im voraus ist nur der Renditenbereich zu erkennen, innerhalb dessen sich alle speziellen Stückrenditen bewegen werden.

Die Extrempunkte dieses Bereiches sind bestimmt durch:

a) die Höchstrendite p'_H: sie ist die Effektivverzinsung des Stückes, das zum ersten Tilgungstermin zurückgezahlt wird;

b) die Mindestrendite p'_{Mi}: sie ist die Effektivverzinsung des Stückes, das zum letzten Rückzahlungstermin getilgt wird.

Alle übrigen Renditen liegen zwischen p'_H und p'_{Mi}.

Die Differenz zwischen p'_H und p'_{Mi} gibt den Schwankungsbereich der Renditen einer Anleihe an.

Die Gesamtrendite p' ist die durchschnittliche Effektivverzinsung, die der Erwerber der gesamten Anleihe für die gesamte Laufzeit erzielen würde.

Die häufig in den Verkaufsangeboten enthaltenen Angaben über die Effektivverzinsung sprechen die Gesamtrendite an und könnten bei den Erwerbern der Anleihe den Eindruck erwecken, die angegebene Rendite sei eine tatsächliche Verzinsung, die dem Erwerber eines einzelnen Stückes zugesagt sei; z. B.:

a) Inhaberschuldverschreibungen von 1950 der Nordwestdeutschen Kraftwerke-AG, Hamburg,
„..... die Effektivverzinsung beträgt ..... 6,23% .....“;

b) 5,5%ige Inhaberschuldverschreibungen von 1950 der Hamburger Hochbahn-AG,
„..... die Effektivverzinsung beträgt 6,11% .....“;

c) Pfälzische Hypothekenbank, Ludwigshafen a. Rh.,
5%ige Kommunalpfandbriefe, Reihe 11,
„..... Rendite auf längste Laufzeit 5,52% .....“.

Die meisten Institutionen verzichten in ihren Verkaufsangeboten darauf, die Rendite anzusprechen, weil

1. die Angabe der Gesamtrendite für den Laienerwerber irreführend sein könnte,

2. die Renditen einzelner bestimmter Stücke im voraus nicht zu ermitteln sind, und

3. manche ausgebenden Institutionen sich vorbehalten, die Laufzeit (wenn auch im allgemeinen unerheblich) durch vorzeitigen Rückkauf zu verkürzen, so daß präzise Angaben über die Gesamtrendite nicht gemacht werden können.

Bei Zinsschulden mit nur einem Rückzahlungstermin für die gesamte Schuld decken sich Gesamtrendite und Stückrendite. Die Rendite ist im voraus bestimmbar, soweit die Laufzeit als endgültig festgelegt gilt.

Für den Erwerber eines Anleihestückes ist es außerordentlich bedeutsam, im voraus zu wissen, welche Durchschnittsrendite er zu erwarten hat und welche Abweichungen nach oben und unten einzukalkulieren sind.

Der Erwerber einer Anleihe muß ferner beachten, daß seine Bruttorendite steuerlichen Belastungen unterliegt. Die Zinsen der an den Börsen gehandelten Rentenwerte werden steuerlich verschieden behandelt.

1. Steuerfreie Renten:

Zur Förderung des Kapitalmarktes sind Zinsen aus bestimmten festverzinslichen Wertpapieren einkommensteuer- bzw. körperschaftsteuerfrei. § 3a EStG nennt die einzelnen Wertpapiere. Es fallen z.B. unter diese Vorschrift:

Pfandbriefe und Kommunalschuldverschreibungen, die dem sozialen Wohnungsbau dienen;

Schatzanweisungen und festverzinsliche Schuldverschreibungen des Bundes und der Länder mit einer Laufzeit von mindestens drei Jahren unter bestimmten

Voraussetzungen;
bestimmte förderungswürdige Anleihen, die vor dem 1. 1. 1955 ausgegeben worden sind.

2. Steuerbegünstigte Renten:

Zinsen aus bestimmten, in § 43 EStG genannten festverzinslichen Wertpapieren — hier handelt es sich im wesentlichen um Wertpapiere, die der Gesetzgeber als förderungswürdig hält — unterliegen nicht der tariflichen Einkommensteuer, sondern der Kapitalertragsteuer in Höhe von 30 %. Die Kapitalertragsteuer ist eine Abart der Einkommensteuer, die nicht veranlagt, sondern (wie die Lohnsteuer) sofort abgezogen wird, so daß der Wertpapierbesitzer nur die Nettoerträge erhält. Der Herausgeber der Anleihe behält also 30 % der Zinsen ein und führt sie an das Finanzamt ab. Mit den 30 % Kapitalertragsteuer ist die gesamte Einkommensteuer abgegolten, falls der Steuerpflichtige dies wünscht.

Diese Regelung ist für den Steuerpflichtigen immer dann vorteilhaft, wenn der für ihn in Frage kommende tarifliche Steuersatz über 30 % liegt. Beträgt dieser jedoch weniger als 30 % so wird der Wertpapierbesitzer den Antrag stellen, die Erträge in die Veranlagung einzubeziehen und die bereits abgezogene Kapitalertragsteuer auf die veranlagte Gesamtsteuer anzurechnen.

3. Tarifbesteuerte Renten:

Die Erträge aller übrigen Rentenwerte werden nach Tarif besteuert, d.h., sie werden als Einkünfte aus Kapitalvermögen (§ 20 EStG) in die Veranlagung einbezogen. Hier kommt nur der Abzug von Werbungskosten und des Sparerfreibetrages in Frage.

2. Die Rendite von Zinsschulden

a) Mathematische Berechnungsmethode:

Während bei der Kursberechnung Nominal- und Effektivverzinsung, Laufzeit bzw. Aufgeld gegeben waren, um den Emissionskurs zu ermitteln, ist dem Käufer hier der Kurs bekannt. Er interessiert sich für die Höhe der tatsächlichen Verzinsung.

Aus der Formel:

$$C_0 = p \cdot a'_n + (100 + \alpha) \cdot v'^n$$

ist also das in a'_n und v'^n wirkende p' zu ermitteln. Die Gleichungen müßten nach p' aufgelöst werden. Da die Auflösung mathematisch sehr schwierig ist, verzichtet man darauf und hat ein Näherungsverfahren entwickelt, das mit hinreichender Genauigkeit den Wert p' errechnen läßt.

Näherungsverfahren:

Man schätzt 2 Renditen, die in der Nachbarschaft der wirklichen Rendite liegen, errechnet unter Beachtung der halbjährlichen Zinszahlung die zu den geschätzten Renditen gehörenden Kurswerte C_0 und führt die einfache Interpolation (Zwischenwertrechnung) auf den gegebenen Kurs durch.

Ist z. B. eine Zinsschuld gegeben mit

$$C_0 = 95\%$$
$$p = 5\%$$
$$n = 10 \text{ Jahre, Zinszahlung halbjährlich,}$$

und soll die Rendite errechnet werden, so weiß man, daß $p' > p = 5\%$ ist. Da dem Erwerber meistens eine Rendite in Höhe langfristiger Kapitalanlagen gewährt werden soll, weiß man auch, wie hoch p' ungefähr sein wird:

a) Man schätzt also zunächst p' auf 6%. Der Wert 6% für p' wird eingesetzt in die Formel:

$$C_0 = p \cdot a_{6/10} + 100\, v^{6/10}$$
$$C_0 = 5 \cdot 7{,}36 + 100 \cdot 0{,}5584$$
$$C_0 = 36{,}80 + 55{,}84 = 92{,}64\%$$

$$Z = \text{Kurszuschlag} = \frac{p \cdot p'}{400}\, a'_n = \frac{30}{400} \cdot 7{,}36 = 0{,}552$$

$$C_0 = 92{,}64 + 0{,}552 = \underline{93{,}19\%};$$

d. h. bei einer Rendite von $p' = 6\%$ hätte der Ausgabekurs $C_0 = 93{,}19\%$ lauten müssen.

C_0 beträgt aber 95%; die Rendite muß also unter 6% liegen.

b) Versuch mit p' = 5,5% :

$$C_0 = p \cdot a_{5,5/10} + 100 \cdot v^{5,5/10}$$
$$C_0 = 5 \cdot 7{,}53763 + 100 \cdot 0{,}5854$$
$$C_0 = 37{,}69 + 58{,}54 = 96{,}23\%$$
$$Z = \frac{5 \cdot 5{,}5}{400} \cdot 7{,}53763 = 0{,}518$$
$$C_0 = 96{,}23 + 0{,}52 = \underline{96{,}75\%};$$

d. h. also, die Rendite muß größer sein als 5,5%.

c) Der Wert für p' für $C_0 = 95\%$ ergibt sich durch einfache Interpolation.
Der Rendite von p' = 5,5% entspricht ein Kurs C_0 von 96,75%
„ „ „ p' = 6,0% „ „ Kurs C_0 „ 93,19%

Der Renditen-Differenz von 0,5% entspricht eine Differenz von 3,56% im Kurs; gesucht wird p' für $C_0 = 95\%$:

$$3{,}56 \to 0{,}5$$
$$1{,}75 \to \frac{0{,}5 \cdot 1{,}75}{3{,}56} = 0{,}246$$

d. h. $p' = 5{,}5\% + 0{,}246\% = \underline{5{,}746\%}$.

Praktisches Beispiel der Renditenberechnung einer Zinsschuld

Die 5,5%ige *Anleihe der Lastenausgleichsbank* von 1955 war wie folgt ausgestattet:

Verzinsung:	jährlich 5,5%. Die Zinsen sind halbjährlich nachträglich am 1. Februar und 1. August jeden Jahres fällig.
Laufzeit:	Die Laufzeit beträgt 12 Jahre. Die Anleihe wird am 1. August 1967 zum Nennwert zurückgezahlt.
Zeichnungskurs:	97,5%.

Ausgabedatum der Anleihe: 1. August 1955.

a) p' = 6% (geschätzt)

$$C_0 = 5{,}5 \cdot a_{6/12} + 100\, v^{6/12}$$
$$C_0 = 5{,}5 \cdot 8{,}383844 + 100 \cdot 0{,}49697$$
$$C_0 = 46{,}11 + 49{,}697 = 95{,}807\%$$
$$Z = \frac{5{,}5 \cdot 6 \cdot 8{,}3838}{400} = 0{,}6919$$
$$C_0 = 95{,}807 + 0{,}6919 = 96{,}5\% \quad \text{also}$$

$\underline{p' < 6\%}$.

b) $p' = 5{,}75\%$

$$C_0 = 5{,}5 \cdot 8{,}49996 + 100 \cdot 0{,}51125$$

$$C_0 = 46{,}75 + 51{,}125 = 97{,}875\%$$

$$Z = \frac{5{,}5 \cdot 5{,}75}{400} \cdot 8{,}49996 = 0{,}672$$

$$C_0 = 97{,}875 + 0{,}672 = 98{,}55\%$$

$$\underline{p' > 5{,}75\%.}$$

c) Interpolation:

$$5{,}75 \rightarrow 98{,}55$$

$$\underline{6{,}0 \rightarrow 96{,}50}$$

$$0{,}25 \rightarrow 2{,}05$$

$$1\% \rightarrow \frac{0{,}25 \cdot 1}{2{,}05} = 0{,}12$$

$$p' = 6 - 0{,}12 = \underline{5{,}88\%.}$$

Die Rendite von Zinsschulden ist, soweit der in den Anleihebestimmungen aufgenommene Rückzahlungstermin endgültig festgelegt ist, die

> Gesamtrendite = Stückrendite = Höchstrendite = Mindestrendite.

b) Die Faustregeln der Praxis — das Bankenverfahren

In der Bankpraxis verzichtet man gelegentlich auf die mathematische Genauigkeit für die Renditeberechnung zugunsten einer schnellen Ergebnismöglichkeit. Die in der Praxis häufig zur Anwendung kommenden Faustformeln lauten:

Faustregel I (F_1):

$$\text{Rendite} = p'_{F1} = \frac{p \cdot 100}{C_0} + \frac{C_n - C_0}{n}$$

Diese Formel enthält zwei Komponenten:

1. $\frac{p \cdot 100}{C_0}$; d. h. man betrachtet die Zinsen p aus der Zinsschuld als Zinsen des Kapitals C_0 und ermittelt anhand der einfachen Zinsformel den Prozentsatz bei einem Ausgangskapital von $k_0 = C_0$;
2. die Differenz zwischen dem Rückzahlungskurs C_n und dem Ausgabekurs C_0 verteilt man gleichmäßig auf die Laufzeit; das ergibt einen Zuschlag von $\frac{C_n - C_0}{n}$.

Die Formel vereint also in einer Gleichung Rechnungselemente sowohl einer ewigen als auch einer Zeitrente. Die Verrechnung ist nicht zu vertreten; jedoch bewährt sich die Formel zum Teil in der Praxis; insbesondere liefert sie einen annehmbaren Annäherungswert für Anleihen mit langer Laufzeit. Beträgt eine Laufzeit nur wenige Jahre, entstehen zu große Abweichungen vom genauen Wert.

Diese Faustregel der Banken kann verfeinert werden, wenn man die Differenz $C_n - C_0$ auf den Ausgangskurs C_0 bezieht. Es ergibt sich dann

Faustregel II (F_2):

$$p'_{F2} = \frac{p \cdot 100}{C_0} + \frac{(C_n - C_0)\, 100}{n \cdot C_0}$$

Insbesondere Hypothekenbanken bevorzugen für die Berechnung der Effektivverzinsung die Formel einer reinen ewigen Rente:

Faustregel III (F_3):

$$p'_{F3} = \frac{p \cdot 100}{C_0}$$

ohne den Kursgewinn $C_n - C_0$ zu berücksichtigen.

Manche Banken trennen die Begriffe Effektivverzinsung und Rendite und verstehen unter Effektivverzinsung die wirkliche Verzinsung ohne Berücksichtigung der Laufzeit und des Kursgewinnes (Faustregel III) und unter Rendite die wirkliche Verzinsung einschl. des auf die Laufzeit verteilten Kursgewinnes (Faustregel I und II).

Diese Faustregeln wendet man nicht nur auf Zinsschulden an, sondern ebenfalls auf Raten- und Annuitätenschulden, ohne die besonderen Tilgungsarten zu berücksichtigen. Bei aufgeschobenen Anleihen beträgt die Laufzeit $l + n$ Jahre.

Beispiele: Für die Renditeermittlung ($p' = 5{,}88\%$) im letzten Beispiel ergeben sich nach den Faustregeln:

a) $$p'_{F1} = \frac{p \cdot 100}{C_0} + \frac{C_n - C_0}{n}$$

$$p'_{F1} = \frac{5{,}5 \cdot 100}{97{,}5} + \frac{100 - 97{,}5}{12} = \underline{5{,}85\%} = \text{Rendite.}$$

Aus den Renditen (Effektivverzinsung) leiten sich die Nettoverzinsungen durch Abzug der Spesen und Steuern ab:

Rendite z. B.	= 5,88%
— Steuern (Kapitalertragsteuer)	= 1,76%
	4,12% = Nettoverzinsung.

b) $$p'_{F2} = \frac{5{,}5 \cdot 100}{97{,}5} + \frac{(100 - 97{,}5) \cdot 100}{12 \cdot 97{,}5} = \underline{5{,}854\%} = \text{Rendite.}$$

Rendite	= 5,854%
— Kapitalertragsteuer	= 1,756%
	4,098% = Nettoverzinsung.

c) $$p'_{F3} = \frac{5{,}5 \cdot 100}{97{,}5} = \underline{5{,}64\%} = \text{Effektivverzinsung}$$

Rendite	= 5,64%
— Kapitalertragsteuer	= 1,69%
	3,95% = Nettoverzinsung.

c) Vergleichsbeispiele aus der Praxis

Die Kreditinstitute geben in vielen Fällen bei der Emission ihrer Anleihen (Zinsschulden) die Effektivverzinsung (Rendite) bzw. die Nettoverzinsung an. Anhand der folgenden Beispiele soll untersucht werden, welche Rechnungsmethode von den einzelnen Kreditinstituten benutzt worden ist und in welchem Umfange die gegebenen Daten von der mathematisch genauen Rendite abweichen.

Es werden folgende Bezeichnungen verwendet:

p'_M = Rendite, mathematisch berechnet, ganzjährliche Verzinsung

p'_{MH} = „ „ „ , halbjährliche „

p_{F1} = Rendite, nach der Faustregel I berechnet

p_{F2} = „ „ „ „ II „

p_{F3} = ewige Rente „ „ III.

Pfälzische Hypothekenbank
Ludwigshafen a. Rh.

1. Neuemissionen:

DM 10000000,—, 5,5%ige Pfandbriefe, *Reihe 54*

Ausgabekurs:	99%
Zinsscheine:	1. 4./1. 10., erstmalig 1. 4. 1955
Laufzeit:	unkündbar bis 30. 9. 1959; späteste Fälligkeit 30.9.1984
Rendite:	steuerfreier Nettozins auf den Kaufpreis: 5,56%; Rendite auf längste Laufzeit: 5,59%

Ausstattung:	Angebotene Rendite: 5,59%
$p = 5{,}5$ $n = 30$ Jahre $C_0 = 99\%$ $\alpha = 0$	$p'_M = 5{,}57\%$ $p'_{MH} = 5{,}65\%$ $p'_{F1} = 5{,}59\%$ $p'_{F2} = 5{,}594\%$ $p'_{F3} = 5{,}56\%$ Nettoverzinsung auf 5,59% = 5,56%

Deutsche Hypothekenbank
Bremen

Mit Genehmigung des Bundesministers für Wirtschaft begeben wir mündelsichere und lombardfähige steuerbegünstigte

DM 10000000,—

8% ige Kommunal-Schuldverschreibungen zum Kurse von

98%

unter Verrechnung von Stückzinsen, frei von Spesen und Börsenumsatzsteuer für den Ersterwerber.

Von diesen Schuldverschreibungen gelangen zunächst DM 5000000,— zur Ausgabe.

Rendite 5,81 v. H.,

die sich bei steuerbegünstigtem Ersterwerb noch erheblich höher stellt.

Stückelung:

DM 100,—, 500,—, 1000,—, 5000,—. Die Stücke sind in Kürze lieferbar.

Verzinsung:

Die Verzinsung beträgt 8% p. a. Die Zinsen sind halbjährlich nachträglich am 1. 4. und 1. 10. jeden Jahres fällig. Der Zinsertrag unterliegt einer 30%igen Kuponsteuer (Kapitalertragsteuer), die bei der Zinszahlung einbehalten wird. Die fälligen Zinsscheine werden von allen Banken spesenfrei eingelöst.

Rückzahlung:

Die Rückzahlung erfolgt nach Kündigung oder Auslosung zum Nennwert. Vor dem 1. Oktober 1958 ist eine Rückzahlung infolge Kündigung ausgeschlossen. Seitens des Inhabers ist der Pfandbrief nicht kündbar. Endfälligkeit 1. Oktober 1988.

Rendite:

Bei einer errechneten mittleren Laufzeit* von 20 Jahren beträgt die

Rendite 5,81 v. H.,

die durch steuerbegünstigten Ersterwerb noch erheblich gesteigert werden kann.

Ausstattung:	Angebotene Rendite: 5,81%
$p = 8\%$ $n = 20$ Jahre $C_0 = 98\%$ $\alpha = 0$	$p'_M = 8{,}296\%$ $p'_{MH} = 8{,}38\%$ $p'_{F1} = 8{,}26\%$ $p'_{F2} = 8{,}302\%$ $p'_{F3} = 8{,}16\%$ Nettoverzinsung auf 8,3% = 5,81%

* Der hier gebrauchte Ausdruck „mittlere Laufzeit" deckt sich nicht mit dem finanzmathematischen Begriff der mittleren Laufzeit (vgl. Seite 137ff.). Gemeint ist hier die durchschnittliche Laufzeit. Eine Auslosung durch Kündigung ist möglich in der Zeit vom 1. 10. 1958 bis 1. 10. 1988, d. h. in dieser Zeitspanne von 30 Jahren können Auslosungen erfolgen, so daß sich eine durchschnittliche Lebensdauer des Papiers von 15 Jahren ergibt; 5 kündigungsfreie Jahre kommen hinzu: durchschnittliche Laufzeit dann = 20 Jahre.

3%ige Fundierungsschuldverschreibungen der Young-Anleihe

(Französische Tranche)

Die 3%ige Fundierungsanleihe ist eine Schuldverschreibung der Deutschen Bundesrepublik, die im Rahmen des Londoner Schuldenabkommens von 1952 ausgegeben worden ist.

Mündelsicherheit:

Aus der Tatsache, daß es sich um eine Anleihe des Bundes handelt, ergibt sich nach § 1807 BGB die Mündelsicherheit.

Nominalwert und Stückelung:

Die Anleihe lautet über französische Franken in Stückelung von ffrs. 3000,— und ffrs. 30000,—. Der Umrechnungskurs ist festgelegt mit DM 1,20 für ffrs. 100,—, d. h. nom. DM 36,— bzw. nom. DM 360,—.

5% Währungskursschwankungs-Klausel:

Eine im Londoner Schuldenabkommen vereinbarte Währungsklausel legt die Neuberechnung der Parität nach der härtesten Währung fest, sofern der französische Franken mehr als 5% im Verhältnis zu dem Wechselkurs vom 1. 8. 1952 abwertet. Wertet der Franken mehr als 5% ab — und das wäre, sofern es überhaupt jemals zu einer Abwertung kommen sollte, das Wahrscheinliche — tritt keine Benachteiligung ein.

Zinsen:

Juni/Dezember.
Die Zinsen sind gemäß § 3a Abs. 1 Ziff. 2a EStG steuerfrei.

Tilgung und Fälligkeit:

Tilgung durch Auslosung oder Rückkauf.
Vorzeitige Einlösung ab 1. 6. 1958 zulässig.
Die Tilgung wird bis zum 1. 12. 1972 abgeschlossen.

Rendite:

Unter Zugrundelegung eines Kurses von 62 DM-% ergibt sich folgende Berechnung:

Zinsrendite:
jährlich DM 3,— auf DM 62,— aufgewendetes Kapital: = 4,8%

DM 38,— Rückzahlungsgewinn in spätestens 17 Jahren = DM 2,23 je Jahr a/DM 62,— aufgewendetes Kapital = 3,6%

jährliche Gesamtrendite = 8,4%

Ausstattung:	Angebotene Rendite: 8,4%
$p = 3\%$ $n = 17$ Jahre $C_0 = 62\%$	$p'_M = 6{,}87$ $p'_{MH} = 6{,}94$ $p'_{F1} = 7{,}07$ $p'_{F2} = 8{,}443$ $p'_{F3} = 4{,}84$

3. Die Rendite von Ratenschulden

Berechnung der Stück-(Individual-)Renditen

Zur Erleichterung des Verständnisses wird folgende Ratenschuld zugrunde gelegt:

Eine 5%ige Ratenschuld wird zum 1. 1. 1976 zum Kurs von $C_0 = 97\,\%$ aufgelegt. Durch Auslosung soll die Anleihe zu gleichen Raten getilgt werden. Die erste Tilgung erfolgt am 31. 12. 1976, die letzte am 31. 12. 1978. Die Zinsen werden nachträglich am 2. 1. und 1. 7. eines jeden Jahres gezahlt.

Wie hoch sind a) die Individualrenditen und
b) die Gesamtrendite?

Daten der Anleihe:
$C_0 = 98\%$
$l = 0$
$n = 3$
$\alpha = 0$
$p = 5\%$.

In den Vorbetrachtungen zur Kursberechnung war bereits die Ratenschuld für die mathematische Betrachtung zergliedert in n Zinsschulden mit einer Laufzeit von $n = 1$ bis $n = n$.

a) Die Höchstrendite

Von den Erwerbern der obigen Anleihe wird ein Drittel bereits nach einem Jahr ausgezahlt. Diese durch die Auslosung betroffenen Stücke und Gläubiger können also nachträglich von sich aus (individuell) die Beteiligung an der Ratenschuld als die Hingabe eines Darlehens für 1 Jahr auffassen, d. h. sie betrachten sich als Gläubiger einer 5%igen Zinsschuld, Laufzeit 1 Jahr, Rückzahlungskurs 100, Ausgabekurs 98.

Die Rendite dieser Gläubiger errechnet sich wie folgt:

1. Schätzung: $p'_1 = 7\%$

$$C_0 = p \cdot a'_n + 100\, v'^n$$
$$C_0 = p \cdot a_{7/1} + 100\, v^{7/1}$$
$$C_0 = 5 \cdot 0{,}934579 + 100 \cdot 0{,}934579$$
$$C_0 = 4{,}673 + 93{,}4579 = 98{,}13\%$$
$$Z = \frac{5 \cdot 7 \cdot 0{,}934579}{400} = 0{,}08177$$
$$C_0 = 98{,}13 + 0{,}08177 = \underline{98{,}21\%}.$$

2. Schätzung: $p'_1 = 7{,}25\%$

$$C_0 = 5 \cdot 0{,}9324 + 100 \cdot 0{,}9324$$
$$C_0 = 4{,}662 + 93{,}24 = 97{,}90\%$$
$$Z = \frac{5 \cdot 7{,}25 \cdot 0{,}9324}{400} = 0{,}0845$$
$$C_0 = 97{,}90 + 0{,}0845 = \underline{97{,}985\%}.$$

Interpolation:
$$7\% \rightarrow 98{,}21\%$$
$$\underline{7{,}25\% \rightarrow 97{,}99\%} \qquad \frac{0{,}25 \cdot 0{,}01}{0{,}22} = 0{,}011$$
$$0{,}25\% \rightarrow 0{,}22\%$$

$$p'_1 = 7{,}25 - 0{,}011 = \underline{7{,}24\%};$$

d. h. die Gläubiger der Schuldverschreibung, die nach dem 1. Jahr ausgezahlt werden, haben eine Rendite ihres investierten Kapitals von

$$p'_1 = 7{,}24\% \text{ erzielt.}$$

Da die Rendite mit zunehmender Laufzeit der Anleihe abnimmt, ist 7,24% die höchstmögliche Rendite.

$$\text{Höchstrendite: } \underline{7{,}24\% = p'_1}.$$

b) Die Zwischenrendite

Die am Ende des 2. Jahres ausgelosten Stücke können als Zinsschuld mit einer Laufzeit von 2 Jahren betrachtet werden.

Die Rendite ergibt sich:

1. Schätzung: $p'_2 = 6{,}25\%$

$$C_0 = 5 \cdot 1{,}826990 + 100 \cdot 0{,}885813$$
$$C_0 = 9{,}134 + 88{,}581 = 97{,}71$$
$$Z = \frac{5 \cdot 6{,}25 \cdot 1{,}826990}{400} = 0{,}14$$
$$C_0 = 97{,}71 + 0{,}14 = \underline{97{,}85\%}.$$

2. Schätzung: $p'_2 = 6\%$

$$C_0 = 5 \cdot 1{,}833393 + 100 \cdot 0{,}889996$$
$$C_0 = 9{,}17 + 88{,}9996 = 98{,}17$$
$$Z = \frac{5 \cdot 6 \cdot 1{,}833393}{400} = 0{,}14$$
$$C_0 = 98{,}17 + 0{,}14 = \underline{98{,}31\%}.$$

Interpolation:

$$\begin{array}{rcr} 6\% & \rightarrow & 98{,}31\% \\ 6{,}25\% & \rightarrow & 97{,}85\% \\ \hline 0{,}25\% & \rightarrow & 0{,}46\% \end{array}$$

$$\frac{0{,}25 \cdot 0{,}15}{0{,}46} = 0{,}0815$$
$$p'_2 = 6{,}25 - 0{,}08 = \underline{6{,}17\%}.$$

c) Die Mindestrendite

Die am Ende des 3. Jahres ausgezahlten Stücke haben die längste Laufzeit, mithin die niedrigste Rendite p'_3. Sie beträgt:

1. Schätzung: $p'_3 = 6\%$

$$C_0 = 5 \cdot 2{,}67301 + 100 \cdot 0{,}839619$$
$$C_0 = 13{,}36 + 83{,}96 = 97{,}32\%$$
$$Z = \frac{5 \cdot 6}{400} \cdot 2{,}67301 = 0{,}2005$$
$$C_0 = 97{,}32 + 0{,}2005 = \underline{97{,}52\%}.$$

2. Schätzung: $p'_3 = 5{,}75\%$

$$C_0 = 5 \cdot 2{,}685424 + 100 \cdot 0{,}845588$$
$$C_0 = 13{,}43 + 84{,}56 = 97{,}99$$
$$Z = \frac{5 \cdot 5{,}75}{400} \cdot 2{,}685424 = 0{,}193$$
$$C_0 = 97{,}99 + 0{,}193 = \underline{98{,}18\%}.$$

Interpolation: $\begin{array}{ll} 5{,}75\% & \rightarrow 98{,}18\% \\ 6\% & \rightarrow 97{,}52\% \\ \hline 0{,}25\% & \rightarrow 0{,}66\% \end{array}$ $\qquad \frac{0{,}25 \cdot 0{,}18}{0{,}66} = \underline{0{,}07}$

$$p'_3 = 5{,}75 + 0{,}07 = \underline{5{,}82\%} = \text{Mindestrendite.}$$

d) Die Gesamtrendite p′ der Anleihe,

die durchschnittliche Effektivverzinsung, ist die Rendite, mit der die ausgebende Körperschaft die Stücke im Durchschnitt ausstattet. Für die Berechnung der Gesamtrendite bieten sich vier Möglichkeiten:

a) die Rendite ergibt sich aus dem gewogenen Durchschnitt aller Individualrenditen; dieses Verfahren hat den Nachteil, daß man bei längerer Tilgungsdauer der Anleihe alle Stückrenditen errechnen muß, um die Gesamtrendite zu erhalten;

b) die Gesamtrendite deckt sich annähernd mit der Individualrendite des Anleihestückes, das zum mittleren Tilgungstermin ausgelost wird;*)

c) die Gesamtrendite ergibt sich auf direktem Wege aus der Kursformel für die Ratenschuld;

d) die Gesamtrendite ergibt sich auf direktem Wege aus der Kursformel für die der Ratenschuld zinsgleiche Zinsschuld mit der mittleren Laufzeit x (vgl. Seite 141, mittlere Laufzeit einer Ratenschuld).

Die vier angeführten Berechnungsmöglichkeiten werden am obigen Beispiel durchgeführt.

a. Die Ermittlung der Gesamtrendite aus dem gewogenen Mittel der Stückrendite

Zeitpunkt Ende des	Stückrendite	Häufigkeit der Renditen	das gewogene Mittel
1. Jahres	$p'_1 = 7{,}24\%$	1	7,24%
2. ,,	$p'_2 = 6{,}17\%$	2	12,34%
3. ,,	$p'_3 = 5{,}82\%$	3	17,46%
			37,04 : 6 = 6,17%

Gesamtrendite = durchschnittliche Rendite der Anleihe: $p' = 6{,}17\%$.

b. Drei Tilgungstermine liegen vor, der zweite ist der mittlere. Die Gesamtrendite p′ ist gleich der Individualrendite des Stückes, das nach zwei Jahren zurückgekauft wird:

$$p' = p'_2 = \underline{6{,}17\%.}$$

c. Die direkte Berechnung der Gesamtrendite:

$$C_0 = 100 \left[\frac{a'_n}{n}\left(1 - \frac{p}{p'}\right) + \frac{p}{p'}\right] + \frac{p}{4}\left(1 - \frac{a'_n}{n}\right)$$

1. Schätzung: $p' = 6\%$

$$C_0 = 100 \left[\frac{2{,}67301}{3}\left(1 - \frac{5}{6}\right) + \frac{5}{6}\right] + \frac{5}{4}(1 - 0{,}891) = \underline{98{,}30\%}$$

*) Die möglichen geringen Abweichungen vom wahren Wert erklären sich aus der Differenz zwischen den Werten für den mittleren Tilgungstermin und der mittleren Laufzeit.

2. Schätzung: $p' = 6{,}25\%$

$$C_0 = 100 \left[\frac{2{,}660696}{3}\left(1 - \frac{5}{6{,}25}\right) + \frac{5}{6{,}25}\right] + \frac{5}{4}(1 - 0{,}887) = \underline{97{,}87\,\%}$$

Interpolation:

$$\begin{array}{lcl} 6\% & \rightarrow & 98{,}30\% \\ 6{,}25\% & \rightarrow & 97{,}87\% \\ \hline 0{,}25\% & \rightarrow & 0{,}43\% \end{array} \qquad \frac{0{,}25 \cdot 0{,}3}{0{,}43} = 0{,}17$$

$$p' = 6 + 0{,}17 = \underline{6{,}17\%}.$$

d. Berechnung der Gesamtrendite aus der zinsgleichen Zinsschuld mit der mittleren Laufzeit x:

Errechnung der mittleren Laufzeit x für $p' = 6\,\%$ (geschätzt):

$$x = \frac{\log n - \log a'_n}{\log q'} = \frac{\log 3 - \log 2{,}6730}{\log 1{,}06} = \frac{0{,}47712 - 0{,}42700}{0{,}02531} = \underline{1{,}98\ \text{J.}}$$

Laufzeit der Zinsschuld = 2 Jahre (aufgerundet).

Die Berechnung der Gesamtrendite der Zinsschuld mit der Laufzeit $n = 2$ entspricht in diesem Fall der Errechnung der Individualrendite zum mittleren Tilgungstermin.

Die Spannungsweite zwischen Höchst- und Mindestrendite (im Beispiel) von 1,42% ist außerordentlich hoch. Bei Anleihen mit längerer Laufzeit mindert sich die Differenz.

Der Erwerber kann also beim Kauf der Anleihe seine Rendite nicht bestimmen; festgelegt ist nur der Renditenbereich, aber auch er ist nicht starr, da die eine Anleihe auflegende Institution sich vorbehält, vorzeitig zu kündigen bzw. durch freihändigen Rückkauf auf dem Rentenmarkt die Laufzeit der Anleihe zu verkürzen. Aus diesem Grunde verzichtet die Institution auch oftmals darauf, die Gesamtrendite bekanntzugeben.

Feststehend ist allein die Höchstrendite, da der Tilgungsbeginn festgelegt ist und nicht variiert wird.

e) Vollständige Renditenberechnung der Bundespostanleihe von 1955

Eine Renditenberechnung, dargestellt in aller Ausführlichkeit, gibt das

Beispiel der 5,5%igen Anleihe der deutschen Bundespost von 1955

Es werden folgende Berechnungen durchgeführt:

I. A. Berechnung der Gesamtrendite bei jährlicher Zinszahlung,
   B. Berechnung der Stückrendite bei jährlicher Zinszahlung,
   C. Ermittlung der Gesamtrendite aus den Stückrenditen.

II. A. Berechnung der Gesamtrendite bei $^1/_2$jährlicher Zinszahlung,
   B. Berechnung der Stück- und Gesamtrendite bei $^1/_2$jährlicher Zinszahlung,
   C. Gesamtauswertung der Anleihe.

III. Berechnung der Stückrenditen und der Gesamtrendite nach dem Bankenverfahren.

IV. Ergebnisübersicht.

5,5%ige Anleihe der Deutschen Bundespost von 1955

rückzahlbar zum Nennwert in den Jahren
1966 bis 1970

Die Deutsche Bundespost begibt zur Konsolidierung schwebender Kredite, die zur Finanzierung von Erweiterungsanlagen aufgenommen worden sind, auf Grund des Gesetzes über die Verwaltung der Deutschen Bundespost (Postverwaltungsgesetz) vom 24. 7. 1953 (BGBl. 1953, Teil I, S. 676ff.) eine 5,5% ige Anleihe im Betrage von

DM 125000000,—.

Ausstattung der Anleihe:

Stückelung:

Die Anleihe wird in Stücken von DM 100,—, 500,—, 1000,—, 5000,—, 10000,— und 100000,— ausgefertigt, die für Auslosungszwecke in fünf Gruppen A bis E zu je DM 25000000,— eingeteilt sind. Sämtliche Stücke lauten auf den Inhaber.

Verzinsung:

Die Verzinsung der Anleihe beträgt jährlich 5,5%. Die Zinsen sind halbjährlich nachträglich am 1. September und 1. März jeden Jahres zahlbar. Der erste Zinsschein wird am 1. März 1956 fällig.

Laufzeit:

Die Laufzeit der Anleihe beträgt 15 Jahre.

Tilgung:

Die Tilgung der Anleihe erfolgt nach 10 tilgungsfreien Jahren durch jährliche Auslosung einer Gruppe zum Nennwert. Die Auslosung findet jeweils drei Monate vor dem Tilgungstermin bei der Bundesschuldenverwaltung, Bad Homburg v. d. H., statt. Die ausgeloste Gruppe wird im Bundesanzeiger bekanntgegeben. Die erste Tilgungsrate ist am 1. September 1966 fällig, so daß die gesamte Anleihe spätestens am 1. September 1970 zurückgezahlt sein wird.
Die Deutsche Bundespost ist berechtigt, die planmäßige Tilgung der Anleihestücke durch Mehrauslosung zu verstärken. Die Rückzahlung des Kapitals erfolgt bei Fälligkeit gegen Rückgabe der Anleihestücke bei der Bundesschuldenkasse in Bad Homburg v. d. H., bei sämtlichen Niederlassungen der Landeszentralbanken, bei der Berliner Zentralbank und bei sonstigen vom Bundesminister für das Post- und Fernmeldewesen zu bezeichnenden Stellen.
Die Zinsen werden jeweils gegen Rückgabe der Zinsscheine durch die gleichen Stellen ausgezahlt.

Mündelsicherheit:

Die Anleihe ist nach § 1807 Ziff. 2 BGB mündelsicher.

Börseneinführung:

Die Börseneinführung wird nach Erscheinen der Stücke an allen Börsen im Bundesgebiet und in Berlin (West) veranlaßt.

Lombardfähigkeit:

Die Anleihe ist lombardfähig im Sinne des § 13 Abs. 1 Ziff. 5c des Landeszentralbankgesetzes sowie von Ziff. 13c des BdL-Gesetzes.

(Fortsetzung S. 160)

Stückeverfügung:

Den Erwerbern der Anleihe wird zur Wahl gestellt,

a) die Einlegung in ein Sammeldepot bei einer Wertpapiersammelbank über ein Kreditinstitut oder
b) die Ausfertigung von Stücken oder
c) die Eintragung in das Bundesschuldbuch zu beantragen.

Zeichnungsbedingungen:

Zeichnungskurs:

Der Zeichnungskurs beträgt 98% spesenfrei zuzüglich Börsenumsatzsteuer unter Vergütung von 5,5% Stückzinsen bis zum Beginn des Zinsenlaufs.

Zeichnungstermin und Zeichnungsstellen:

Zeichnungen werden in der Zeit vom 15. August 1955 bis 20. August 1955 bei den unterzeichneten Banken und deren Zweigniederlassungen während der üblichen Geschäftsstunden entgegengenommen. Die Zeichnung kann auch durch Vermittlung aller übrigen nicht namentlich aufgeführten Kreditbanken, Privatbankiers, Sparkassen, Zentralkassen, Kreditgenossenschaften und sonstigen Kreditinstitute erfolgen.
Früherer Schluß der Zeichnung bleibt vorbehalten.

Zahlungstermin:

Schlußtermin für die Bezahlung gezeichneter Anleihe ist der 20. August 1955.

Stückelieferung:

Die Lieferung der Stücke erfolgt sofort nach ihrer Herstellung.

Im Juli 1955

Bank Deutscher Länder,
Frankfurt/Main
und andere Banken

Ausstattung: $p = 5{,}5\%$
$n = 5$ Jahre
$l = 10$ Jahre
Laufzeit $= 15$ Jahre
$C_0 = 98\%$
$\alpha = 0$

I. A. *Direkte Berechnung der Gesamtrendite bei jährlicher Zinszahlung*

Schätzung: $p' = 6\%$

$$C_0 = p \cdot a'_{\overline{l}|} + 100 \left[\frac{a'_{\overline{n}|}}{n}\left(1 - \frac{p}{p'}\right) + \frac{p}{p'}\right] \cdot v'^{l}$$

$$C_0 = 5{,}5 \cdot 7{,}36 + 100 \left[\frac{4{,}21236}{5}\left(1 - \frac{5{,}5}{6}\right) + \frac{5{,}5}{6}\right] \cdot 0{,}558395$$

$$C_0 = 40{,}48 + 55{,}11 = \underline{95{,}59\%}.$$

Interpolation: $\begin{array}{lcl} 5{,}5\% & \rightarrow & 100\% \\ 6\% & \rightarrow & 95{,}59\% \\ \hline 0{,}5\% & \rightarrow & 4{,}41\% \end{array}$

$$\frac{0{,}5 \cdot 2}{4{,}41} = 0{,}226$$

$$p' = 5{,}5 + 0{,}226 = \underline{5{,}72\%.}$$

I. B. *Berechnung der Stückrenditen bei jährlicher Zinszahlung*

1. Die Höchstrendite p'_1:

1. Schätzung: $p'_1 = 5{,}75\%$

$$C_0 = p \cdot a'_{11} + 100\, v'^{11}$$
$$C_0 = 5{,}5 \cdot 7{,}9887 + 100 \cdot 0{,}5406$$
$$C_0 = 43{,}94 + 54{,}06 = \underline{98\%}$$

Die Rendite der zuerst ausgelosten Stücke (am Ende des 11. Jahres), die Höchstrendite, beträgt $p'_1 = \underline{5{,}75\%.}$

2. Die erste Zwischenrendite p'_2:

p'_2 geschätzt auf 5,75%

$$C_0 = p\, a'_{12} + 100\, v'^{12}$$
$$C_0 = 5{,}5 \cdot 8{,}49996 + 100 \cdot 0{,}5113$$
$$C_0 = 46{,}75 + 51{,}13 = 97{,}88\%$$

Durch Interpolation ergibt sich $p'_2 = \underline{5{,}734\%.}$

3. Die zweite Zwischenrendite p'_3 ergibt sich aus:

$$C_0 = p \cdot a'_{13} + 100\, v'^{13} \quad \text{mit} \quad p'_3 = \underline{5{,}72\%.}$$

4. Die dritte Zwischenrendite $p'_4 = \underline{5{,}711\%.}$

5. Die Mindestrendite p'_5 errechnet sich entsprechend mit $p'_5 = \underline{5{,}7\%.}$

I. C. *Ermittlung der Gesamtrendite aus dem gewogenen Mittel der Stückrenditen*

Ende des	Stückrendite	Häufigkeit	das gewogene Mittel
11. Jahres	$p'_1 = 5{,}75$	11	63,25
12. ,,	$p'_2 = 5{,}73$	12	68,76
13. ,,	$p'_3 = 5{,}72$	13	74,36
14. ,,	$p'_4 = 5{,}71$	14	79,94
15. ,,	$p'_5 = 5{,}7$	15	85,50
		65	371,81 : 65 = 5,72% = p'

(Vgl. Wert p' = 5,72% stimmt mit p' aus der direkten Berechnungsmethode überein.)
Gegeben sind 5 Tilgungstermine, von denen der mittlere am Ende des 13. Jahres liegt, so daß sich p' decken muß mit $p'_3 = \underline{5{,}72\%.}$

II. A. *Berechnung der Gesamtrendite bei halbjährlicher Zinszahlung*

Die halbjährlichen Zinsleistungen können berücksichtigt werden durch Einrechnung eines Gesamtkurszuschlages, der sich zusammensetzt aus:

a) dem Zuschlag $\frac{p}{4}\left(1 - \frac{a'_5}{5}\right)$ für die Ratenschuld, diskontiert auf den Emissionszeitpunkt:

$$\frac{p}{4}\left(1 - \frac{a'_5}{5}\right) v'^{10}$$

b) dem Zuschlag für den in den tilgungsfreien Jahren wirksamen höheren Zinssatz:

$$\frac{p \cdot p'}{400} \cdot a'_{10}$$

Kurszuschlag: $Z = a + b$

$$\boxed{Z = \frac{p \cdot p'}{400} a'_l + \frac{p}{4}\left(1 - \frac{a'_n}{n}\right) v'^l}$$

$$Z = \frac{p \cdot p'}{400} \cdot a'_{10} + \frac{p}{4}\left(1 - \frac{a'_5}{5}\right) v'^{10}$$

Die Anwendung auf das gesamte Beispiel ergibt:

a) für $p' = 5{,}5\%$:

$$Z = \frac{5{,}5}{4}\left(1 - \frac{4{,}27028}{5}\right) \cdot 0{,}58543 + \frac{5{,}5 \cdot 5{,}5 \cdot 7{,}53763}{400}$$

$$Z = 0{,}117 + 0{,}57 = 0{,}687$$

$$C_0 = 100 + 0{,}687 = \underline{100{,}687\%}.$$

b) für $p' = 6\%$:

$$Z = \frac{5{,}5}{4}\left(1 - \frac{4{,}21236}{5}\right) \cdot 0{,}55839 + \frac{5{,}5 \cdot 6 \cdot 7{,}36}{400}$$

$$Z = 0{,}1209 + 0{,}607 = 0{,}728$$

$$C_0 = 95{,}59 + 0{,}728 = \underline{96{,}32\%}.$$

c) Interpolation: 5,5% → 100,687%
6% → 96,32%
0,5% → 4,37%

$$\frac{0{,}5 \cdot 2{,}68}{4{,}37} = 0{,}307$$

$$\boxed{p' = 5{,}5 + 0{,}307 = 5{,}807\%}$$

II. B. *Die Berechnung der Stückrenditen bei halbjährlicher Zinszahlung*

Entsprechend der Berechnung der Renditen für ganzjährliche Zinszahlungen ergeben sich die Stückrenditen nach der Formel:

$$C_0 = p \cdot a'_n + 100 \cdot v'^n + Z$$
$$Z = \frac{p \cdot p'}{400} a'_n$$

Ende des	Stückrendite	Häufigkeit	das gewogene Mittel
11. Jahres	$p'_1 = 5{,}833$	11	64,16
12. ,,	$p'_2 = 5{,}817$	12	69,80
13. ,,	$p'_3 = 5{,}803$	13	75,44
14. ,,	$p'_4 = 5{,}793$	14	81,10
15. ,,	$p'_5 = 5{,}783$	15	86,75
		65	377,25 : 65 = 5,80% Gesamtrendite

II. C. *Gesamtauswertung der 5,5%igen Anleihe der Deutschen Bundespost*

Ende des	Stückrendite bei jährlicher Zinszahlung	Stückrendite bei halbjährlicher Zinszahlung	Gesamtrendite bei jährlicher Zinszahlung	Gesamtrendite bei halbjährlicher Zinszahlung
11. Jahres	$p'_1 = 5{,}75$	5,83	5,72%	5,80%
12. ,,	$p'_2 = 5{,}73$	5,82		
13. ,,	$p'_3 = 5{,}72$	5,80		
14. ,,	$p'_4 = 5{,}71$	5,79	vom investierten Kapital =	
15. ,,	$p'_5 = 5{,}70$	5,78	Ausgabekurs = Kaufpreis	

III. *Berechnung der Renditen nach dem Bankenverfahren*

Die Verwendung der in der Bankpraxis häufig angewendeten Faustformeln:

a)
$$p'_{F1} = \frac{100 \cdot p}{C_0} + \frac{C_n - C_0}{l+n}$$

b)
$$p'_{F2} = \frac{100 \cdot p}{C_0} + \frac{C_n - C_0}{(l+n)\, C_0} \cdot 100$$

führt zu folgenden Ergebnissen, die vergleichsweise aufgeführt werden:

Zeitpunkt	Stückrenditen Faustregel		Häufigkeit	Das gewogene Mittel Faustregel	
	I	II		I	II
Ende:					
11. Jahr	5,794	5,796	11	63,73	63,76
12. „	5,779	5,78	12	69,35	69,36
13. „	5,766	5,767	13	74,96	74,97
14. „	5,755	5,756	14	80,57	80,58
15. „	5,745	5,746	15	86,18	86,19
			65	374,79 : 65	374,86 : 65
			Gesamtrendite:	5,766%	5,767%

c) $p'_{F3} = \frac{p \cdot 100}{C_0} = 5{,}61$ = Gesamtrendite.

IV. *Ergebnisübersicht über die Gesamtrenditen*

Mathemat. Berechnung		Faustregel		
jährl. Zinszahlung	halbjährl. Zinszahlung	I	II	III
5,72 %	5,80%	5,766	5,767	5,61

f) Praktische Beispiele der Renditenberechnung von Ratenschulden

1. Ratenschuld ohne Aufgeld:

6,5%ige Teilschuldverschreibungen von 1954

der

Hüttenwerk Rheinhausen-Aktiengesellschaft

Rheinhausen

Die Hüttenwerk Rheinhausen-Aktiengesellschaft, Rheinhausen, hat eine 6,5%ige Anleihe im Gesamtbetrage von

DM 16000000,—

begeben, die zum Kurse von 97% — börsenumsatzsteuerfrei — angeboten wird.

Die Anleihe hat folgende *Ausstattung:*

Emissionskurs: 97%

Rückzahlungskurs: 100%

Stückelung:

Inhaber-Teilschuldverschreibungen im Nennbetrage von DM 1000,—, 500,—, 100,—.

(Fortsetzung S. 165)

Verzinsung:

6,5% jährlich vom 1. Januar 1955 ab in halbjährlichen Teilbeträgen, nachträglich jeweils am 2. Januar und 1. Juli eines jeden Jahres.

Laufzeit:

Längstens 15 Jahre.

Tilgung:

Vom 1. Januar 1961 ab durch jährliche Auslosung einer der 10 Gruppen A bis K von je DM 1600000,— zum Nennwert, so daß die letzte Tilgungsrate spätestens am 1. Januar 1970 fällig ist.
Verstärkte Tilgung durch Auslosung mehrerer Gruppen zu den planmäßigen Tilgungsterminen ist möglich.
Zusätzliche Tilgungen durch Rückkauf können auf spätere planmäßige Tilgungen nur angerechnet werden, wenn die zurückgekauften Stücke nachträglich ausgelost werden.

Ausstattung	Rendite	Mathematische Berechnung	Faustregeln I	Faustregeln II	Faustregeln III
$p = 6{,}5\%$ $n = 10$ Jahre $l = 5$ Jahre $\alpha = 0$ $C_0 = 97\%$	Gesamtrendite	$p'_{MH} = 7{,}022$	6,90	6,906	6,70

2. Ratenschuld mit Aufgeld:

Harpener Bergbau-Aktien-Gesellschaft

Dortmund

8%ige Teilschuldverschreibungs-Anleihe von 1953

Die Harpener Bergbau-Aktien-Gesellschaft, Dortmund, begibt zur Finanzierung des Ausbaues ihrer Zechenanlagen eine 8%ige Anleihe in Höhe von

DM 30000000,—.

Die Anleihe hat folgende *Ausstattung:*

Stückelung:

Die Anleihe ist eingeteilt in unter sich gleichberechtigte, auf den Inhaber lautende Teilschuldverschreibungen im Nennbetrage von DM 5000,—, 1000,— und 500,—.

Verzinsung:

Die Anleihe ist mit 8% jährlich verzinslich. Die Zinsen, die einer 30%igen Kapitalertragsteuer unterliegen, sind in halbjährlichen Teil-

(Fortsetzung S. 166)

beträgen nachträglich jeweils am 1. Juni und 1. Dezember jeden Jahres zahlbar. Der Zinslauf beginnt am 1. Dezember 1953, so daß der erste Zinsschein am 1. Juni 1954 fällig wird. Durch die jeweils einbehaltene Kapitalertragsteuer sind die auf die Zinsen entfallende Einkommen- und Körperschaftsteuer sowie die Gewerbeertragsteuer und das Notopfer Berlin* abgegolten.

Laufzeit:

Die Laufzeit der Anleihe beträgt längstens 15 Jahre.

Tilgung:

Nach fünf tilgungsfreien Jahren erfolgt die Tilgung durch jährliche Auslosung von einem Zehntel des ausgegebenen Nennbetrages zur Rückzahlung zum Kurse von 103%. Die erste Tilgungsrate ist am 1. Dezember 1959 fällig, so daß die gesamte Anleihe spätestens am 1. Dezember 1968 zurückgezahlt sein wird. Die Auslosungen finden jeweils spätestens 3 Monate vor dem Tilgungstermin unter Aufsicht eines Notars statt; die ausgelosten Nummern der Teilschuldverschreibungen werden unverzüglich in den Gesellschaftsblättern bekanntgegeben.
Die Anleiheschuldnerin ist berechtigt, die planmäßige Tilgung der Anleihe durch Mehrauslosungen von Teilschuldverschreibungen zur Rückzahlung zum Kurse von 103% oder durch freihändigen Rückkauf zu verstärken. Zusätzlich im Wege der Auslosung getilgte Beträge sind auf spätere planmäßige Tilgungsraten anrechenbar, etwa zurückgekaufte Stücke jedoch nur, wenn sie nachträglich ausgelost werden.

Gesamtkündigung:

Die Anleiheschuldnerin ist berechtigt, den gesamten jeweils noch ausstehenden Anleihebetrag mit einer Frist von drei Monaten, erstmalig zum 1. Dezember 1959 und alsdann zu jedem Zinstermin, zur Rückzahlung zum Kurse von 103% zu kündigen.

Die Teilschuldverschreibungen werden zum Kurse von

98%

spesenfrei, zuzüglich Börsenumsatzsteuer

durch die unterzeichneten Banken und ihre Niederlassungen, in Berlin durch die Berliner Handelsbank AG, die Berliner Disconto-Bank AG, die Bank für Handel und Industrie AG und die Berliner Commerzbank AG, freibleibend zum Verkauf aufgelegt. Die Bezahlung hat unter Verrechnung von 8% p. a. Stückzinsen abzüglich 30% Kapitalertragsteuer zu erfolgen.

Banken

Ausstattung	Rendite	Mathematische Berechnung	Faustregeln I	Faustregeln II	Faustregeln III
$p = 8\%$ $n = 10$ Jahre $l = 5$ Jahre $\alpha = 3\%$ $C_0 = 98\%$	Gesamtrendite	$p'_{MH} = 8{,}667$	8,493	8,50	8,16

*) Erhoben von 1949—1957.

3. *Ratenschuld mit Aufgeld und Staffeltilgung:*

DM 38000000,—

7,5% ige Teilschuldverschreibungen von 1954

der

Rheinische Aktiengesellschaft
für Braunkohlenbergbau und Brikettfabrikation

Köln

Die Gesellschaft begibt nach Genehmigung durch den Herrn Bundesminister für Wirtschaft zur Ablösung der aus der Investitionshilfe empfangenen Mittel nach den Vorschriften des Investitionshilfegesetzes eine dinglich gesicherte 7,5% ige Teilschuldverschreibungsanleihe von 1954 in Höhe von DM 38000000.

Die Anleihe hat folgende *Ausstattung:*

Emissionskurs: 98%

Rückzahlungskurs: 103%

Stückelung:

Die Anleihe ist eingeteilt in unter sich gleichberechtigte auf den Inhaber lautende Teilschuldverschreibungen im Nennbetrage von DM 1000,—, 500,— und 100,—, die für Auslosungszwecke in 40 Serien zu je DM 950000,— zusammengefaßt sind.

Verzinsung:

Die Anleihe ist mit 7,5% jährlich zu verzinsen. Die Zinsen sind in halbjährlichen Teilbeträgen nachträglich jeweils am 2. Mai und 1. November jeden Jahres zahlbar. Der Zinslauf beginnt am 1. Mai 1954, so daß der erste Zinsschein am 1. November 1954 fällig wird.

Laufzeit:

Die Laufzeit beträgt längstens 15 Jahre.

Tilgung:

Nach fünf tilgungsfreien Jahren erfolgt die Tilgung durch jährliche Auslosung zum Kurse von 103%. In den Jahren 1960 und 1961 werden je 5%, in den Jahren 1962 und 1963 je 7,5% und in den Jahren 1964 bis 1969 je 12,5% des ursprünglichen Nennbetrages der Anleihe getilgt. Die erste Jahresrate wird am 2. Mai 1960 fällig, so daß die gesamte Anleihe spätestens am 2. Mai 1969 zurückgezahlt sein wird. Die Auslosung findet jeweils spätestens drei Monate vor dem Tilgungstermin unter Aufsicht eines Notars statt. Das Auslosungsergebnis wird alsdann unverzüglich bekanntgemacht.

Die Schuldnerin ist berechtigt, die Tilgung der Anleihe zu den planmäßigen Terminen durch Mehrauslosungen von Teilschuldverschreibungen zur Rückzahlung zum Kurse von 103% oder durch freihändigen Rückkauf zu verstärken. Zusätzlich im Wege der Auslosung getilgte Beträge sind auf spätere planmäßige Tilgungsraten anrechenbar, etwa zurückgekaufte Stücke jedoch nur, wenn sie nachträglich ausgelost worden sind.

Ausstattung	Rendite	Mathematische Berechnung	Faustregeln		
			I	II	III
$p = 7{,}5\%$ $\alpha = 3\%$ $l = 5$ Jahre $n = 10$ Jahre $C_0 = 98\%$	Gesamtrendite	$p'_{MH} = 8{,}1$	7,98	7,99	7,65

4. Die Rendite von Annuitäten-Anleihen

a) Berechnung der Gesamtrendite

Für die Berechnung der Gesamt- und Stückrendite wird das Beispiel der Teilschuldverschreibungen der Badenwerk-AG zugrunde gelegt (vgl. S. 111).

Ausstattung der Anleihe:
$p = 8\%$
$n = 7$ Jahre
$l = 5$ Jahre
$\alpha = 2\%$
$C = 97{,}5\%$

Um eine genaue Berechnung der Rendite von Annuitätenschulden unter Berücksichtigung einer halbjährlichen Zinszahlung zu ermöglichen, ist die Umwandlung der Annuitätenschuld durch die mittlere Laufzeit in eine renditengleiche Zinsschuld notwendig.

Das Rechnungsverfahren zur Ermittlung der Rendite erfordert folgende Teilrechnungen:

a) Berechnung der mittleren Laufzeit x für die geschätzte Rendite.

b) Umwandlung der Annuitätenanleihe in eine wertgleiche, d. h. renditengleiche Zinsschuld mit der Laufzeit $x + l$.

c) Ermittlung der Rendite der Zinsschuld mit folgender Ausstattung:

$$p = 8\% \qquad C_0 = 97{,}5\%$$
$$l + n = l + x = \text{Laufzeit} \qquad \alpha = 2\%.$$

d) Kontrolle der mittleren Laufzeit durch die endgültige Rendite.

e) Vergleich mit den Ergebnissen aus den Faustregeln.

a) *Errechnung der mittleren Laufzeit x für p', geschätzt auf 9%:*

$$x + l = \frac{\log [a_n (p' - p)] - \log (a'_n p' - a_n p)}{\log q'} + 5$$

$$x + l = \frac{\log [5{,}2064 (9 - 8)] - \log (5{,}0329 \cdot 9 - 5{,}2064 \cdot 8)}{\log 1{,}09} + 5$$

$$x + l = \underline{4{,}136 + 5 = \text{mittlere Laufzeit.}}$$

b) *Laufzeit der Zinsschuld:*

$x + l = 4{,}136 + 5 = \underline{9{,}136}$ (abgerundet auf 9 Jahre).

c) *Renditeberechnung:*

1. Schätzung: $p' = 9\%$

$$C_0 = p \cdot a_{9/9} + 102 \cdot v^{9/9}$$
$$C_0 = 8 \cdot 5{,}9952 + 102 \cdot 0{,}4604$$
$$C_0 = 47{,}96 + 46{,}96 = 94{,}92\%$$
$$Z = \frac{p \cdot p'}{400} a'_n = \frac{8 \cdot 9 \cdot 5{,}9952}{400} = 1{,}079$$
$$C_0 = \underline{96\%}.$$

2. Schätzung: $p' = 8{,}5\%$ $n = 9$

$$C_0 = 8 \cdot 6{,}1191 + 102 \cdot 0{,}47988 = 97{,}90$$

$$Z = \frac{8{,}5 \cdot 8 \cdot 6{,}1191}{400} = 1{,}04$$

$$C_0 = 97{,}90 + 1{,}04 = \underline{98{,}94.}$$

Interpolation:

$$\begin{array}{l} 98{,}94\% \rightarrow 8{,}5\% \\ \underline{96{,}0\% \rightarrow 9{,}0\%} \\ 2{,}94\% \rightarrow 0{,}5\% \end{array}$$

$$\frac{0{,}5 \cdot 1{,}5}{2{,}94} = 0{,}255$$

$$\underline{p' = 9 - 0{,}255 = 8{,}745\% = \text{Rendite.}}$$

Nettoverzinsung: Rendite — Steuern

Kapitalertragsteuer = 30% vom Zinsertrag

30% von 8,745 = 2,6235

Rendite: 8,745

— Steuer: 2,62

$\underline{6{,}13\% = \text{Nettoverzinsung.}}$

d) Die *Rendite* ist somit vorläufig mit 8,75% ermittelt. Es bleibt zu überprüfen, ob die für $p' = 9\%$ ermittelte mittlere Laufzeit von $x = 4$ Jahre auch für $p' = 8{,}75\%$ gilt.

$$x = \frac{\log [a_{8/7}(8{,}75 - 8)] - \log [a_{8{,}75/7} \cdot 8{,}75 - a_{8/7} \cdot 8]}{\log 1{,}0875}$$

$$x = 4{,}137$$

Laufzeit der Zinsschuld $l + x = 5 + 4{,}137 = 9{,}137$ (abgerundet auf 9). Die mittlere Laufzeit für $p' = 8{,}75\%$ deckt sich also mit der für $p' = 9\%$.

e) Werden die Faustregeln auf die Zinsschuld angewendet, ergeben sich die Renditen:

1. $p'_{F1} = \frac{100 \cdot p}{C_0} + \frac{C_n - C_0}{n} = 8{,}205 + 0{,}5 = 8{,}705$

   $- 30\% = \underline{2{,}612}$

   $n = 9$

   $\underline{\text{Nettoverzinsung} = 6{,}093.}$

2. $p'_{F2} = \frac{100 \cdot p}{C_0} + \frac{(C_n - C_0) \cdot 100}{n \cdot C_0} = 8{,}205 + 0{,}513 = 8{,}718$

   $- 30\% = \underline{2{,}615}$

   $n = 9$

   $\underline{\text{Nettoverzinsung} = 6{,}103.}$

3. $p_{F3} = \frac{100 \cdot p}{C_0} = 8{,}21\%$

   $\underline{- 2{,}46\%}$

$\underline{\text{Nettoverzinsung} = 5{,}75\%}$

Gesamtergebnis

Mittlere Laufzeit = 9	Mathematische Berechnung	Faustregel I	Faustregel II	Faustregel III
Rendite	$p'_{MH} = 8{,}745\%$	8,705%	8,718%	8,21%
Nettoverzinsung	6,13%	6,093%	6,103%	5,75%

b) Die Stückrendite bei Annuitätenschulden

Die Berechnungen der Stückrenditen bzw. der Nettoverzinsungen ergeben sich für die Annuitätenschulden aus den gleichen Überlegungen wie bei den Ratenschulden.

a) *Die Höchstrendite:*
Die Höchstrendite fällt den Anleihestücken mit der kürzesten Laufzeit zu: n = 6.

Geschätzte Rendite: $p' = 9\%$

$$C_0 = 8 \cdot 4{,}4859 + 102 \cdot 0{,}5962$$

$$C_0 = 35{,}89 + 60{,}82 = 96{,}71\%$$

$$Z = \frac{p \cdot p'}{400} a'_n = \frac{8 \cdot 9 \cdot 4{,}4859}{400} = 0{,}807$$

$$C_0 = 96{,}71 + 0{,}807 = \underline{97{,}517\%}$$

$$\begin{array}{lrl} & p' = 9\% & = \text{Höchstrendite} \\ -\,30\% & 2{,}7\% & = \text{Kapitalertragsteuer} \\ & 6{,}3\% & = \text{Nettoverzinsung.} \end{array}$$

b) *Die Mindestrendite* = Rendite bei längster Laufzeit n = 12:

1. Schätzung: $p' = 8{,}5\%$

$$C_0 = 8 \cdot 7{,}344686 + 102 \cdot 0{,}375702$$

$$C_0 = 58{,}76 + 38{,}32 = 97{,}08\%$$

$$Z = \frac{8{,}5 \cdot 8}{400} \cdot 7{,}344686 = 1{,}25$$

$$C_0 = 97{,}08 + 1{,}25 = \underline{98{,}33\%}.$$

2. Schätzung: $p' = 8{,}667\%$

$$C_0 = 8 \cdot 7{,}282558 + 102 \cdot 0{,}368845$$

$$C_0 = 58{,}26 + 37{,}62 = 95{,}88\%$$

$$Z = \frac{8 \cdot 8{,}667}{400} \cdot 7{,}282558 = 1{,}27$$

$$C_0 = 95{,}88 + 1{,}27 = \underline{97{,}25\%}.$$

Interpolation:

$$\begin{array}{rl} 98{,}33\% & \rightarrow 8{,}5\% \\ 97{,}25\% & \rightarrow 8{,}667\% \\ \hline 1{,}08\% & \rightarrow 0{,}167\% \end{array}$$

$$\frac{0{,}167 \cdot 0{,}25}{1{,}08} = 0{,}039$$

$$\begin{array}{r} p' = 8{,}667\% \\ -\,0{,}039\% \\ \hline 8{,}628\% \end{array}$$

$\underline{8{,}628\%}$ = Mindestrendite, $\underline{6{,}04\% = \text{Nettoverzinsung}}$.

c) *Die Berechnung der Höchst- und Mindestrendite nach den Faustregeln* der Praxis führt zu folgenden Ergebnissen:

1. *Höchstrendite:* n = 6

Faustregel I: $$p'_{F1} = \frac{100 \cdot p}{C_0} + \frac{C_n - C_0}{n}$$

$$p'_{F1} = \frac{100 \cdot 8}{97{,}5} + \frac{4{,}5}{6} = \underline{8{,}955\%}$$

Höchstrendite	= 8,955%
— 30% Kapitalertragsteuer	= 2,687%
Höchste Nettoverzinsung	= 6,268%.

Faustregel II: $$p'_{F2} = \frac{100 \cdot p}{C_0} + \frac{(C_n - C_0) \cdot 100}{n \cdot C_0}$$

$$p'_{F2} = \frac{100 \cdot 8}{97{,}5} + \frac{4{,}5 \cdot 100}{6 \cdot 97{,}5} = \underline{8{,}974\%}$$

Höchste Nettoverzinsung = 6,282%.

Faustregel III: $$p'_{F3} = \frac{p \cdot 100}{C_0} = \frac{100 \cdot 8}{97{,}5} = \underline{8{,}21\%}$$

Nettoverzinsung = 5,75%.

2. *Mindestrendite:* n = 12

Faustregel I: $$p'_{F1} = \frac{100 \cdot 8}{97{,}5} + \frac{4{,}5}{12} = \underline{8{,}58\%}$$

Mindestrendite	= 8,58%
— 30% Kapitalertragsteuer	= 2,57%
Mindest-Nettoverzinsung	= 6,01%

Faustregel II: $$p'_{F2} = \frac{100 \cdot 8}{97{,}5} + \frac{4{,}5 \cdot 100}{12 \cdot 97{,}5} = \underline{8{,}59\%}$$

Nettoverzinsung = 6,01%.

Faustregel III: $$p'_{F3} = \frac{p \cdot 100}{C_0} = \frac{8 \cdot 100}{97{,}5} = 8{,}21\%$$

Nettoverzinsung = 5,75%.

Gesamtergebnis

Rendite bzw. Nettoverzinsung	Mathemat. Berechnung	Faustregel		
		I	II	III
Gesamtrendite	8,745	8,705	8,718	8,21
Durchschnittl. Nettoverzinsung	6,13	6,093	6,103	5,75
Höchstrendite	9,0	8,955	8,974	8,21
Höchst-Nettoverzinsung	6,3	6,268	6,282	5,75
Mindestrendite	8,628	8,58	8,59	8,21
Mindest-Nettoverzinsung	6,04	6,01	6,01	5,75

Leitsätze für die Renditenberechnung

1. Bei Raten- und Annuitätenschulden muß deutlich zwischen Höchst-, Mindest- und Gesamtrendite unterschieden werden.
2. Die Höchstrendite ist die Rendite für die kürzeste Laufzeit der Anleihestücke.
3. Die Mindestrendite ist die Rendite für die längste Laufzeit der Anleihestücke.
4. Die Gesamtrendite ist die durchschnittliche Rendite der Anleihestücke.
5. Die Spannweite zwischen Höchst- und Mindestrendite ist von der Tilgungsdauer abhängig; je kürzer die Tilgungsdauer, desto geringer die Differenz.
6. Die Renditen können mathematisch oder nach den drei Faustregeln ermittelt werden.
7. Die Faustregel II führt zu vertretbaren Ergebnissen, je größer die Laufzeit der Anleihe ist.
8. Die Faustregel I führt zu großen Abweichungen vom mathematischen Wert, die sich mit zunehmender Laufzeit der Anleihe abschwächen.
9. Bei Zinsschulden decken sich Mindest-, Höchst- und Gesamtrendite.
10. Für die genaue mathematische Berechnung der Rendite verwendet man die entsprechenden Kursformeln, setzt in ihnen nacheinander zwei geschätzte Renditenwerte ein und interpoliert auf den vorgegebenen Kurs.
11. Bei Annuitätenschulden transformiert man diese Schuld durch die mittlere Laufzeit in eine renditengleiche Zinsschuld, um den Mehrzins aus der halbjährlichen Zinszahlung zu berücksichtigen.
12. Die mathematische mittlere Laufzeit ist deutlich zu trennen von der durchschnittlichen Laufzeit einer Anleihe.

5. Sonderfälle der Renditenberechnung

bei Anleihen mit uneinheitlicher Tilgung

Über die reinen Zinsschulden, Ratenschulden und Annuitätenschulden hinaus kennt die Praxis Sonderformen von Anleihen, bei denen der Rückzahlungsmodus variiert ist oder die Renditeberechnung in besonderer Form durchgeführt wird:

A. Die Rückzahlung erfolgt zu gleichen Raten mit einer erhöhten Abschlußzahlung (vgl. Hamburger Hochbahn-AG, S. 173).

B. Die Renditenberechnung erfolgt bei reinen Ratenschulden mit Hilfe der mittleren Laufzeit (vgl. Nordwestdeutsche Kraftwerke-AG, S. 174).

Welche Rechnungsart lag für die Renditeberechnung ($p' = 6{,}11\,\%$) der Hamburger Hochbahn-Anleihe zugrunde?

Die kaufmännische Methode:

Faustregel I hatte ergeben ($x = 10$):

$$p'_{F1} = \frac{5{,}5 \cdot 100}{95{,}5} + \frac{100 - 95{,}5}{10} = 5{,}76 + 0{,}45 = p'_{F1} = \underline{6{,}21\,\%}.$$

Faustregel II ($x = 10$):

$$p'_{F2} = \frac{5{,}5 \cdot 100}{95{,}5} + \frac{(100 - 95{,}5) \cdot 100}{10 \cdot 95{,}5} = 5{,}76 + 0{,}47 = p'_{F2} = \underline{6{,}23\,\%}.$$

Faustregel III:

$$p'_{F3} = \frac{5{,}5 \cdot 100}{95{,}5} = \underline{5{,}76\,\%}.$$

Sonderanleihe A:

Verkaufsangebot

für restliche

DM 3500000,—

mündelsichere, zinssteuerfreie

5,5%ige Inhaberschuldverschreibungen von 1950

der

Hamburger Hochbahn Aktiengesellschaft

Hamburg

zum Kurse von 95,5%

zuzüglich Börsenumsatzsteuer unter Verrechnung von Stückzinsen.

Anleihebedingungen: Ausgabe zum **1. 1. 54.**

Zweck:

Der Anleiheerlös dient der Fortsetzung des noch laufenden Wiederaufbau- und Erneuerungsprogramms der Gesellschaft.

Stückelung:

Die Anleihe ist eingeteilt in Inhaberschuldverschreibungen über DM 100,—, 500,— und 1000,—.

Zins-Fälligkeit:

Die Zinsen sind halbjährlich nachträglich am 2. 1. und 1. 7. jeden Jahres zahlbar.

Steuerfreiheit:

Die Anleihezinsen sind frei von Einkommensteuer, Körperschaftsteuer, Gewerbeertragsteuer, Kirchensteuer und Abgabe Notopfer Berlin.

Tilgung:

Die Anleihe wird bereits vom Jahre 1955 ab nur durch Auslosung in 15 Jahresraten zu je 6% und einer letzten Jahresrate zu 10% des ursprünglichen Anleihebetrages getilgt. Die Tilgungsbeträge sind jeweils am 1. Juli,

erstmalig am 1. Juli 1955,

zur Rückzahlung zum Nennwert fällig. Verstärkte außerplanmäßige Auslosungen sind zulässig.

Eine Tilgung durch Rückkauf von Schuldverschreibungen ist ausgeschlossen.

Laufzeit: Mittlere Laufzeit 10 Jahre.

Effektive Verzinsung:

Unter Zugrundelegung der mittleren Laufzeit ergibt sich bei dem Ausgabekurs von 95,5% für den Anleger eine effektive Verzinsung von 6,11% ohne Berücksichtigung der Steuerfreiheit.

Ausstattung	Rendite	Mathematische Berechnung	Faustregeln		
			I	II	III
$p = 5{,}5\%$ $x = 10$ $\alpha = 0$ $C_0 = 95{,}5\%$	Gesamtrendite	$p'_M = 6{,}11$	6,21	6,23	5,76

Die mathematische Berechnungsmethode:

1. Schätzung: $p' = 6{,}25\%$ $(x = 10)$

$$C_0 = 5{,}5 \cdot 7{,}27369 + 100 \cdot 0{,}54539$$

$$C_0 = 40 + 54{,}54 = \underline{94{,}54\%}$$ (ohne Berücksichtigung der halbjährlichen Zinszahlung).

2. Schätzung: $p' = 6\%$ $(x = 10)$

$$C_0 = 5{,}5 \cdot 7{,}36 + 100 \cdot 0{,}5584$$

$$C_0 = 40{,}48 + 55{,}84 = \underline{96{,}32\%}$$ (ohne Berücksichtigung der halbjährlichen Zinszahlung).

Interpolation:

$$96{,}32\% \rightarrow 6\%$$
$$94{,}54\% \rightarrow 6{,}25\%$$
$$1{,}78\% \rightarrow 0{,}25\%$$

$$\frac{0{,}25 \cdot 0{,}96}{1{,}78} = 0{,}14$$

$$p' = 6{,}25 - 0{,}14 = \underline{6{,}11\%} \text{ Rendite.}$$

Sonderanleihe B:

Verkaufs-Angebot

steuerbegünstigter 6,5% oder steuerfreier 5,5%
Inhaberschuldverschreibungen von 1950
der
Nordwestdeutsche Kraftwerke AG
Hamburg
zum Kurse von 95,5%
zuzüglich Börsenumsatzsteuer unter Verrechnung von Stückzinsen

Die Nordwestdeutsche Kraftwerke-Aktiengesellschaft hat im Jahre 1950 die Genehmigung zur Begebung einer 6,5%igen Anleihe von 1950 im Nennwert von insgesamt DM 18500000,— erhalten. In Anpassung an die seit Auflegung der Anleihe veränderte Lage des Rentenmarktes wird der Verkauf nunmehr zum Kurse von 95,5% fortgesetzt.

Anleihebedingungen: Ausgabe zum 1. 1. 54.

Zweck:
Der Anleiheerlös dient dem Ausbau der Erzeugungs- und Übertragungsanlagen der Gesellschaft.

Stückelung:
Die Anleihe ist eingeteilt in Inhaberschuldverschreibungen über DM 100,—, 500,— und 1000,—.

Zinsfälligkeit:
Die Zinsen sind halbjährlich nachträglich am 2. 1. und 1. 7. eines jeden Jahres zahlbar.

Zins-Steuerbegünstigung:
Die Zinsen von 6,5% werden unter Abzug von Kapitalertragsteuer bezahlt. Die Kapitalertragsteuer beträgt nach dem gegenwärtigen Stand der Gesetzgebung 30%. Mit dieser Kuponsteuer sind Einkommensteuer, Körperschaftsteuer, Gewerbeertragsteuer sowie das Notopfer Berlin abgegolten.

(Fortsetzung S. 175)

Zins-Steuerfreiheit:
Stimmt der Käufer der Konvertierung auf 5,5% bei der Auftragserteilung zu, so sind die Erträge vom Anlagetermin ab gem. § 3a Ziff. 3 EStG steuerfrei.
Tilgung:
Die Anleihe wird bereits vom Jahre 1955
nur durch Auslosung
in 15 Jahresraten getilgt.
Die Tilgungsbeträge sind jeweils am 2. Januar,
erstmalig am 2. Januar 1955,
zur Rückzahlung zum Nennwert fällig. Eine Tilgung durch Rückkauf von Schuldverschreibungen ist ausgeschlossen.
Laufzeit:
Die mittlere Laufzeit beträgt 8 Jahre.
Effektive Verzinsung:
Unter Zugrundelegung der mittleren Laufzeit ergibt sich für die 5,5% Inhaberschuldverschreibungen bei dem Ausgabekurs von 95,5% für den Anleger eine effektive Verzinsung von 6,23% ohne Berücksichtigung der Steuerfreiheit.
Kündbarkeit:
Die Schuldnerin ist berechtigt, eine Gesamtkündigung vorzunehmen, und zwar erstmalig zum 2. Januar 1955. Die Kündigung hat zum Nennwert unter Einhaltung einer dreimonatigen Kündigungsfrist zu erfolgen.

Ausstattung	Rendite	Mathematische Berechnung	Faustregel I
$p = 6{,}5/5{,}5\%$ $l = 0$ $n = 15$ $x = 8$ $\alpha = 0$ $C_0 = 95{,}5$	Gesamtrendite für p = 5,5%	$p'_M = 6{,}23\%$	6,35%

Sowohl bei der Anleihe der Hamburger Hochbahn-AG als auch bei der Schuldverschreibung der Nordwestdeutschen Kraftwerke-AG werden Ratenschulden durch die Angabe der mittleren Laufzeit für die Renditeberechnung in Zinsschulden mit gleichen Renditen umgewandelt.

Nachrechnung

der für die Inhaberschuldverschreibungen von 1950 der Nordwestdeutschen Kraftwerke-AG angegebenen Rendite von 6,23% auf Grund der mittleren Laufzeit von 8 Jahren. (Entwicklung der Formel vgl. Seite 141).

a) *Ermittlung der mittleren Laufzeit:*

$$x = \frac{\log n - \log a'_n}{\log q'} = \frac{1{,}1761 - 0{,}9803}{0{,}0261} = 7{,}5$$

$$n = 15$$

$$p' = 6{,}25 \text{ (geschätzt)}$$

Mittlere Laufzeit: $x = \underline{7{,}5,}$ aufgerundet auf 8 Jahre.

b) *Renditeberechnung:*

1. Schätzung: $p' = 6{,}25\%$

$C_0 = 5{,}5 \cdot 6{,}1488 + 100 \cdot 0{,}6157$

$C_0 = 33{,}82 + 61{,}57 = \underline{95{,}39\%}.$

2. Schätzung: $p' = 6{,}5\%$

$C_0 = 5{,}5 \cdot 6{,}08875 + 100 \cdot 0{,}6042$

$C_0 = 33{,}49 + 60{,}42 = \underline{93{,}91\%}.$

Interpolation:

$95{,}39\% \rightarrow 6{,}25\%$

$93{,}91\% \rightarrow 6{,}5\%$

$1{,}48\% \rightarrow 0{,}25\%$

$$\frac{0{,}25 \cdot 0{,}11}{1{,}48} = 0{,}019$$

$p' = 6{,}25 - 0{,}019 = \underline{6{,}23\%}$ (ohne Berücksichtigung der halbjährlichen Zinszahlungen).

c) *Bei Verwendung der Faustregel I* ergibt sich:

$$p' = \frac{p \cdot 100}{C_0} + \frac{C_n - C_0}{n} = \frac{5{,}5 \cdot 100}{95{,}5} + \frac{100 - 95{,}5}{8}$$

$$p' = 5{,}79 + 0{,}5625 = \underline{6{,}35\%}.$$

6. Rendite von Aktien

Die Höhe der Renditen von Aktien ist abhängig von

a) der zu erwartenden Dividende,
b) der Höhe des Erwerbspreises bzw. des Anschaffungskurses.

Unterstellt man eine konstante Dividendenhöhe von p% p. a., so kann dieser Gewinnanteil finanzmathematisch als ewiger Zins, als ewige Jahresrente r, angesehen werden, deren Barwert der Anschaffungskurs ist.

Barwert der ewigen Rente: $k_0 = \frac{r \cdot 100}{p} = C_0$

$$p' = \frac{r \cdot 100}{k_0} = \frac{\text{Dividende} \cdot 100}{\text{Kurs}}$$

Beispiel: Wie hoch ist die Rendite einer Aktie, die zum Kurs von 150,— DM erworben worden ist und eine Dividende von 5% p. a. abwirft?

$$p' = \frac{5 \cdot 100}{150} = \underline{3{,}33\%}.$$

Graphische Darstellung für das Ablesen der Renditen

Auf der Ordinate sind die Beschaffungskurse aufgeführt (50% bis 200%).

Auf der Abszisse sind die Renditen angegeben.

Beispiel: Der Erwerbskurs eines Papiers beträgt 50 % (s. Ordinate); ausgeschüttet werden 4 % Dividende (s. Dividendenskala); dem entspricht eine Rendite von 8 % (s. Abszisse).

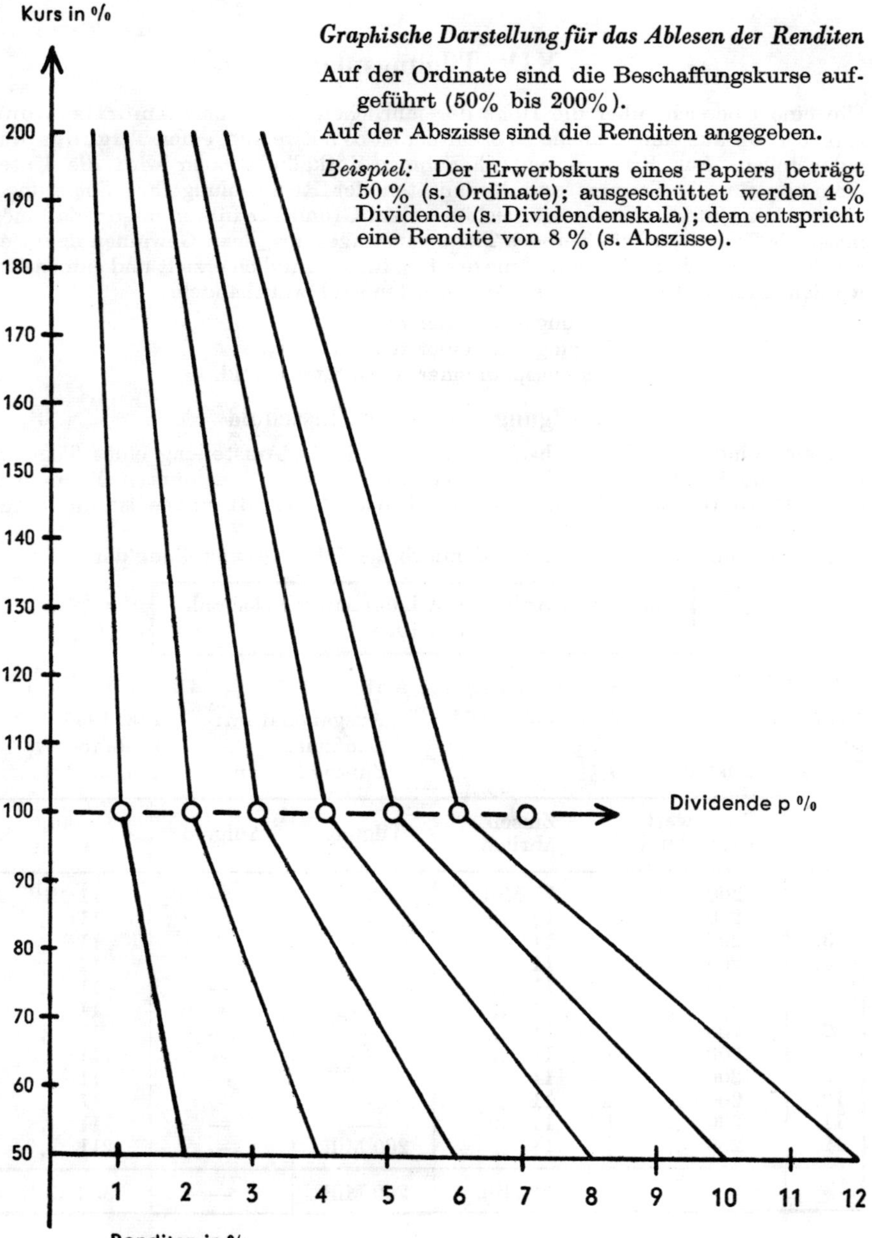

XIV. Tilgungspläne

Um eine Übersicht über die Höhe der jährlichen Zins- und Amortisationsleistungen aus einer Anleihe zu erhalten, ist es notwendig, einen Tilgungsplan aufzustellen. Aus Ertrags- und Einnahmen-Vorkalkulationen wird die Unternehmung für die Termine und Modalitäten der Rückzahlung ihre Folgerungen ziehen. Die Unternehmung wird sich von dem Grundsatz führen lassen, daß möglichst die Zinsen und ein Teil des Tilgungsbetrages aus jenen Gewinnen finanziert werden, die durch die Hereinnahme des Kredites zusätzlich erzielt und einbehalten worden sind. Entsprechend den Anleihearten sind zu behandeln:

Tilgungsplan einer Zinsschuld,
Tilgungsplan einer Ratenschuld,
Tilgungsplan einer Annuitätenschuld.

1. Tilgungsplan einer Zinsschuld

Für eine eindeutige Zinsschuld erübrigt sich die Aufstellung eines Tilgungsplanes. Die Rückzahlung erfolgt zu einem im voraus bestimmten Termin in einem Gesamtbetrag. Die Höhe des jährlichen Zinsendienstes ist für die gesamte Laufzeit konstant.

Der Vollständigkeit halber sei hier dennoch die Zahlungsaufstellung der

5,5% igen Anleihe der Lastenausgleichsbank
von 1955

vorgenommen:

Ausstattung der Anleihe:

Nennwert:	200000000,— DM	Ausgabedatum:	1. 8. 1955
p:	5,5% p. a.	Laufzeit:	12 Jahre
Rückzahlungskurs:	100%	Zinszahlungen:	halbjährlich

Jahr	Nennwert Restschuld	Zinsen jährlich	Tilgung	Aufgeld	Gesamtbetrag
1.	200 Mill.	11 Mill.	—	—	11 Mill.
2.	200 „	11 „	—	—	11 „
3.	200 „	11 „	—	—	11 „
4.	200 „	11 „	—	—	11 „
5.	200 „	11 „	—	—	11 „
6.	200 „	11 „	—	—	11 „
7.	200 „	11 „	—	—	11 „
8.	200 „	11 „	—	—	11 „
9.	200 „	11 „	—	—	11 „
10.	200 „	11 „	—	—	11 „
11.	200 „	11 „	—	—	11 „
12.	200 „	11 „	200 Mill.	—	211 „
		132 Mill.	200 Mill.	—	332 Mill.

2. Tilgungsplan einer Ratenschuld

Auch bei einer reinen Ratenschuld kann auf die Fixierung eines besonderen Amortisationsplanes verzichtet werden. Die Raten der Rückzahlung sind in der Anleiheausstattung angegeben; damit sind die jeweiligen Jahresgesamtausgaben des Zinsen- und Tilgungsdienstes zu übersehen. Soweit man davon absieht, daß der Schuldner von der Möglichkeit einer vorzeitigen und verstärkten Tilgung Gebrauch macht, ergibt sich z. B. für die

a) 5,5%ige Anleihe der Deutschen Bundespost v. 1955

folgender Plan:

Ausstattung der Anleihe:

Nennwert:	125000000,— DM
p:	5,5% p. a.
Ausgabedatum:	1. 9. 1955
Tilgungsbeginn:	1. 9. 1966
Letzte Tilgung:	31. 8. 1970.

Jahre	Nennwert der Restschuld	Zinsen	Tilgung	Gesamtbetrag
Tilgungsfrei 1—10	125 Mill.	68750000,—	—	68750000,—
11.	125 Mill.	6875000,—	25 Mill.	31875000,—
12.	100 „	5500000,—	25 „	30500000,—
13.	75 „	4125000,—	25 „	29125000,—
14.	50 „	2750000,—	25 „	27750000,—
15.	25 „	1375000,—	25 „	26375000,—
		89375000,—	125 Mill.	214375000,—

b) Handelt es sich um eine gestaffelte Ratenschuld, so ergibt sich aus der

7,5%igen Anleihe von 1954
der
Siemens & Halske AG
Berlin-München

folgende Aufstellung:

Ausstattung der Anleihe:

Nennwert:	100000000,— DM
Ausgabedatum:	1. 1. 1954
Aufgeld:	3%
Tilgungsbeginn:	1. 1. 1960
Letzte Tilgung:	1. 1. 1969
Laufzeit:	15 Jahre

Tilgung: Die Tilgung erfolgt ab 1. Januar 1960 durch jährliche Auslosung zum Kurse von 103%. In den Jahren 1960 und 1961 werden je 2 Serien, also jährlich DM 5000000,—, in den Jahren 1962 und 1963 je 3 Serien, also jährlich DM 7500000,—, und in den Jahren 1964 bis 1969 je 5 Serien, also jährlich DM 12500000,—, getilgt. Die erste Jahresrate ist am 2. Januar 1960 fällig, so daß die gesamte Anleihe spätestens am 2. Januar 1969 zurückgezahlt sein wird. Die Auslosung findet spätestens drei Monate vor dem Tilgungstermin unter Aufsicht eines Notars statt. Das Auslosungsergebnis wird alsdann unverzüglich bekanntgemacht.

Jahre	Nennwert der Restschuld	Zinsen jährlich	Tilgung	Aufgeld	Jahresbetrag
1	100 Mill.	7,5 Mill.	—	—	7,5 Mill.
2	100 ,,	7,5 ,,	—	—	7,5 ,,
3	100 ,,	7,5 ,,	—	—	7,5 ,,
4	100 ,,	7,5 ,,	—	—	7,5 ,,
5	100 ,,	7,5 ,,	—	—	7,5 ,,
6	100 ,,	7,5 ,,	5 Mill.	150000,—	12,65 ,,
7	95 ,,	7,125 ,,	5 ,,	150000,—	12,275 ,,
8	90 ,,	6,75 ,,	7,5 ,,	225000,—	14,475 ,,
9	82,5 ,,	6,1875 ,,	7,5 ,,	225000,—	13,9125 ,,
10	75 ,,	5,625 ,,	12,5 ,,	375000,—	18,5 ,,
11	62,5 ,,	4,6875 ,,	12,5 ,,	375000,—	17,5625 ,,
12	50 ,,	3,75 ,,	12,5 ,,	375000,—	16,625 ,,
13	37,5 ,,	2,8125 ,,	12,5 ,,	375000,—	15,6875 ,,
14	25 ,,	1,875 ,,	12,5 ,,	375000,—	14,750 ,,
15	12,5 ,,	0,9375 ,,	12,5 ,,	375000,—	13,8125 ,,
		84,750 Mill.	100,0 Mill.	3000000,—	187,750 Mill.

3. Tilgungsplan einer Annuitätenschuld

Für eine Annuitätenschuld ergibt sich der jährlich aufzuwendende Betrag aus den Formeln:

1. $A = \frac{k_0}{a_n}$ ohne Aufgeld.
2. $A^* = \frac{k_0^*}{a^*_n}$ mit Aufgeld.
3. $A = T_1 \cdot q^n = T_{n+1}$ ohne Aufgeld.
4. $A^* = T_1^* \cdot q^{*n} = T^*_{n+1}$ mit Aufgeld.

} Vgl. S. 109

Die einzelnen Tilgungsraten errechnen sich aus der Formel:

1. $T_n = T_1 \cdot q^{n-1}$ ohne Aufgeld.
2. $T^*_n = T_1^* \cdot q^{*n-1}$ mit Aufgeld.

Die Annuitäten lassen sich also berechnen

1. aus den gegebenen Werten K_0, n, p, oder
2. aus einer gegebenen Tilgungsquote T und n, p.

Die Aufstellung von Tilgungsplänen

für Annuitätenschulden

a) Tilgungsplan einer Annuitätenschuld ohne Aufgeld, ohne Stückelung

Eine Annuitätenschuld von 100000,— DM soll nachschüssig in 5 Jahren getilgt werden:

$$\begin{aligned} p &= 5{,}5\% \\ n &= 5 \text{ Jahre} \\ \alpha &= 0 \\ k_0 &= 100\,000{,}- \end{aligned}$$

$$\text{Annuität} = A = \frac{k_0}{a_n} = \frac{100\,000}{4{,}27028448} = 23\,417{,}64.$$

Die Ermittlung der Tilgungsraten:

$$\begin{array}{rrl} A = & 23\,417{,}64 & \\ -\text{Zi.} = & 5\,500{,}- & \\ \hline & 17\,917{,}64 = T_1 & \\ +\text{Zi.} = & 985{,}47 & \quad T_2 = T_1 \cdot q \\ \hline & 18\,903{,}11 = T_2 & \\ +\text{Zi.} = & 1\,039{,}67 & \quad T_3 = T_2 \cdot q \\ \hline & 19\,942{,}78 = T_3 & \\ +\text{Zi.} = & 1\,096{,}85 & \quad T_4 = T_3 \cdot q \\ \hline & 21\,039{,}63 = T_4 & \\ +\text{Zi.} = & 1\,157{,}19 & \quad T_5 = T_4 \cdot q \\ \hline & 22\,196{,}82 = T_5 & \\ +\text{Zi.} = & 1\,220{,}82 & \quad T_6 = T_5 \cdot q \\ \hline & \underline{23\,417{,}64} = T_6 = T_{n+1} = A = \underline{\text{Annuität}}. & \end{array}$$

Tilgungsplan

Jahre	Restschuld	Zinsen	Tilgung	Annuität
1	100000,—	5500,—	17917,64	23417,64
2	82082,36	4514,52	18903,12	23417,64
3	63179,24	3474,85	19942,79	23417,64
4	43236,45	2378,01	21039,63	23417,64
5	22196,82	1220,82	22196,82	23417,64
		17088,20	100000,—	117088,20

b) Der Tilgungsplan unter Berücksichtigung einer Stückelung von 1000 DM

Bedingt durch die Stückelung können die Annuitäten nicht immer voll in Anspruch genommen werden. Es bleibt jährlich ein Restbetrag. Die Tilgung in den einzelnen Jahren kann nicht in der geplanten Höhe durchgeführt werden. Die Restschuldbeträge sind größer, als sie ursprünglich festgelegt wurden; dadurch erhöht sich auch entsprechend der Zinsendienst der nachfolgenden Jahre. Einer erhöhten Zinszahlung steht jedoch rechnerisch ein gleich hoher Zinsertrag gegenüber.

In der Regel ist es üblich, den Jahresrestbetrag der Annuitäten der Annuität des nachfolgenden Jahres zuzuschlagen. Bezogen auf das letzte Beispiel ergibt sich der

Tilgungsplan mit Stückelung

Jahre	Restschuld	Zinsen	Tilgung	Annuität	Saldo
1	100000,—	5500,—	17000,—	22500,—	+917,64
2	83000,—	4565,—	19000,—	23565,—	+770,28
3	64000,—	3520,—	20000,—	23520,—	+667,91
4	44000,—	2420,—	21000,—	23420,—	+665,56
5	23000,—	1265,—	23000,—	24265,—	—181,78
		17270,—	100000,—	117270,—	—181,78

Nachrechnung: 1. a) Zinsaufkommen mit Stückelung: 17270,— DM

b) „ ohne „ : 17088,20 „

c) Zinsmehrbelastung: 181,80 DM

2. Zinserträge:

Ende des	nicht tilgungsfähige Beträge	Zinsen für das Jahr	Summe	verwendet zur Tilgung
1. Jahres	917,64	2. 50,47	968,11	147,36
2. „	820,75	3. 45,14	865,89	102,36
3. „	763,53	4. 41,99	805,52	2,36
4. „	803,16	5. 44,17	847,33	847,33
		181,77		

3. Zinsbelastung = 181,80 DM = Zinserträge.

c) Tilgungsplan einer Annuitätenschuld mit Aufgeld und Stückelung

Eine Annuitätenschuld von 100000,— DM soll nachschüssig in 5 Jahren getilgt werden.

$$p = 5{,}5\%$$
$$n = 5 \text{ Jahre}$$
$$\alpha = 10\%$$
$$k_0 = 100000{,}—$$

Berechnung der Annuität:

$$A^* = \frac{k_0^*}{a^*_n}$$

$$k_0^* = 110000{,}—$$

$$p^* = \frac{p}{1 + \frac{\alpha}{100}} = \frac{5{,}5}{1{,}1} = 5\%$$

$$A^* = \frac{110000}{4{,}32947667} = \underline{25407{,}23.}$$

Berechnung der Tilgungsraten:

$$
\begin{aligned}
A^* &= 25\,407{,}23 \\
-\,Zi. &= \underline{5\,500{,}-} \\
& \ 19\,907{,}23 = T^*_1 \\
+\,Zi. &= \underline{995{,}36} \\
& \ 20\,902{,}59 = T^*_2 \\
+\,Zi. &= \underline{1\,045{,}13} \\
& \ 21\,947{,}72 = T^*_3 \\
+\,Zi. &= \underline{1\,097{,}39} \\
& \ 23\,045{,}11 = T^*_4 \\
+\,Zi. &= \underline{1\,152{,}26} \\
& \ 24\,197{,}37 = T^*_5 \\
+\,Zi. &= \underline{1\,209{,}86} \\
& \ 25\,407{,}23 = T^*_6 = T^*_{n+1} = A^*
\end{aligned}
$$

$$T^* = \text{Tilgung} + \text{Aufgeld} = 110\%$$

$$T = \frac{T^* \cdot 100}{110}$$

$$
\begin{aligned}
T_1 &= 19\,907{,}23 : 1{,}1 = 18\,097{,}48 \\
T_2 &= 20\,902{,}59 : 1{,}1 = 19\,002{,}36 \\
T_3 &= 21\,947{,}72 : 1{,}1 = 19\,952{,}46 \\
T_4 &= 23\,045{,}11 : 1{,}1 = 20\,950{,}10 \\
T_5 &= 24\,197{,}37 : 1{,}1 = \underline{21\,997{,}60} \\
& \phantom{= 24\,197{,}37 : 1{,}1 =}\ 100\,000{,}-
\end{aligned}
$$

Tilgungsplan ohne Stückelung

Jahre	Nennwert der Restschuld	Zinsen	Tilgung	Aufgeld	Annuität
1	100000,—	5500,—	18097,48	1809,75	25407,23
2	81902,52	4504,64	19002,36	1900,23	25407,23
3	62900,16	3459,51	19952,47	1995,25	25407,23
4	42947,69	2362,12	20950,10	2095,01	25407,23
5	21997,59	1209,88	21997,59	2199,76	25407,23
		17036,15	100000,—	10000,—	127036,15

Tilgungsplan mit Stückelung (1000,— DM)

Jahr	Nennwert Restschuld	Zinsen	Tilgung	Aufgeld	Annuität	Saldo
1	100000,—	5500,—	18000,—	1800,—	25300,—	+ 107,23
2	82000,—	4510,—	19000,—	1900,—	25410,—	+ 104,46
3	63000,—	3465,—	20000,—	2000,—	25465,—	+ 46,69
4	43000,—	2365,—	20000,—	2000,—	24365,—	+ 1088,92
5	23000,—	1265,—	23000,—	2300,—	26565,—	— 68,85
		17105,—	100000,—	10000,—	127105,—	— 68,85

d) Tilgung von Anleihen mit ungleicher Stückelung

In der Praxis werden Anleihen in der Regel nicht in gleicher Stückelung ausgegeben, sondern in Serien unterschiedlicher Stückelung.

„Die Anleihe ist eingeteilt in Inhaberschuldverschreibungen im Nennbetrage von DM 5000,—, DM 1000,—, DM 500,— und DM 100,—."

Für diesen Fall ist die Gesamtanleihe in entsprechende Teilanleihen zu zerlegen. Für jede Teilanleihe werden die Annuität, der rechnerische Tilgungsplan und die Stücke bestimmt. Der Gesamttilgungsbetrag der einzelnen Jahre ergibt sich dann als Summe der Teiltilgungsbeträge.

Beispiel: Eine Annuitätenschuld von 100000,— DM soll nachschüssig in 5 Jahren getilgt werden:

$p = 6\%$	Stückelung:
$n = 5$ Jahre	550 Stücke zu 100,— DM = 55000,— DM
$l = 7$ Jahre	50 Stücke zu 500,— DM = 25000,— DM
$k_0 = 100000,—$	20 Stücke zu 1000,— DM = 20000,— DM
	100000,— DM

Teilanleihe I:

$k_0 = 55000,—$ DM, gestückelt zu 100,— DM; $n = 5$ Jahre; $p = 6\%$:

$$A = \frac{k_0}{a_5} = \frac{55000}{4,2124} = \underline{13056,80 \text{ DM}}$$

Rechnerischer Tilgungsplan ohne Stückelung

n	Restschuld	Zinsen	Tilgungsrate	Annuität
1.—7.	55000,—	3300,—	—	3300,—
8	55000,—	3300,—	9756,80	13056,80
9	45243,20	2714,59	10342,21	13056,80
10	34900,99	2094,06	10962,74	13056,80
11	23938,25	1436,29	11620,50	13056,80
12	12317,74	739,06	12317,73	13056,80
		10284,—	54999,98	65284,—

Tilgungsplan mit Stückelung

n	Restschuld	Zinsen	Tilgungsrate	Stücke	Annuität	Saldo
1.—7.	55000,—	3300,—	—	—	—	—
8	55000,—	3300,—	9700,—	97	13000,—	+56,80
9	45300,—	2718,—	10300,—	103	13018,—	+95,60
10	35000,—	2100,—	11000,—	110	13100,—	+52,40
11	24000,—	1440,—	11600,—	116	13040,—	+69,20
12	12400,—	744,—	12400,—	124	13144,—	—18,00
		10302,—	55000,—	550	65302,—	

Zinsaufwand ohne Stückelung	10284,— DM
Zinsaufwand mit Stückelung	10302,— DM
Zinsmehraufwand:	18,— DM

Teilanleihe II:

k_0 = 25000,— DM, gestückelt zu 500,— DM; n = 5 Jahre; p = 6%:

$$A = \frac{k_0}{a_5} = \frac{25000}{4{,}2124} = \underline{5934{,}91 \text{ DM}}$$

Rechnerischer Tilgungsplan ohne Stückelung

n	Restschuld	Zinsen	Tilgungsrate	Annuität
1.—7.	25000,—	1500,—	—	1500,—
8	25000,—	1500,—	4434,91	5934,91
9	20565,09	1233,90	4701,01	5934,91
10	15864,08	951,84	4983,07	5934,91
11	10881,01	652,86	5282,05	5934,91
12	5598,96	335,94	5598,96	5934,90
		4674,54	25000,—	29674,54

Tilgungsplan mit Stückelung

n	Restschuld	Zinsen	Tilgungsrate	Stücke	Annuität	Saldo
1.—7.	25000,—	1500,—	—	—	1500,—	—
8	25000,—	1500,—	4000,—	8	5500,—	+434,91
9	21000,—	1260,—	5000,—	10	6260,—	+109,82
10	16000,—	960,—	5000,—	10	5960,—	+ 84,73
11	11000,—	660,—	5000,—	10	5660,—	+359,64
12	6000,—	360,—	6000,—	12	6360,—	— 65,45
		4740,—	25000,—	50	29740,—	

Zinsaufwand ohne Stückelung	4674,54 DM
Zinsaufwand mit Stückelung	4740,— DM
Zinsmehraufwand:	65,46 DM

Teilanleihe III:

k_0 = 20000,— DM, gestückelt zu 1000,— DM; n = 5 Jahre; p = 6%:

$$A = \frac{k_0}{a_5} = \frac{20000}{4{,}2124} = \underline{4747{,}93 \text{ DM}}$$

Rechnerischer Tilgungsplan ohne Stückelung

n	Restschuld	Zinsen	Tilgungsrate	Annuität
1.—7.	20000,—	1200,—	—	1200,—
8	20000,—	1200,—	3547,93	4747,93
9	16452,07	987,12	3760,81	4747,93
10	12691,26	761,47	3986,46	4747,93
11	8704,80	522,28	4225,65	4747,93
12	4479,15	268,75	4479,18	4747,93
		3739,62	20000,03	23739,65

Tilgungsplan mit Stückelung

n	Restschuld	Zinsen	Tilgungsrate	Stücke	Annuität	Saldo
1.—7.	20000,—	1200,—	—	—	1200,—	—
8	20000,—	1200,—	3000,—	3	4200,—	+547,93
9	17000,—	1020,—	4000,—	4	5020,—	+275,86
10	13000,—	780,—	4000,—	4	4780,—	+243,79
11	9000,—	540,—	4000,—	4	4540,—	+451,72
12	5000,—	300,—	5000,—	5	5300,—	—100,35
		3840,—	20000,—	20	23840,—	

Zinsaufwand ohne Stückelung: 3739,62 DM
Zinsaufwand mit Stückelung 3840,00 DM
Zinsmehraufwand: 100,38 DM

Gesamttilgungsplan mit ungleicher Stückelung

n	Restschuld	Zinsen	Tilgungsrate	Stücke zu 100,—	Stücke zu 500,—	Stücke zu 1000,—	Annuität
1.—7.	100000,—	6000,—	—	—	—	—	6000,—
8	100000,—	6000,—	16700,—	97	8	3	22700,—
9	83300,—	4998,—	19300,—	103	10	4	24298,—
10	64000,—	3840,—	20000,—	110	10	4	23840,—
11	44000,—	2640,—	20600,—	116	10	4	23240,—
12	23400,—	1404,—	23400,—	124	12	5	24804,—
		18882,—	100000,—	550	50	20	118882,—

Zinsaufwand: Teilanleihe I = 10302,— DM
„ : „ II = 4740,— DM
„ : III = 3840,— DM
Gesamtzinsaufwand = 18882,— DM

Beispiel der Praxis:

Tilgungsplan der

Teilschuldverschreibungen
der
Badenwerk-AG, Karlsruhe

Ausstattung der Anleihe:

Nennwert:	15000000,— DM
Zinssatz:	8%
Laufzeit:	12 Jahre
Tilgungsdauer:	7 Jahre
Tilgungsfreie Jahre:	5 Jahre
Aufgeld:	2%

a) Annuitätenberechnung:

$$A^* = \frac{k_0^*}{a^*_n} \qquad k_0^* = 15300000,—$$

$$p^* = \frac{p}{1 + \frac{\alpha}{100}} = \frac{8}{1,02} = \underline{7,843137\%}$$

$a_{7,84/7}$ wird durch Interpolation ermittelt.

$$a_{7,75/7} = 5,25118380$$
$$a_{8/7} = 5,20637006$$
$$0,25\% \rightarrow 0,04481374$$

$$\frac{0,04481 \cdot 0,093}{0,25} = 0,01669532$$

$$\begin{array}{r} 5,2511 \\ -\,0,0167 \\ \hline 5,2344 \end{array} = a_{7,84/7}$$

$$A^* = \frac{15300000}{5,2344} = \underline{2922961,—}.$$

b) Ermittlung der Tilgungsraten:

$$
\begin{array}{rrl}
A^* = & 2\,922\,961,\text{—} & \\
-\,Zi. = & 1\,200\,000,\text{—} & \\
\hline
 & 1\,722\,961,\text{—} = T^*_1 & T^*_1 : 1{,}02 = T_1 = 1\,689\,177{,}46 \\
+\,Zi. = & 135\,134{,}19 & \\
\hline
 & 1\,858\,095{,}19 = T^*_2 & T^*_2 : 1{,}02 = T_2 = 1\,821\,662{,}04 \\
+\,Zi. = & 145\,732{,}95 & \\
\hline
 & 2\,003\,828{,}14 = T^*_3 & T^*_3 : 1{,}02 = T_3 = 1\,964\,537{,}41 \\
+\,Zi. = & 157\,162{,}99 & \\
\hline
 & 2\,160\,991{,}13 = T^*_4 & T^*_4 : 1{,}02 = T_4 = 2\,118\,618{,}78 \\
+\,Zi. = & 169\,489{,}49 & \\
\hline
 & 2\,330\,480{,}62 = T^*_5 & T^*_5 : 1{,}02 = T_5 = 2\,284\,785,\text{—} \\
+\,Zi. = & 182\,782{,}79 & \\
\hline
 & 2\,513\,263{,}41 = T^*_6 & T^*_6 : 1{,}02 = T_6 = 2\,463\,983{,}78 \\
+\,Zi. = & 197\,118{,}69 & \\
\hline
 & 2\,710\,382{,}10 = T^*_7 & T^*_7 : 1{,}02 = T_7 = \underline{2\,657\,237{,}41} \\
+\,Zi. = & 212\,578{,}98 & \\
\hline
 & \underline{2\,922\,961{,}08} = T^*_8 & \qquad\qquad\qquad \underline{15\,000\,001{,}88}
\end{array}
$$

(Differenz 1,88 DM)

$T^*_8 = T^*_{n+1} = A^* =$ <u>Annuität.</u>

Tilgungsplan ohne Stückelung

Jahre	Nennwert der Restschuld	Zinsen	Tilgung	Aufgeld	Annuität
1	15000000,—	1200000,—	—	—	1200000,—
2	15000000,—	1200000,—	—	—	1200000,—
3	15000000,—	1200000,—	—	—	1200000,—
4	15000000,—	1200000,—	—	—	1200000,—
5	15000000,—	1200000,—	—	—	1200000,—
6	15000000,—	1200000,—	1689177,46	33783,54	2922961,—
7	13310822,54	1064865,71	1821662,04	36433,25	2922961,—
8	11489160,50	919132,83	1964537,41	39290,76	2922961,—
9	9524623,09	761969,85	2118618,78	42372,37	2922961,—
10	7406004,31	592480,31	2284785,—	45695,69	2922961,—
11	5121219,31	409697,54	2463983,78	49279,68	2922961,—
12	2657235,53	212578,84	2657235,53	53144,71	2922959,08
		11160725,08	15000000,—	300000,—	26460725,08

(Differenz 1,92 DM)

Tilgungsplan unter Berücksichtigung der niedrigsten Stückeinheit (100,— DM)

Jahre	Nennwert der Restschuld	Zinsen	Tilgung	Aufgeld	Annuität	Saldo +/—
1	15000000,—	1200000,—	—	—	1200000,—	—
2	15000000,—	1200000,—	—	—	1200000,—	—
3	15000000,—	1200000,—	—	—	1200000,—	—
4	15000000,—	1200000,—	—	—	1200000,—	—
5	15000000,—	1200000,—	—	—	1200000,—	—
6	15000000,—	1200000,—	1689100,—	33782,—	2922882,—	+79
7	13310900,—	1064872,—	1821700,—	36434,—	2923006,—	+34
8	11489200,—	919136,—	1964500,—	39290,—	2922926,—	+69
9	9524700,—	761976,—	2118600,—	42372,—	2922948,—	+82
10	7406100,—	592488,—	2284800,—	45696,—	2922984,—	+59
11	5121300,—	409704,—	2464000,—	49280,—	2922984,—	+36
12	2657300,—	212584,—	2657300,—	53146,—	2923030,—	—33
		11160760,—	15000000,—	300000,—	26460760,—	—33

Zinsaufwand ohne Stückelung 11160725,08 DM
Zinsaufwand mit Stückelung 11160760,— „
Zinsmehraufwand: 34,92 DM. (Differenz: 1,92 DM)

e) Tilgungshypotheken

Außer Anleihen werden in der Praxis oftmals Hypotheken in die Form einer Annuitätenschuld gekleidet (Tilgungshypothek).

Eine *Tilgungshypothek* ist ein hypothekarisch gesichertes Darlehen, bei dem folgende Zahlungen vereinbart sind:

1. Zinsen in Höhe von p% jährlich von der ursprünglichen Gesamtschuld ohne Rücksicht auf den Tilgungsvorgang;
2. ein bestimmter Prozentsatz (0,5 bis 1%) der Darlehnssumme als jährlicher Tilgungsbetrag; das heißt, da Zinsen und Tilgungsbetrag jährlich konstant bleiben, ist auch die Summe konstant; ein fester Betrag wird als Jahresleistung für eine bestimmte Zeit vereinbart: Annuitätenschuld.
   Sobald die Tilgung eingesetzt hat, verringert sich die Schuld, so daß für die folgenden Jahre entsprechend niedrigere Zinsen zu leisten wären. Da jährlich p% der Gesamtschuld als Zins zu leisten ist, ergibt sich, daß in den sogenannten Zinsen ein zusätzlicher Tilgungsanteil in Höhe der durch die Tilgung eingesparten Zinsen enthalten ist.

Beispiel:

Tilgungshypothek:	10000,— DM
Zinsen:	5% p. a. von der Darlehnssumme
Tilgung:	1% p. a. von der Darlehnssumme
Annuität:	$5 + 1 = 6\%$ der Darlehnssumme

Wie hoch ist die Laufzeit der Tilgungshypothek?

Der Tilgungsplan ist aufzustellen!

Die Laufzeit errechnet sich aus der Formel:

$$A = \frac{k_0}{a_n}$$

$$a_n = \frac{k_0}{A} = \frac{10000,-}{600,-} = 16,66667$$

$$a_n = 16,66667$$

Durch Interpolation ermittelt man:

$$a_{5/37} = 16,71128734$$
$$a_{5/36} = 16,54685171$$
$$1 \text{ Jahr} \rightarrow \; 0,16443563$$

$$\begin{array}{r} 16,66666667 \\ -\; 16,54685171 \\ \hline 0,11981496 \end{array}$$

$$\frac{1 \cdot 0,11981496}{0,16443563} = 0,72864355$$

$n = 36 + 0,7286$, d. h. die Annuität ist 36mal voll zu leisten und am Ende des 37sten Jahres der Restbetrag von

$600 \cdot 0,72864355 = \underline{437,19 \text{ DM.}}$

Vorläufiger Tilgungsplan der Tilgungshypothek

Jahre	Zinsen einschl. Tilgungsanteil	Reine Tilgung	Summe
1.—36.	18000,—	3600,—	21600,—
37. Jahr	20,82	416,37	437,19
	18020,82	4016,37	22037,19

A = 600, davon Zinsen 500 DM
Tilgungsrate des 1. Jahres = 100,— DM.

Aus T_1 ergeben sich die nachfolgenden *Tilgungsraten* entsprechend dem Vorbeispiel aus der Formel:

$$\boxed{T_n = T_{n-1} \cdot q}$$

Tilgungsplan einer Tilgungshypothek

Jahre	Restschuld	Leistungen: 5% „Zinsen" aufgeteilt in Zinsen	Tilgung	reine Tilgung 1%	Gesamttilgung		Annuität
1	10000,—	500,—	—	100	T_1 =	100,—	600
2	9900,—	495,—	5,—	100	T_2 =	105,—	600
3	9795,—	489,75	10,25	100	T_3 =	110,25	600
4	9684,75	484,24	15,76	100	T_4 =	115,76	600
5	9568,99	478,45	21,55	100	T_5 =	121,55	600
6	9447,44	472,38	27,62	100	T_6 =	127,62	600
7	9319,82	466,—	34,—	100	T_7 =	134,—	600
8	9185,82	459,29	40,71	100	T_8 =	140,71	600
9	9045,11	452,25	47,75	100	T_9 =	147,75	600
10	8897,36	444,86	55,14	100	T_{10} =	155,14	600
11	8742,22	437,11	62,89	100	T_{11} =	162,89	600
12	8579,33	428,96	71,04	100	T_{12} =	171,04	600
13	8408,29	420,41	79,59	100	T_{13} =	179,59	600
14	8228,70	411,44	88,56	100	T_{14} =	188,56	600
15	8040,14	402,01	97,99	100	T_{15} =	197,99	600
16	7842,15	392,11	107,89	100	T_{16} =	207,89	600
17	7634,26	381,71	118,29	100	T_{17} =	218,29	600
18	7415,97	370,79	129,21	100	T_{18} =	229,21	600
19	7186,76	359,34	140,66	100	T_{19} =	240,66	600
20	6946,10	347,30	152,70	100	T_{20} =	252,70	600
21	6693,40	334,67	165,33	100	T_{21} =	265,33	600
22	6428,07	321,41	178,59	100	T_{22} =	278,59	600
23	6149,48	307,47	192,53	100	T_{23} =	292,53	600
24	5856,95	292,85	207,15	100	T_{24} =	307,15	600
25	5549,80	277,50	222,50	100	T_{25} =	322,50	600
26	5227,30	261,36	238,64	100	T_{26} =	338,64	600
27	4888,66	244,43	255,57	100	T_{27} =	355,57	600
28	4533,09	226,65	273,35	100	T_{28} =	373,35	600
29	4159,74	207,98	292,02	100	T_{29} =	392,02	600
30	3767,72	188,38	311,62	100	T_{30} =	411,62	600
31	3356,10	167,81	332,19	100	T_{31} =	432,19	600
32	2923,91	146,20	353,80	100	T_{32} =	453,80	600
33	2470,11	123,51	376,49	100	T_{33} =	476,49	600
34	1993,62	99,68	400,32	100	T_{34} =	500,32	600
35	1493,30	74,67	425,33	100	T_{35} =	525,33	600
36	967,97	48,40	451,60	100	T_{36} =	551,60	600
37	416,37	20,82	416,37	—	T_{37} =	416,37	437,19
		12037,19	6400,—	3600		10000,—	22037,19

Analyse:

Summe der Tilgungsraten T_1 bis T_{36} = 9583,63

Für das 37. Jahr verbleibt	10000,—	
— Tilgung	9583,63	
	416,37	Restschuld = T_{37}
+ Zinsen	20,82	
	DM 437,19	= $T_{37} + Z_{37}$ = Restleistung (R).

Diese Restleistung (R) kann auch im voraus, vor Aufstellung des Tilgungsplanes, ermittelt werden.

$$\text{DM } 10000,\!— = 600 \cdot a_{5/36} + R \cdot v^{5/37}$$

$$R = (10000 - 600 \cdot a_{5/36}) \cdot q^{5/37}$$

$$R = (10000 - 600 \cdot 16{,}54685171) \cdot 6{,}08140694$$

$$R = \underline{\text{DM } 437{,}19.}$$

Bei Tilgungshypotheken ist zu beachten, ob die in der Rechnung geführten Tilgungsbeträge endgültige Rückzahlungen der Hypothekenschuld darstellen sollen, oder ob — den Satzungen vieler Pfandbriefanstalten des öffentlichen Rechtes entsprechend — die Hypothekenschuld in voller Höhe bestehen bleibt und die Tilgungsraten in einem verzinslichen Tilgungsguthaben gesammelt werden, das bei der endgültigen Hypothekenschuldabrechnung verrechnet werden kann.

f) Tilgungsdauer von Bauspardarlehen

In der Regel wird im Rahmen des Bausparvertrages die II. Hypothek als Tilgungsdarlehen gewährt,

die monatliche Tilgungsquote (einschl. Zinsen) beträgt in der Regel 1% des Ursprungsdarlehens.

Ermittlung der Tilgungsdauer:

Monatliche Tilgungsquote: 1% einschließlich Verzinsung

Jährliche Tilgungsquote ohne Berücksichtigung der Aufzinsung der monatlichen Tilgungsquoten auf das Jahresende: 12,0%,

d.h. die jährlich gleichbleibende Annuität beträgt 12,0%:

$$K_0 = r \cdot a_n$$

$$K_0 = A \cdot a_n$$

$$K_0\ 100 = K_0$$

$$K_0 = 100 = 12{,}0\ a_{5/x}$$

$$a_{5/x} = \frac{100}{12{,}0} = 8{,}3333$$

$$a_{5/11} = 8{,}3064$$

$$a_{5/12} = \underline{8{,}8632}$$

d.h. die Tilgungsdauer beträgt 11 volle Jahre, am Ende des 12. Jahres ist ein Restbetrag zu zahlen.

g) Finanzierung eines Einfamilienhauses von 94 qm Wohnfläche

Grundstück		
650 qm à 18,— DM	11700,— DM	
+ anteilige Straßenkosten	2160,— „	
+ Erschließungskosten	7000,— „	
	20860,— DM	20860,— DM
Außenanlagen		
Siele	1200,— DM	
Strom	900,— „	
Wasser	850,— „	
Grundstück (Unebenheiten)	1000,— „	
Zaun	750,— „	
Garten, Platten	3000,— „	
	7700,— DM	7700,— DM
Nebenkosten		
Vermessung	200,— DM	
Ansiedlungskosten	950,— „	
Notar	300,— „	
Finanzierungskosten	500,— „	
	1950,— DM	1950,— DM
Reine Baukosten einschl. Architekten- und Sonderarbeiten	53000,— DM	
Fundamente	4000,— „	
1 % Transportkosten	570,— „	
Mehrkosten für höheres Dach, Öl-Heizung, Außentür für Küche, zusätzl. Waschbecken, Holzdecke im Wohnzimmer	5920,— „	
Viertel-Unterkellerung einschl. Treppenhaus	6000,— „	
	69490,— DM	69490,— DM
		100000,— DM

Finanzierung:

	I. Hypothek	35000,— DM
	Bausparsumme	47000,— „
	Eigengeld	18000,— „
		100000,— DM
Eigengeld insgesamt:	Bausparvertrag	14100,— DM
	Bargeld:	18000,— „
		32100,— DM

Tilgung:

I. Hypothek: 35000,— DM.

Tilgung:	1% jährlich der Ursprungshypothek
Verzinsung:	6% jährlich der Ursprungshypothek
Annuität:	7% jährlich der Ursprungshypothek
Annuität:	2450,— DM
Monatl. Rate:	2450 : 12 = 204,17 DM

(Eine mögliche Verrechnung von Zinsen innerhalb eines Jahres ist nicht üblich.)

Dauer der Tilgung:

$$\frac{K_0}{A} = a_{6/n}$$

$$\frac{100}{7} = a_{6/n} = 14{,}2857$$

$$a_{6/34} = 14{,}3681$$

$$a_{6/33} = 14{,}2302,$$

d.h. der Schuldner hat für 33 Jahre einen Jahresbetrag von 2450,— DM und am Ende des 34. Jahres eine Restzahlung zu leisten.

II. Hypothek (Bauspardarlehen):

Angespartes Eigenkapital:	14100,— DM
Bauspardarlehen:	32900,— „
Bausparsumme:	47000,— DM
Tilgung:	5,75% p.a.
Verzinsung:	4½% p.a.
Annuität:	10,25% p.a. der ursprünglichen Höhe des Bauspardarlehens: zuzüglich 0,6% einmalige Abschlußgebühr, bezogen auf die Bausparsumme:
Bausparsumme:	47000,— DM
Abschlußgebühr:	282,— „
Bauspardarlehen:	32900,— „
Abschlußgebühr:	282,— „
	33182,— DM

Annuität: 10,25% von 33182,— = 3401,16 DM

Monatsrate: 3401,16 : 12 = 283,41 DM

(Eine mögliche Verrechnung von Zinsen innerhalb eines Jahres ist nicht üblich.)

Tilgungsdauer: $\frac{100}{10{,}25} = a_{4,5/n} = 9{,}7561 \quad n = 13, \ldots\ldots$ Jahre.

Monatliche Zahlungen:

Aus der I. Hypothek:	204,17 DM	für 33 Jahre,
aus der II. Hypothek:	283,41 DM	für 13 Jahre

(Restleistungen am Ende des 14. und des 34. Jahres; Eigenkapital: 32100,— DM.)

XV. Leasing - Vermietung

1. Leitsätze

a. Leasing ist eine Sonderform der Fremdfinanzierung bei der Beschaffung von Konsum-, beweglichen und unbeweglichen Investitionsgütern. Die Güter werden vom Leasingnehmer nicht käuflich erworben, sondern für eine vereinbarte Dauer gegen eine entsprechende Gebühr gemietet.

b. Für Unternehmen spielt das „financial leasing" für die Finanzierung langfristiger Investitionen eine besondere Rolle. Auch hier mietet der Leasingnehmer, der Mieter, die Investitionsgüter, ohne damit in der Regel die Absicht zu verbinden, das Eigentum an den Gütern zu erwerben.
Der Leasing-Geber, der Vermieter, behält das Eigentum an der Sache, wenngleich er auch im Vertrag häufig Pflichten aus dem Eigentum dem Mieter überträgt.

c. Im Rahmen von Leasing-Verträgen haben u. a. folgende Punkte besonderes Gewicht:

Vereinbart wird grundsätzlich eine nicht kündbare Grundmietzeit, für die dem Leasing-Nehmer die Güter zur Verfügung gestellt werden. In der Regel gilt, daß diese Grundmietzeit die Hälfte der betriebsgewöhnlichen Nutzungsdauer des Gutes nicht unterschreiten soll.

Eine Folgemietzeit, die Anschlußmietzeit, kann sich der Grundmietzeit anschließen. Sie sollte die Hälfte der Grundmietzeit nicht überschreiten.

Eine Gebühr, die Miete, wird erhoben; damit sollen abgegolten werden
- die Wertminderung des Gutes, erfaßt in den Abschreibungen, d. h. der Leasingnehmer erstattet dem Vermieter den Anschaffungswert abzüglich des Restwertes, gelegentlich sogar den Wiederbeschaffungswert,
- die Zinsen für die Kreditgewährung; der Leasing-Geber übt die Funktion eines Kreditgebers aus,
- die Risikoprämie aus der Kreditgewährung,
- die Verwaltungskosten und der Gewinn.

Über diese Gebühr hinaus erheben die Leasing-Gesellschaften einen Sonderzuschlag in der Höhe zwischen 2 und 10% des Anschaffungswertes des Gutes, fällig zum Zeitpunkt der ersten Mietzahlung.

d. In der Regel stimmen die Finanzverwaltungen zu, daß die Mietbeträge steuerlich als Betriebsausgaben angesetzt werden können.

e. Als Vorzüge des Leasing gegenüber anderen Fremdfinanzierungsarten werden herausgestellt:
- die Liquiditätsverbesserung des Leasingnehmers,
- die Kapitalfreisetzung sowie
- steuerliche Vorteile.

Die Kosten aus dem Leasing sind allerdings erheblich.Ob sie generell höher sind als die Kosten aus einer direkten Fremdfinanzierung,läßt sich nur von Fall zu Fall beantworten. Das hängt u.a. von der Höhe der Gebühr, von der Leasing-Laufzeit, von der Höhe des Restwertes und von der steuerlichen Behandlung der Miete sowie auf der anderen Seite von den Konditionen aus dem direkten Fremdfinanzierungs-Vertrag ab.

f. Üblich ist es, die Gebühr aus dem Leasing-Vertrag in festen Monats- oder Jahresraten zu leisten. Der Sonderzuschlag wird als Einmal-Leistung in der Regel mit der ersten Miete fällig. Damit erhalten die Leasing-Raten, finanzmathematisch gesehen, die Struktur von Tilgungshypotheken.

2. Die Aufstellung eines Leasing-Planes "financial leasing"

Folgender Fall sei gegeben:
Investitionsvorhaben eines Unternehmens: Beschaffung eines beweglichen Anlagegutes, Anschaffungspreis: DM 120000,—
Betriebsgewöhnliche Nutzungsdauer des Gutes: 5 Jahre,
die Finanzierung erfolgt auf dem Wege eines Leasing, im Vertrag ist vereinbart worden eine Leasing-Gebühr:

a. 10% jährlich vom jeweiligen Buchwert des Gutes als Kreditzinsen, Risikoprämie, Verwaltungskosten und Gewinnanteil.
b. Die Vergütung der Wertminderung des Gutes auf Basis einer arithmetischen Degression. Der Restwert des Gutes am Ende des 5ten Jahres wird mit Null angesetzt.
c. Die Grundmietzeit beträgt 5 Jahre.
d. Ein Sonderzuschlag in Höhe von 10% des Anschaffungswertes des Gutes wird fällig mit der ersten Mietzahlung.
e. Die Leasing-Gebühr ist in gleich hohen Monatsraten postnumerando zu entrichten.

Leasing-Plan **1**

Jahre (Anfang)	Restwert	Zinsen	Abschreibung	Summe	Restwert am Ende der Jahre	
1.	120000	12000	40000	52000	80000	1.
2.	80000	8000	32000	40000	48000	2.
3.	48000	4800	24000	28800	24000	3.
4.	24000	2400	16000	18400	8000	4.
5.	8000	800	8000	8800	——	5.
			120000	148000		
			Zusätzlich DM	12000		
				160000:	Gesamtbetrag	

Um zu gleich hohen Jahres-Raten zu kommen, ist die Umwandlung der fallenden Jahresgesamtbeträge in Annuitäten erforderlich.

$$A = \frac{K_0}{a_n}$$

$K_0 = 120000$

$a_{10/5} = 3{,}79079$

$A = 31655{,}6$ (aufgerundet auf DM 31656,—).

Daraus ergibt sich der

Leasing-Plan 2

Jahre (Anfang)	Restwert	Zinsen	Abschreibung	Annuität	Restwert am Ende der Jahre	
1.	120000	12000	19656	31656	100344	1.
2.	100344	10034	21622	31656	78722	2.
3.	78722	7872	23784	31656	54938	3.
4.	54938	5494	26162	31656	28776	4.
5.	28776	2878	28776	31654	—	5.
			120000	158278	(Differenz: DM 2,—)	

Demnach ergeben sich aus dem Leasing folgende Zahlungsverpflichtungen:

Jahre	Zahlungsverpflichtung
1.	DM 31656 + 12000 = 43656,—
2.	DM 31656
3.	DM 31656
4.	DM 31656
5.	DM 31654
	158278 + 12000 = 170278,— Gesamtbetrag

Ergebnisse:

Gesamtaufschlag: 41,9% auf den Anschaffungswert von DM 120000,

Jahresbelastung: 26,38% vom Anschaffungswert zuzüglich DM 12000,— am Ende des ersten Jahres,

der Jahresbelastung von 26,38% entspricht eine konforme Monatsbelastung von 2,16% (vgl. S. 27) des Anschaffungswertes.

Die Zusatzleistung DM 12000,— stellt eine einmalige Jahresbelastung von 10% des Anschaffungswertes dar oder, sofern auch dieser Betrag innerhalb des ersten Jahres in Monatsraten geleistet werden soll, eine Belastung von 0,83%.

Demnach ergibt sich: Monatsbelastung 1.—12. Mon.: 2,99%,
13.—60. Mon.: 2,16%.

3. Variation zum Leasing-Plan 1

Aus der bisherigen Aufstellung ergibt die Summe der Abschreibungsbeträge den Anschaffungswert des Gutes. Folgende Argumentation ließe sich aber auch gut vertreten: Sollen die Abschreibungsbeträge den Leasing-Geber in den Stand setzen, am Ende der Grundmietzeit die Wiederbeschaffung des abgeschriebenen Gutes zu ermöglichen, dann müßten jene Abschreibungsbeträge ausreichend sein, die aufgezinst zum landesüblichen Zinssatz am Ende der Grundmietzeit den Anschaffungswert des Gutes ausmachen.
Setzt man einen landesüblichen Zinssatz von p = 7% p.a. an, ergibt sich der Endwert der Abschreibungsbeträge aus dem Leasing-Plan 1 mit DM 144230,—, somit ein Mehrbetrag von DM 24230,—. Dieser Betrag kann zurückgerechnet in Annuitäten mit den Abschreibungsbeträgen saldiert werden:

a. Dem Betrag von DM 24230,— entspricht ein Barwert bei p = 7% von DM 17276,—

b. Umgewandelt in eine Rente für die Jahre der Grundmietzeit: DM 4214,—

c. Somit reduzieren sich die Abschreibungs(Tilgungs)-beträge:

Jahre	Abschreibungsbeträge
1.	DM 35786,—
2.	DM 27786,—
3.	DM 19786,—
4.	DM 11786,—
5.	DM 3786,—

Daraus ergibt sich der neue Leasing-Plan:

Modifizierter Leasing-Plan

Jahre (Anfang)	Restwert	Zinsen	Abschreibungen	Summe	Restwert am Ende der Jahre	Zinsen aus den Ti-Beträgen
1.	120000	12000	35786	47786	84214	11124
2.	84214	8421	27786	36207	56428	6252
3.	56428	5643	19786	25429	36642	2869
4.	36642	3664	11786	15450	24856	825
5.	24856	2486	3786	6272	21070	
			98930	131144		21070

Differenz: DM 21070: ergibt sich als Zinsertrag aus den Abschreibungsbeträgen (vgl. Tabelle)

XVI. Das Logarithmieren

Ohne das Logarithmieren im einzelnen abzuleiten, sollen hier in Kürze die Grundregeln dieser besonderen Rechnungsart in Erinnerung gebracht werden.

Der Begriff des Logarithmus:

Gegeben sei die Gleichung $25 = 5^x$; der *Exponent* (Hochzahl) wird unmittelbar durch Probieren mit 2 ermittelt, denn $5 \cdot 5 = 25$.
In der Gleichung $24 = 5^x$ reicht das Probieren nicht aus; unmittelbar angeben kann man nur, daß der Exponent x zwischen 1 und 2 liegen muß. Die rechnerische Ermittlung des gesuchten Exponenten ist aber durch das Logarithmieren möglich.
Logarithmieren heißt, bei einer gegebenen *Basis* (im Beispiel: 5) und zu einem gegebenen Wert der *Potenz* (im Beispiel: 24) die Größe des *Exponenten* zu ermitteln.
Der Exponent der Potenz heißt Logarithmus (log).
Eine Potenz ist das Produkt aus gleichen Faktoren (5^x).
Der Wert der Potenz heißt Numerus.
Demnach versteht man aus unserem Beispiel: $24 = 5^x$ als Logarithmus den Wert, mit dem die Basis 5 potenziert werden muß, um den Wert 24 zu erhalten. Schreibart: $x = {}^5\log 24$.

In der kaufmännischen Rechnungspraxis wird meistens das System für die Basis 10 angewandt *(Briggsche Logarithmen)*.

Beispiel: $50 = 10^x$
$x = {}^{10}\log 50$, kurz geschrieben: $x = \log 50$.

Das Rechnen mit Logarithmen:

Da $10^0 = 1$, ist $\log 1 = 0$
$10^1 = 10$, ist $\log 10 = 1$
$10^2 = 100$, ist $\log 100 = 2$.

Der Logarithmus einer ganzzahligen Potenz von 10 (Exponent = 1, 2, 3, ...) ist gleich der Anzahl der Nullen (0, 1, 2 .... = *Kennziffer*).
Die Kennziffer des Logarithmus ist um 1 kleiner als die Anzahl der Stellen des Numerus.

Z. B.: Kennziffer von $\log 7 = 0$
$\log 97 = 1$
$\log 805 = 2$
$\log 10403 = 4$.

Die Kennziffern sind in den Logarithmentafeln nicht angegeben, sondern nur die Mantissen:

z. B.: $500 = 10^x$; $x = \log 500$
Kennziffer: 2
Mantisse: 69897 (vgl. Logarithmentafel)
$\log 500 = 2{,}69897 = x$.

Das Logarithmieren von Produkten:

$$\log(x \cdot y) = \log x + \log y$$

Beispiel: $\log(8 \cdot 9) = \log 8 + \log 9$

$$\log 8 = 0{,}90309$$
$$\log 9 = 0{,}95424$$

$\log(8 \cdot 9) = 1{,}85733$, davon Numerus $= 72 = 8 \cdot 9$.

Logarithmieren von Brüchen:

$$\log \frac{x}{y} = \log x - \log y$$

Beispiel: $\log \frac{16}{9} = \log 16 - \log 9$

$$\log 16 = 1{,}20412$$
$$\log 9 = 0{,}95424$$

$\log(16:9) = 0{,}24988$ Numerus $= 1{,}77777 = \frac{16}{9}$.

Logarithmieren einer Potenz:

$$\log y^x = x \cdot \log y$$

Beispiel: $\log 3^4 = 4 \cdot \log 3 = 4 \cdot 0{,}47712 = 1{,}90848$
Numerus $1{,}90848 = 81 = 3^4$.

Logarithmieren von Wurzeln:

$$\log \sqrt[x]{y} = \log y^{\frac{1}{x}} = \frac{1}{x} \cdot \log y$$

Beispiel: $\log \sqrt[5]{243} = 243^{\frac{1}{5}} = \frac{1}{5} \cdot \log 243$

$$= 0{,}20 \cdot 2{,}38561 = 0{,}477122$$

Numerus $0{,}477122 = 3$.

XVII. Tabellen

Tabelle I

Logarithmen (vierstellig)

Num.	0	1	2	3	4	5	6	7	8	9
10	0000	0043	0086	0128	0170	0212	0253	0294	0334	0374
11	0414	0453	0492	0531	0569	0607	0645	0682	0719	0755
12	0792	0828	0864	0899	0934	0969	1004	1038	1072	1106
13	1139	1173	1206	1239	1271	1303	1335	1367	1399	1430
14	1461	1492	1523	1553	1584	1614	1644	1673	1703	1732
15	1761	1790	1818	1847	1875	1903	1931	1959	1987	2014
16	2041	2068	2095	2122	2148	2175	2201	2227	2253	2279
17	2304	2330	2355	2380	2405	2430	2455	2480	2504	2529
18	2553	2577	2601	2625	2648	2672	2695	2718	2742	2765
19	2788	2810	2833	2856	2878	2900	2923	2945	2967	2989
20	3010	3032	3054	3075	3096	3118	3139	3160	3181	3201
21	3222	3243	3263	3284	3304	3324	3345	3365	3385	3404
22	3424	3444	3464	3483	3502	3522	3541	3560	3579	3598
23	3617	3636	3655	3674	3692	3711	3729	3747	3766	3784
24	3802	3820	3838	3856	3874	3892	3909	3927	3945	3962
25	3979	3997	4014	4031	4048	4065	4082	4099	4116	4133
26	4150	4166	4183	4200	4216	4232	4249	4265	4281	4298
27	4314	4330	4346	4362	4378	4393	4409	4425	4440	4456
28	4472	4487	4502	4518	4533	4548	4564	4579	4594	4609
29	4624	4639	4654	4669	4683	4698	4713	4728	4742	4757
30	4771	4786	4800	4814	4829	4843	4857	4871	4886	4900
31	4914	4928	4942	4955	4969	4983	4997	5011	5024	5038
32	5051	5065	5079	5092	5105	5119	5132	5145	5159	5172
33	5185	5198	5211	5224	5237	5250	5263	5276	5289	5302
34	5315	5328	5340	5353	5366	5378	5391	5403	5416	5428
35	5441	5453	5465	5478	5490	5502	5514	5527	5539	5551
36	5563	5575	5587	5599	5611	5623	5635	5647	5658	5670
37	5682	5694	5705	5717	5729	5740	5752	5763	5775	5786
38	5798	5809	5821	5832	5843	5855	5866	5877	5888	5899
39	5911	5922	5933	5944	5955	5966	5977	5988	5999	6010
40	6021	6031	6042	6053	6064	6075	6085	6096	6107	6117
41	6128	6138	6149	6160	6170	6180	6191	6201	6212	6222
42	6232	6243	6253	6263	6274	6284	6294	6304	6314	6325
43	6335	6345	6355	6365	6375	6385	6395	6405	6415	6425
44	6435	6444	6454	6464	6474	6484	6493	6503	6513	6522
45	6532	6542	6551	6561	6571	6580	6590	6599	6609	6618
46	6628	6637	6646	6656	6665	6675	6684	6693	6702	6712
47	6721	6730	6739	6749	6758	6767	6776	6785	6794	6803
48	6812	6821	6830	6839	6848	6857	6866	6875	6884	6893
49	6902	6911	6920	6928	6937	6946	6955	6964	6972	6981
50	6990	6998	7007	7016	7024	7033	7042	7050	7059	7067
51	7076	7084	7093	7101	7110	7118	7126	7135	7143	7152
52	7160	7168	7177	7185	7193	7202	7210	7218	7226	7235
53	7243	7251	7259	7267	7275	7284	7292	7300	7308	7316
54	7324	7332	7340	7348	7356	7364	7372	7380	7388	7396
Num.	0	1	2	3	4	5	6	7	8	9

(Fortsetzung v. S. 201)

Tabelle I: Logarithmen

Num.	0	1	2	3	4	5	6	7	8	9
55	7404	7412	7419	7427	7435	7443	7451	7459	7466	7474
56	7482	7490	7497	7505	7513	7520	7528	7536	7543	7551
57	7559	7566	7574	7582	7589	7597	7604	7612	7619	7627
58	7634	7642	7649	7657	7664	7672	7679	7686	7694	7701
59	7709	7716	7723	7731	7738	7745	7752	7760	7767	7774
60	7782	7789	7796	7803	7810	7818	7825	7832	7839	7846
61	7853	7860	7868	7875	7882	7889	7896	7903	7910	7917
62	7924	7931	7938	7945	7952	7959	7966	7973	7980	7987
63	7993	8000	8007	8014	8021	8028	8035	8041	8048	8055
64	8062	8069	8075	8082	8089	8096	8102	8109	8116	8122
65	8129	8136	8142	8149	8157	8162	8169	8176	8182	8189
66	8195	8202	8209	8215	8222	8228	8235	8241	8248	8254
67	8261	8267	8274	8280	8287	8293	8299	8306	8312	8319
68	8325	8331	8338	8344	8351	8357	8363	8370	8376	8382
69	8388	8395	8401	8407	8414	8420	8426	8432	8439	8445
70	8451	8457	8463	8470	8476	8482	8488	8494	8500	8506
71	8513	8519	8525	8531	8537	8543	8549	8555	8561	8567
72	8573	8579	8585	8591	8597	8603	8609	8615	8621	8627
73	8633	8639	8645	8651	8657	8663	8669	8675	8681	8686
74	8692	8698	8704	8710	8716	8722	8727	8733	8739	8745
75	8751	8756	8762	8768	8774	8779	8785	8791	8797	8802
76	8808	8814	8820	8825	8831	8837	8842	8848	8854	8859
77	8865	8871	8876	8882	8887	8893	8899	8904	8910	8915
78	8921	8927	8932	8938	8943	8949	8954	8960	8965	8971
79	8976	8982	8987	8993	8998	9004	9009	9015	9020	9025
80	9031	9036	9042	9047	9053	9058	9063	9069	9074	9079
81	9085	9090	9096	9101	9106	9112	9117	9122	9128	9133
82	9138	9143	9149	9154	9159	9165	9170	9175	9180	9186
83	9191	9196	9201	9206	9212	9217	9222	9227	9232	9238
84	9243	9248	9253	9258	9263	9269	9274	9279	9284	9289
85	9294	9299	9304	9309	9315	9320	9325	9330	9335	9340
86	9345	9350	9355	9360	9365	9370	9375	9380	9385	9390
87	9395	9400	9405	9410	9415	9420	9425	9430	9435	9440
88	9445	9450	9455	9460	9465	9469	9474	9479	9484	9489
89	9494	9499	9504	9509	9513	9518	9523	9528	9533	9538
90	9542	9547	9552	9557	9562	9566	9571	9576	9581	9586
91	9590	9595	9600	9605	9609	9614	9619	9624	9628	9633
92	9638	9643	9647	9652	9657	9661	9666	9671	9675	9680
93	9685	9689	9694	9699	9703	9708	9713	9717	9722	9727
94	9731	9736	9741	9745	9750	9754	9759	9763	9768	9773
95	9777	9782	9786	9791	9795	9800	9805	9809	9814	9818
96	9823	9827	9832	9836	9841	9845	9850	9854	9859	9863
97	9868	9872	9877	9881	9886	9890	9894	9899	9903	9908
98	9912	9917	9921	9926	9930	9934	9939	9943	9948	9952
99	9956	9961	9965	9969	9974	9978	9983	9987	9991	9996
Num.	0	1	2	3	4	5	6	7	8	9

Tabelle II

Aufzinsungsfaktor $q^n = (1 + i)^n = \left(1 + \frac{p}{100}\right)^n$

n	4%	$4^1/_2$%	5%	$5^1/_2$%	6%	7%	8%
1	1,04	1,045	1,05	1,055	1,06	1,07	1,08
2	1,081.6	1,092.03	1,102.5	1,113.03	1,123.6	1,144.9	1,166.4
3	1,124.86	1,141.17	1,157.63	1,174.24	1,191.02	1,225.04	1,259.71
4	1,169.86	1,192.52	1,215.51	1,238.82	1,262.48	1,310.80	1,360.59
5	1,216.65	1,246.18	1,276.28	1,306.96	1,338.23	1,402.55	1,469.33
6	1,265.32	1,302.26	1,340.10	1,378.84	1,418.52	1,500.73	1,586.87
7	1,315.93	1,360.86	1,407.10	1,454.68	1,503.63	1,605.78	1,713.82
8	1,368.57	1,422.10	1,477.46	1,534.69	1,593.85	1,718.19	1,850.93
9	1,423.31	1,486.10	1,551.33	1,619.09	1,689.48	1,838.46	1,990.00
10	1,480.24	1,552.97	1,628.89	1,708.14	1,790.85	1,967.15	2,158.93
11	1,539.45	1,622.85	1,710.34	1,802.09	1,898.30	2,104.85	2,331.64
12	1,601.03	1,695.88	1,795.86	1,901.21	2,012.20	2,252.19	2,518.17
13	1,665.07	1,772.20	1,885.65	2,005.77	2,132.93	2,409.85	2,719.62
14	1,731.68	1,851.94	1,979.93	2,116.09	2,260.90	2,578.53	2,937.19
15	1,800.94	1,935.28	2,078.93	2,232.48	2,396.56	2,759.03	3,172.17
16	1,872.98	2,022.37	2,182.87	2,355.26	2,540.35	2,952.16	3,425.94
17	1,947.90	2,113.38	2,292.02	2,484.80	2,692.77	3,158.82	3,700.02
18	2,025.82	2,208.48	2,406.62	2,621.47	2,854.34	3,379.93	3,996.02
19	2,106.85	2,307.86	2,526.95	2,765.65	3,025.60	3,616.53	4,315.70
20	2,191.12	2,411.71	2,653.30	2,917.76	3,207.14	3,869.68	4,660.96

n	10%	12%	13%	14%	15%
1	1,1	1,12	1,13	1,14	1,15
2	1,21	1,2544	1,2769	1,2996	1,3225
3	1,331	1,4049.28	1,4428.97	1,4815.44	1,5208.75
4	1,4641	1,5735.1936	1,6304.7361	1,6889.6016	1,7490.0625
5	1,6105.1	1,7623.4163	1,8424.3518	1,9254.1458	2,0113.5719
6	1,7715.61	1,9738.2269	2,0319.5175	2,1949.7262	2,3130.6077
7	1,9487.171	2,2106.8141	2,3526.0548	2,5022.6879	2,6600.1988
8	2,1435.8881	2,4759.6318	2,6534.4419	2,8525.8642	3,0590.2286
9	2,3579.4769	2,7730.7876	3,0040.4194	3,2519.4852	3,5178.7629
10	2,5937.4246	3,1058.4821	3,3945.6739	3,7072.2131	4,0455.5774
11	2,8531.1671	3,4785.4999	3,8358.6115	4,2262.3230	4,6523.9140
12	3,1384.2838	3,8959.7599	4,3345,2310	4,8179.0482	5,3502.5011
13	3,4522.7121	4,3634.9311	4,8980.1110	5,4924.1149	6,1527.8762
14	3,7974.9834	4,8871.1229	5,5347.5255	6,2613.4910	7,0757.0576
15	4,1772.4817	5,4735.6576	6,2542.7038	7,1379.3798	8,1370.6163
16	4,5949.7299	6,1303.9365	7,0673.2553	8,1372.4930	9.3576.2087
17	5,0544.7028	6,8660.4089	7,9860.7785	9,2764.6420	10,7612.6400
18	5,5599.1731	7,6899.6580	9,0242.6797	10,5751.6918	12,3754.5361
19	6,1159.0904	8,6127.6169	10,1974.2280	12,0556.9287	14,2317.7165
20	6,7274.9995	9,6462.9309	11,5230.8776	13,7434.8987	16,3665.3739

Für über $n = 20$ hinausgehende Termine verwendet man die Grundformel:

$$q^n = q^a \cdot q^b; \; (a + b) = n.$$

Beispiel: q^{30} für $p = 6\%$

$q^{30} = q^{20} \cdot q^{10} = 3{,}20714 \cdot 1{,}79085 = 5{,}74350$ oder

$q^{30} = q^{15} \cdot q^{15} = 2{,}39656 \cdot 2{,}39656 = 5{,}74349$

Tabelle III

Abzinsungsfaktor $\frac{1}{q^n} = v^n$ (Barwert des Kapitals 1,— DM)

n	5%	5 1/4%	5 1/2%	5 3/4%
1	0,9523.8095	0,9501.1876	0,9478.6730	0,9456.2648
2	0,9070.2948	0,9027.2567	0,8984.5242	0,8942.0944
3	0,8638.3760	0,8576.9660	0,8516.3366	0,8455.8812
4	0,8227.0247	0,8149.1363	0,8072.1674	0,7996.1051
5	0,7835.2617	0,7742.6473	0,7651.3435	0,7561.3287
6	0,7462.1540	0,7356.4345	0,7252.4583	0,7150.1927
7	0,7106.8133	0,6989.4865	0,6874.3681	0,6761.4115
8	0,6768.3936	0,6640.8423	0,6515.9887	0,6393.7697
9	0,6446.0892	0,6309.5888	0,6176.2926	0,6046.1180
10	0,6139.1325	0,5994.8588	0,5854.3058	0,5717.3692
11	0,5846.7929	0,5695.8278	0,5549.1050	0,5406.4957
12	0,5568.3742	0,5411.7129	0,5259.8152	0,5112.5255
13	0,5303.2135	0,5141.7699	0,4985.6068	0,4834.5395
14	0,5050.6795	0,4885.2921	0,4725.6937	0,4571.6685
15	0,4810.1710	0,4641.6077	0,4479.3305	0,4423.0908
16	0,4581.1152	0,4410.0786	0,4245.8109	0,4088.0291
17	0,4362.9669	0,4190.0984	0,4024.4653	0,3865.7486
18	0,4155.2065	0,3981.0911	0,3814.6590	0,3655.5542
19	0,3957.3396	0,3782.5094	0,3615.7906	0,3456.7889
20	0,3768.8948	0,3593.8311	0,3427.2896	0,3268.8311

n	6%	6 1/4%	6 1/2%	6 3/4%
1	0,9433.9623	0,9411.7647	0,9389.6714	0,9367.6815
2	0,8899.9644	0,8858.1315	0,8816.5928	0,8775.3457
3	0,8396.1928	0,8337.0649	0,8278.4909	0,8220.4643
4	0,7920.9366	0,7846.6493	0,7773.2309	0,7700.6692
5	0,7472.5817	0,7385.0817	0,7298.8084	0,7213.7416
6	0,7049.6054	0,6950.6652	0,6853.3412	0,6757.6034
7	0,6650.5711	0,6541.8025	0,6435.0621	0,6330.3076
8	0,6274.1237	0,6156.9906	0,6042.3119	0,5930.0305
9	0,5918.9846	0,5794.8147	0,5673.5323	0,5555.0637
10	0,5583.9478	0,5453.9432	0,5327.2604	0,5203.8068
11	0,5267.8753	0,5133.1230	0,5002.1224	0,4874.7605
12	0,4969.6936	0,4831.1746	0,4696.8285	0,4566.5203
13	0,4688.3902	0,4546.9879	0,4410.1676	0,4277.7708
14	0,4423.0096	0,4279.5180	0,4141.0025	0,4007.2794
15	0,4172.6506	0,4027.7817	0,3888.2652	0,3753.8917
16	0,3936.4628	0,3790.8533	0,3650.9533	0,3516.5262
17	0,3713.6442	0,3576.8619	0,3428.1251	0,3294.1698
18	0,3503.4379	0,3357.9877	0,3218.8969	0,3085.8733
19	0,3305.1301	0,3160.4590	0,3022.4384	0,2890.7478
20	0,3118.0473	0,2974.5497	0,2837.9703	0,2707.9605

(Fortsetzung S. 205)

n	7%	$7^1/_4$%	$7^1/_2$%	$7^3/_4$%	8%
1	0,9345.7944	0,9324.0093	0,9302.3256	0,9280.7425	0,9259.2593
2	0,8734.3873	0,8693.7150	0,8653.3261	0,8613.2181	0,8573.3882
3	0,8162.9788	0,8106.0280	0,8049.6057	0,7993.7059	0,7938.3224
4	0,7628.9521	0,7558.0680	0,7488.0053	0,7418.7525	0,7350.2985
5	0,7129.8618	0,7047.1497	0,6965.5863	0,6885.1532	0,6805.8320
6	0,6663.4222	0,6570.7689	0,6479.6152	0,6389.9333	0,6301.6963
7	0,6227.4974	0,6126.5911	0,6027.5490	0,5930.3326	0,5834.9040
8	0,5820.0910	0,5712.4392	0,5607.0223	0,5503.7889	0,5402.6888
9	0,5439.3374	0,5326.2837	0,5215.8347	0,5107.9247	0,5002.4897
10	0,5083.4929	0,4966.2319	0,4851.9393	0,4740.5334	0,4631.9349
11	0,4750.9280	0,4630.6192	0,4513.4319	0,4399.5670	0,4288.8286
12	0,4440.1196	0,4317.5004	0,4198.5413	0,4083.1248	0,3971.1376
13	0,4149.6445	0,4025.6414	0,3905.6198	0,3789.4430	0,3676.9792
14	0,3878.1724	0,3753.5118	0,3633.1347	0,3516.8844	0,3404.6104
15	0,3624.4602	0,3499.7779	0,3379.6602	0,3263.9299	0,3152.4170
16	0,3387.3460	0,3263.1962	0,3143.8699	0,3029.1692	0,2918.9047
17	0,3165.7439	0,3042.6072	0,2924.5302	0,2811.2940	0,2702.6895
18	0,2958.6392	0,2836.9298	0,2720.4932	0,2609.0895	0,2502.4903
19	0,2765.0835	0,2645.1560	0,2530.6913	0,2421.4288	0,2317.1206
20	0,2584.1900	0,2466.3459	0,2354.1315	0,2247.2657	0,2145.4821
n	$8^1/_4$%	$8^1/_3$%	10%	12 %	14%
1	0,9237.8753	0,9230.7692	0,9090.9091	0,8928.5714	0,8771.9198
2	0,8553.8340	0,8520.7101	0,8264.4628	0,7971.9388	0,7694.6753
3	0,7883.4494	0,7865.2708	0,7513.1480	0,7117.8025	0,6749.7152
4	0,7282.6322	0,7260.2500	0,6830.1346	0,6355.1808	0,5920.8028
5	0,6727.6048	0,6701.7692	0,6209.2132	0,5674.2686	0,5193.6866
6	0,6214.8775	0,6186.2485	0,5644.7393	0,5066.3112	0,4555.8655
7	0,5741.2263	0,5710.3832	0,5131.5812	0,4523.4922	0,3996.3732
8	0,5303.6732	0,5271.1230	0,4665.0738	0,4038.8323	0,3505.5905
9	0,4899.4672	0,4865.6520	0,4240.9762	0,3606.1002	0,3075.0794
10	0,4526.0667	0,4491.3711	0,3855.4329	0,3219.7324	0,2697.4381
11	0,4181.1240	0,4145.8810	0,3504.9390	0,2874.7610	0,2366.1738
12	0,3862.4702	0,3826.9671	0,3186.3082	0,2566.7509	0,2075.5910
13	0,3568.1018	0,3532.5850	0,2896.6438	0,2291.7419	0,1820.6939
14	0,3296.1679	0,3260.8477	0,2633.3125	0,2046.1981	0,1597.0999
15	0,3044.9588	0,3010.0132	0,2393.9205	0,1826.9026	0,1400.9648
16	0,2812.8950	0,2778.4738	0,2176.2914	0,1631.2166	0,1228.9165
17	0,2598.5173	0,2564.7450	0,1978.4467	0,1456.4434	0,1077.9969
18	0,2400.4779	0,2367.4569	0,1798.5879	0,1300.3859	0,0945.6113
19	0,2217.5315	0,2185.3449	0,1635.0799	0,1161.0678	0,0829.4836
20	0,2048.5280	0,2017.2414	0,1486.4363	0,1036.6677	0,0727.6172

Für über n = 20 hinausgehende Termine ist die Grundformel anzuwenden:

$$v^n = v^a \cdot v^b; \quad (a + b) \cdot n$$

Beispiel: v^{60} (für p = 5%)

$v^{60} = v^{20} \cdot v^{20} \cdot v^{20} = 0{,}05353552$

$v^{60} = v^{15} \cdot v^{15} \cdot v^{15} \cdot v^{15} = 0{,}05353552$

Tabelle IV

Barwert der nachschüssigen Rente 1,—DM

$$k_0 = r \cdot \frac{(q^n - 1)}{q^n \cdot (q - 1)} = r \cdot a_n \quad (r = 1)$$

n	5%	$5^1/_4$%	$5^1/_2$%	$5^3/_4$%
1	0,9523.8095	0,9501.1876	0,9478.6730	0,9456.2648
2	1,8594.1043	1,8528.4443	1,8463.1971	1,8398.3591
3	2,7232.4803	2,7105.4103	2,6979.3338	2,6854.2403
4	3,5459.5050	3,5254.5466	3,5051.5012	3,4850.3454
5	4,3294.7667	4,2997.1939	4,2702.8448	4,2411.6742
6	5,0756.9207	5,0353.6284	4,9955.3031	4,9561.8668
7	5,7863.7340	5,7343.1149	5,6829.6712	5,6323.2783
8	6,4632.1276	6,3983.9571	6,3345.6599	6,2717.0481
9	7,1078.2168	7,0293.5460	6,9521.9525	6,8763.1660
10	7,7217.3493	7,6288.4047	7,5376.2583	7,4480.5352
11	8,3064.1422	8,1984.2325	8,0925.3633	7,9887.0310
12	8,8632.5164	8,7395.9454	8,6185.1785	8,4999.5565
13	9,3935.7299	9,2537.7153	9,1170.7853	8,9834.0960
14	9,8986.4094	9,7423.0074	9,5896.4790	9,4405.7645
15	10,3796.5804	10,2064.6151	10,0375.8094	9,8728.8553
16	10,8377.6956	10,6474.6937	10,4621.6203	10,2816.8845
17	11,2740.6625	11,0664.7921	10,8646.0856	10,6682.6331
18	11,6895.8690	11,4645.8833	11,2460.7447	11,0338.1873
19	12,0853.2086	11,8423.3926	11,6076.5352	11,3794.9762
20	12,4622.1034	12,2022.2258	11,9503.8248	11,7063.8072

n	6%	$6^1/_4$%	$6^1/_2$%	$6^3/_4$%
1	0,9433.9623	0,9411.7647	0,9389.6714	0,9367.6815
2	1,8333.9267	1,8269.8962	1,8206.2642	1,8143.0272
3	2,6730.1195	2,6606.9611	2,6484.7551	2,6363.4915
4	3,4651.0561	3,4453.6105	3,4257.9860	3,4064.1606
5	4,2123.6379	4,1838.6922	4,1556.7944	4,1277.9022
6	4,9173.2433	4,8789.3574	4,8410.1356	4,8035.5056
7	5,5823.8144	5,5331.1599	5,4845.1977	5,4365.8132
8	6,2097.9381	6,1488.1505	6,0887.5096	6,0295.8438
9	6,8016.9227	6,7282.9652	6,6561.0419	6,5850.9075
10	7,3600.8705	7,2736.9084	7,1888.3022	7,1054.7143
11	7,8868.7458	7,7870.0314	7,6890.4246	7,5229.4748
12	8,3838.4394	8,2701.2060	8,1587.2532	8,0495.9951
13	8,8526.8296	8,7248.1939	8,5997.4208	8,4773.7659
14	9,2949.8393	9,1527.7119	9,0138.4233	8,8781.0453
15	9,7122.4899	9,5555.4936	9,4026.6885	9,2534.9371
16	10,1058.9527	9,9346.3469	9,7677.6418	9,6051.4633
17	10,4772.5969	10,2914.2088	10,1105.7670	9,9345.6331
18	10,8276.0348	10,6272.1966	10,4324.6638	10,2431.5064
19	11,1581.1649	10,9432.6556	10,7347.1022	10,5322.2542
20	11,4699.2122	11,2407.2053	11,0185.0725	10,8030.2147

(Fortsetzung S. 207)

n	7%	7¼%	7½%	7¾%
1	0,9345.7944	0,9324.0093	0,9302.3256	0,9280.7425
2	1,8080.1817	1,8017.7243	1,7955.6517	1,7893.9605
3	2,6243.1604	2,6123.7523	2,6005.2574	2,5887.6664
4	3,3872.1126	3,3681.8203	3,3493.2627	3,3306.4189
5	4,1001.9744	4,0728.9700	4,0458.8490	4,0191.5721
6	4,7665.3966	4,7299.7389	4,6938.4642	4,6581.5054
7	5,3892.8940	5,3426.3300	5,2966.0132	5,2511.8380
8	5,9712.9851	5,9138.7692	5,8573.0355	5,8015.6269
9	6,5152.3225	6,4465.0529	6,3788.8703	6,3123.5516
10	7,0235.8154	6,9431.2847	6,8640.8096	6,7864.0850
11	7,4986.7434	7,4061.8040	7,3154.2415	7,2263.6520
12	7,9426.8630	7,8379.3044	7,7352.7827	7,6346.7768
13	8,3576.5074	8,2404.9458	8,1258.4026	8,0136.2198
14	8,7454.6799	8,6158.4576	8,4891.5373	8,3653.1042
15	9,1079.1401	8,9658.2356	8,8271.1974	8,6917.0341
16	9,4466.4860	9,2921.4318	9,1415.0674	8,9946.2033
17	9,7632.2299	9,5964.0389	9,4339.5976	9,2757.4973
18	10,0590.8691	9,8800.9687	9,7060.0908	9,5366.5868
19	10,3355.9524	10,1446.1247	9,9590.7821	9,7788.0156
20	10,5940.1425	10,3912.4705	10,1944.9136	10,0035.2813
n	**8%**	**10%**	**12%**	**14%**
1	0,9259.2593	0,9090.9091	0,8928.5714	0,8771.9298
2	1,7832.6475	1,7355.3719	1,6900.5102	1,6466.6051
3	2,5770.9699	2,4868.5199	2,4018.3127	2,3216.3203
4	3,3121.2684	3,1698.6545	3,0373.4935	2,9137.1230
5	3,9927.1004	3,7907.8677	3,6047.7620	3,4330.8097
6	4,6228.7966	4,3552.6070	4,1114.0732	3,8886.6752
7	5,2063.7006	4,8684.1882	4,5637.5654	4,2883.0484
8	5,7460.3894	5,3349.2620	4,9676.3977	4,6388.6389
9	6,2468.8791	5,7590.2382	5,3282.4979	4,9463.7184
10	6,7100.8140	6,1445.6711	5,6502.2303	5,2161.1565
11	7,1389.6426	6,4950.6101	5,9376.9913	5,4527.3302
12	7,5360.7802	6,8136.9182	6,1943.7423	5,6602.9213
13	7,9037.7594	7,1033.5620	6,4235.4842	5,8423.6151
14	8,2442.3698	7,3666.8746	6,8261.6823	6,0020.7150
15	8,5594.7869	7,6060.7951	6,8108.6449	6,1421.6799
16	8,8513.6916	7,8237.0864	6,9739.8615	6,2650.5964
17	9,1216.3811	8,0216.5331	7,1196.3049	6,3728.5933
18	9,3718.8714	8,2014.1210	7,2496.7008	6,4674.2046
19	9,6035.9920	8,3649.2009	7,3657.7686	6,5503.6883
20	9,8181.4741	8,5135.6372	7,4694.4362	6,6231.3055

Für über n = 20 hinausgehende Termine ist anzuwenden die Grundformel:

$$a_n = a_a + a_b \cdot v^a; \; (a + b) = n$$

Beispiel: a_{35} für p = 5% ;

$$a_{35} = a_{20} + a_{15} \cdot v^{20} = \underline{16,37419} \quad \text{oder}$$

$$a_{35} = a_{15} + a_{20} \cdot v^{15} = \underline{16,37419.}$$

Tabelle V: Quadratwurzeln

Z	$\sqrt{Z}$	1	2	3	4	5	6	7	8	9
0	0,000	1,000	1,414	1,732	2,000	2,236	2,449	2,646	2,828	3,000
10	3,162	3,317	3,464	3,606	3,742	3,873	4,000	4,123	4,243	4,359
20	4,472	4,583	4,690	4,796	4,899	5,000	5,099	5,196	5,292	5,385
30	5,477	5,568	5,657	5,745	5,831	5,916	6,000	6,083	6,164	6,245
40	6,325	6,403	6,481	6,557	6,633	6,708	6,782	6,856	6,928	7,000
50	7,071	7,141	7,211	7,280	7,348	7,416	7,483	7,550	7,616	7,681
60	7,746	7,810	7,874	7,937	8,000	8,062	8,124	8,185	8,246	8,307
70	8,367	8,426	8,485	8,544	8,602	8,660	8,718	8,775	8,832	8,888
80	8,944	9,000	9,055	9,110	9,165	9,220	9,274	9,327	9,381	9,434
90	9,487	9,539	9,592	9,644	9,695	9,747	9,798	9,849	9,899	9,950
100	10,000	10,050	10,100	10,149	10,198	10,247	10,296	10,344	10,392	10,440
110	10,488	10,536	10,583	10,630	10,677	10,724	10,770	10,817	10,863	10,909
120	10,954	11,000	11,045	11,091	11,136	11,180	11,225	11,269	11,314	11,358
130	11,402	11,446	11,489	11,533	11,576	11,619	11,662	11,705	11,747	11,790
140	11,832	11,874	11,916	11,958	12,000	12,042	12,083	12,124	12,166	12,207
150	12,247	12,288	12,329	12,369	12,410	12,450	12,490	12,530	12,570	12,610
160	12,649	12,689	12,728	12,767	12,806	12,845	12,884	12,923	12,961	13,000
170	13,038	13,077	13,115	13,153	13,191	13,229	13,266	13,304	13,342	13,379
180	13,416	13,454	13,491	13,528	13,565	13,601	13,638	13,675	13,711	13,748
190	13,784	13,820	13,856	13,892	13,928	13,964	14,000	14,036	14,071	14,107
200	14,142	14,177	14,213	14,248	14,283	14,318	14,353	14,387	14,422	14,457
210	14,491	14,526	14,560	14,595	14,629	14,663	14,697	14,731	14,765	14,799
220	14,832	14,866	14,900	14,933	14,967	15,000	15,033	15,067	15,100	15,133
230	15,166	15,199	15,232	15,264	15,297	15,330	15,362	15,395	15,427	15,460
240	15,492	15,524	15,556	15,588	15,620	15,652	15,684	15,716	15,748	15,780
250	15,811	15,843	15,875	15,906	15,937	15,969	16,000	16,031	16,062	16,093
260	16,125	16,155	16,186	16,217	16,248	16,279	16,310	16,340	16,371	16,401
270	16,432	16,462	16,492	16,523	16,553	16,583	16,613	16,643	16,673	16,703
280	16,733	16,763	16,793	16,823	16,852	16,882	16,912	16,941	16,971	17,000
290	17,029	17,059	17,088	17,117	17,146	17,176	17,205	17,234	17,263	17,292
300	17,321	17,349	17,378	17,407	17,436	17,464	17,493	17,521	17,550	17,578
310	17,607	17,635	17,664	17,692	17,720	17,748	17,776	17,804	17,833	17,861
320	17,889	17,916	17,944	17,972	18,000	18,028	18,055	18,083	18,111	18,138
330	18,166	18,193	18,221	18,248	18,276	18,303	18,330	18,358	18,385	18,412
340	18,439	18,466	18,493	18,520	18,547	18,574	18,601	18,628	18,655	18,682
350	18,708	18,735	18,762	18,788	18,815	18,841	18,868	18,894	18,921	18,947
360	18,974	19,000	19,026	19,053	19,079	19,105	19,131	19,157	19,183	19,209
370	19,235	19,261	19,287	19,313	19,339	19,365	19,391	19,416	19,442	19,468
380	19,494	19,519	19,545	19,570	19,596	19,621	19,647	19,672	19,698	19,723
390	19,748	19,774	19,799	19,824	19,849	19,875	19,900	19,925	19,950	19,975
400	20,000	20,025	20,050	20,075	20,100	20,125	20,149	20,174	20,199	20,224
410	20,248	20,273	20,298	20,322	20,347	20,372	20,396	20,421	20,445	20,469
420	20,494	20,518	20,543	20,567	20,591	20,616	20,640	20,664	20,688	20,712
430	20,736	20,761	20,785	20,809	20,833	20,857	20,881	20,905	20,928	20,952
440	20,976	21,000	21,024	21,048	21,071	21,095	21,119	21,142	21,166	21,190
450	21,213	21,237	21,260	21,284	21,307	21,331	21,354	21,378	21,401	21,424
460	21,448	21,471	21,494	21,517	21,541	21,564	21,587	21,610	21,633	21,656
470	21,679	21,703	21,726	21,749	21,772	21,794	21,817	21,840	21,863	21,886
480	21,909	21,932	21,954	21,977	22,000	22,023	22,045	22,068	22,091	22,113
490	22,136	22,159	22,181	22,204	22,226	22,249	22,271	22,293	22,316	22,338

(Fortsetzung v. S. 208)

Quadratwurzeln

Z	$\sqrt{Z}$	1	2	3	4	5	6	7	8	9
500	22,361	22,383	22,405	22,428	22,450	22,472	22,494	22,517	22,539	22,561
510	22,583	22,605	22,627	22,650	22,672	22,694	22,716	22,738	22,760	22,782
520	22,804	22,825	22,847	22,869	22,891	22,913	22,935	22,956	22,978	23,000
530	23,022	23,043	23,065	23,087	23,108	23,130	23,152	23,173	23,195	23,216
540	23,238	23,259	23,281	23,302	23,324	23,345	23,367	23,388	23,409	23,431
550	23,452	23,473	23,495	23,516	23,537	23,558	23,580	23,601	23,622	23,643
560	23,664	23,685	23,707	23,728	23,749	23,770	23,791	23,812	23,833	23,854
570	23,875	23,896	23,917	23,937	23,958	23,979	24,000	24,021	24,042	24,062
580	24,083	24,104	24,125	24,145	24,166	24,187	24,207	24,228	24,249	24,269
590	24,290	24,310	24,331	24,352	24,372	24,393	24,413	24,434	24,454	24,474
600	24,495	24,515	24,536	24,556	24,576	24,597	24,617	24,637	24,658	24,678
610	24,698	24,718	24,739	24,759	24,779	24,799	24,819	24,839	24,860	24,880
620	24,900	24,920	24,940	24,960	24,980	25,000	25,020	25,040	25,060	25,080
630	25,100	25,120	25,140	25,159	25,179	25,199	25,219	25,239	25,259	25,278
640	25,298	25,318	25,338	25,357	25,377	25,397	25,417	25,436	25,456	25,475
650	25,495	25,515	25,534	25,554	25,573	25,593	25,612	25,632	25,652	25,671
660	25,690	25,710	25,729	25,749	25,768	25,788	25,807	25,826	25,846	25,865
670	25,884	25,904	25,923	25,942	25,962	25,981	26,000	26,019	26,038	26,058
680	26,077	26,096	26,115	26,134	26,153	26,173	26,192	26,211	26,230	26,249
690	26,268	26,287	26,306	26,325	26,344	26,363	26,382	26,401	26,420	26,439
700	26,458	26,476	26,495	26,514	26,533	26,552	26,571	26,589	26,608	26,627
710	26,646	26,665	26,683	26,702	26,721	26,739	26,758	26,777	26,796	26,814
720	26,833	26,851	26,870	26,889	26,907	26,926	26,944	26,963	26,981	27,000
730	27,019	27,037	27,055	27,074	27,092	27,111	27,129	27,148	27,166	27,185
740	27,203	27,221	27,240	27,258	27,276	27,295	27,313	27,331	27,350	27,368
750	27,386	27,404	27,423	27,441	27,459	27,477	27,495	27,514	27,532	27,550
760	27,568	27,586	27,604	27,622	27,641	27,659	27,677	27,695	27,713	27,731
770	27,749	27,767	27,785	27,803	27,821	27,839	27,857	27,875	27,893	27,911
780	27,928	27,946	27,964	27,982	28,000	28,018	28,036	28,054	28,071	28,089
790	28,107	28,125	28,142	28,160	28,178	28,196	28,213	28,231	28,249	28,267
800	28,284	28,302	28,320	28,337	28,355	28,373	28,390	28,408	28,425	28,443
810	28,460	28,478	28,496	28,513	28,531	28,548	28,566	28,583	28,601	28,618
820	28,636	28,653	28,671	28,688	28,705	28,723	28,740	28,758	28,775	28,792
830	28,810	28,827	28,844	28,862	28,879	28,896	28,914	28,931	28,948	28,965
840	28,983	29,000	29,017	29,034	29,052	29,069	29,086	29,103	29,120	29,138
850	29,155	29,172	29,189	29,206	29,223	29,240	29,257	29,275	29,292	29,309
860	29,326	29,343	29,360	29,377	29,394	29,411	29,428	29,445	29,462	29,479
870	29 496	29,513	29,530	29,547	29,563	29,580	29,597	29,614	29,631	29,648
880	29,665	29,682	29,698	29,715	29,732	29,749	29,766	29,783	29,799	29,816
890	29,833	29,850	29,866	29,883	29,900	29,917	29,933	29,950	29,967	29,983
900	30,000	30,017	30,033	30,050	30,067	30,083	30,100	30,116	30,133	30,150
910	30,166	30,183	30,199	30,216	30,232	30,249	30,266	30,282	30,299	30,315
920	30,332	30,348	30,364	30,381	30,397	30,414	30,430	30,447	30,463	30,480
930	30,496	30,512	30,529	30,545	30,561	30,578	30,594	30,610	30,627	30,643
940	30,659	30,676	30,692	30,708	30,725	30,741	30,757	30,773	30,790	30,806
950	30,822	30,838	30,854	30,871	30,887	30,903	30,919	30,935	30,952	30,968
960	30,984	31,000	31,016	31,032	31,048	31,064	31,081	31,097	31,113	31,129
970	31,145	31,161	31,177	31,193	31,209	31,225	31,241	31,257	31,273	31,289
980	31,305	31,321	31,337	31,353	31,369	31,385	31,401	31,417	31,432	31,448
990	31,464	31,480	31,496	31,512	31,528	31,544	31,559	31,575	31,591	31,607

Tabelle VI: Allgemeine Deutsche Sterbetafel (Männer 1924/26), 3%

x	l_x	D_x	N_x	x	l_x	D_x	N_x
0	100000	100000	2461431	50	71006	16197	256332
1	88462	85885	2361431	51	70274	15563	240135
2	87030	82034	2275546	52	69497	14943	224572
3	86477	79139	2193512	53	68670	14335	209629
4	86127	76523	2114373	54	67780	13737	195294
5	85855	74059	2037850	55	66818	13184	181557
6	85647	71728	1963791	56	65784	12567	168409
7	85477	69501	1892063	57	64678	11996	155842
8	85330	67360	1822562	58	63495	11434	143846
9	85197	65196	1755202	59	62232	10880	132412
10	85070	63300	1689906	60	60883	10334	121532
11	84950	61370	1626606	61	59444	9706	111198
12	84837	59503	1565236	62	57914	9266	101402
13	84726	57694	1505733	63	56285	8743	92136
14	84607	55935	1448039	64	54553	8227	83393
15	84469	54217	1392104	65	52715	7718	75166
16	84306	52537	1337887	66	50769	7217	67448
17	84110	50888	1285350	67	48705	6722	60231
18	83874	49267	1234462	68	46527	6234	53500
19	83592	47671	1185195	69	44256	5757	47275
20	83268	46103	1137524	70	41906	5293	41518
21	82912	44569	1091421	71	39472	4800	36225
22	82539	43076	1046852	72	36948	4399	31385
23	82162	41632	1003776	73	34348	3970	26986
24	81792	40236	962145	74	31697	3557	23016
25	81429	38891	921909	75	28998	3159	19459
26	81072	37593	883018	76	26275	2779	16300
27	80721	36340	845425	77	23589	2422	13521
28	80380	35132	809085	78	20989	2093	11099
29	80049	33969	773953	79	18479	1789	9006
30	79726	32846	739984	80	16066	1510	7217
31	79404	31761	707138	81	13785	1258	5707
32	79080	30710	675377	82	11664	1033	4449
33	78758	29694	644667	83	9712	835	3416
34	78436	28711	614973	84	7941	663	2581
35	78111	27759	586262	85	6371	516	1918
36	77779	26836	558503	86	5015	395	1402
37	77433	25939	531667	87	3872	296	1007
38	77073	25066	505728	88	2930	217	711
39	76701	24219	480662	89	2182	157	494
40	76313	23394	456443	90	1599	112	337
41	75905	22591	433049	91	1144	78	225
42	75473	21809	410458	92	801	53	147
43	75016	21045	388649	93	549	35	94
44	74536	20302	367604	94	368	23	59
45	74032	19577	347302	95	241	15	36
46	73496	18869	327725	96	154	9	21
47	72927	18178	308856	97	97	6	12
48	72326	17503	290678	98	59	3	6
49	71688	16843	273175	99	35	2	3
50	71006	16197	256332	100	20	1	1

Allgemeine Deutsche Sterbetafel (Männer 1949/1951), 3%

x	l_x	D_x	$\Sigma D_x = N_x$	x	l_x	D_x	$\Sigma D_x = N_x$
0	100000	100000,0	3734410,7	51	81945	18147,8	297131,5
1	93823	91090,3	2634410,7	52	81186	17556,0	278983,7
2	93433	88069,6	2543320,4	53	80371	16777,4	261527,7
3	93203	85294,0	2455250,8	54	79497	16111,7	244750,3
4	93022	82648,8	2369956,8	55	78562	15458,4	228638,6
5	92880	80119,1	2287308,0	56	77560	14816,8	213180,2
6	92768	77691,7	2207188,9	57	76490	14186,8	198363,4
7	92673	75351,7	2129497,2	58	75352	13568,6	184176,6
8	92586	73088,2	2054145,5	59	74141	12961,7	170608,0
9	92513	70903,5	1981057,3	60	72852	12365,4	157646,3
10	92444	68787,0	1910153,8	61	71474	11778,1	145280,9
11	92379	66736,5	1841366,8	62	70003	11191,8	133502,8
12	92315	64747,9	1774630,3	63	68437	10630,3	122303,0
13	92250	62817,7	1709882,4	64	66772	10069,6	111672,7
14	92178	60940,5	1647064,7	65	64999	9516,70	101603,09
15	92097	59113,6	1586124,2	66	63110	8971,02	92086,39
16	92001	57332,0	1527010,6	67	61104	8432,90	83115,37
17	91892	55596,1	1469678,6	68	58985	7903,34	74682,47
18	91767	53903,5	1414082,5	69	56751	7382,51	66779,13
19	91625	52252,5	1360179,0	70	54394	6869,80	59396,62
20	91466	50642,5	1307926,5	71	51903	6364,29	52526,82
21	91294	49075,0	1257284,0	72	49278	5866,40	46162,53
22	91113	47551,2	1208209,0	73	46529	5377,82	40296,13
23	90924	46070,5	1160657,8	74	43666	4899,94	34918,31
24	90730	44633,2	1114587,3	75	40700	4434,06	30018,37
25	90531	43238,1	1069954,1	76	37644	3981,68	25584,31
26	90329	41885,1	1026716,0	77	34524	3545,30	21602,63
27	90125	40573,3	984830,9	78	31372	3127,79	18057,33
28	89922	39302,8	944257,6	79	28222	2731,78	14929,54
29	89720	38072,3	904954,8	80	25106	2359,39	12197,76
30	89518	36880,3	866882,5	81	22059	2012,66	9838,37
31	89314	35724,4	830002,2	82	19118	1693,51	7825,71
32	89104	34602,4	794277,8	83	16324	1403,90	6132,20
33	88887	33512,7	759675,4	84	13715	1145,16	4728,30
34	88662	32454,3	726162,7	85	11321	917,737	3583,136
35	88428	31425,8	693708,4	86	9168	721,558	2665,399
36	88184	30426,3	662282,6	87	7274	555,821	1943,841
37	87930	29455,1	631856,3	88	5655	419,522	1388,020
38	87666	28511,3	602401,2	89	4294	309,280	968,498
39	87391	27594,1	573889,9	90	3175	222,021	659,218
40	87102	26701,7	546295,8	91	2278	154,656	437,197
41	86795	25832,6	519594,1	92	1589	104,737	282,541
42	86468	24985,7	493761,5	93	1079	69,0495	177,8035
43	86120	24160,4	468775,8	94	713	44,2987	108,7540
44	86746	23354,8	444615,4	95	458	27,6266	64,4553
45	85342	22567,8	421260,6	96	286	16,7490	36,8287
46	84902	21797,5	398692,8	97	173	9,83643	20,07971
47	84417	21041,7	376895,3	98	101	5,57540	10,24328
48	83883	20299,6	355853,6	99	57	3,05486	4,66788
49	83294	19569,9	335554,0	100	31	1,61302	1,61302
50	82648	18852,6	315984,1				

Abkürzungen und Symbole

A	:	Annuität = gleichbleibender Jahresaufwand
A^*	:	Annuität einschl. des Aufgeldes
a_n	:	Abkürzung für $\frac{q^n - 1}{q^n (q - 1)}$ = Rentenbarwert
C	:	Kurs
C_0	:	Ausgabekurs, Emissionskurs, Begebungskurs
C_n	:	Rückzahlungskurs
α	:	Aufgeld, Agio
d	:	Differenz
D_x	:	$l_x \cdot v^x$
g_1	:	erstes Glied einer Folge
g_n	:	letztes Glied einer Folge
k_0	:	Barwert
k_n	:	Endwert
l_x	:	Anzahl der lebenden X-jährigen
M	:	Menge
N_x	:	$D_x + D_{x+1} + D_{x+2} + \dots + D_{x+n}$
p	:	Jahresprozentsatz
p_E	:	Ersatzzinsfuß
p_K	:	konformer Zinsfuß
p_R	:	relativer Zinsfuß
p_A	:	antizipativer Zinsfuß
i	:	$p : 100$
q	:	$1 + i$ = Aufzinsungsfaktor
v	:	$\frac{1}{q}$ Abzinsungsfaktor
z	:	Zinsen
Z	:	Zinszuschlag
n	:	Laufzeit, Tilgungszeit
l	:	tilgungsfreie Jahre
$n+l$	:	Laufzeit einschl. der tilgungsfreien Jahre
m	:	unterjährliche Verzinsung, Jahresteilspannen
r	:	Rente
R	:	Restwert
S	:	Schrottwert
p'	:	effektive Verzinsung, Durchschnittsrendite
p'_F	:	Rendite nach Faustregeln
p'_H	:	Höchstrendite
p'_{Mi}	:	Mindestrendite
T	:	Tilgungsrate
T^*	:	Tilgungsrate einschl. des Aufgeldes
x	:	mittlere Laufzeit
$\lim$	:	limes = Grenzwert.
$\langle\ \rangle$	:	Folge

Sachwörterverzeichnis

Mathematik für die Wirtschaftspraxis

Dr. C. C. Berg und Dipl.-Math. U.-G. Korb
unter Mitarbeit von S. Koçak und K. Richter

Mathematik für Wirtschaftswissenschaftler

Lehrstoffkurzfassung und Aufgabensammlung mit Lösungen
Teil 1: Analysis
224 Seiten brosch. 19,50 DM
Teil 2: Lineare Algebra und Lineare Programmierung
249 Seiten brosch. 19,50 DM

Prof. J. Sommerfeld

Mathematik – Grundkenntnisse für Betriebswirte

222 Seiten brosch. 23,80 DM

Diese Stoffauswahl aus der Mathematik bietet dem Betriebswirt das erforderliche Handwerkszeug, betriebswirtschaftliche Fragen und Probleme der Volkswirtschaft zu verstehen und zu lösen.

OStR W. Hofmann

Lehrbuch der Mathematik für Volks- und Betriebswirte

214 Seiten brosch. 22,50 DM

Aus dem Inhalt: Differential- und Integralrechnung — Funktionen und ihre graphische Darstellung — Taylorsche Reihen — Lineare Algebra — Vektorräume — Matrizenrechnung.

Prof. Dr. W. Kalveram

Wirtschaftsrechnen

371 Seiten brosch. 27,– DM, Ln. 29,50 DM

Aus dem Inhalt: Reihen — Prozentrechnung — Zinsrechnung — Zinseszins- und Anleihenrechnung — Terminrechnung — Diskontrechnung — Kontokorrentrechnung — Effektenrechnung — Devisenrechnung — Devisenarbitrage — Warenkalkulation.

Dr. G. Michel

Fachrechnen

435 Seiten Plastik 37,– DM

Das Buch vermittelt die Grundkenntnisse im bürgerlichen Rechnen, in Arithmetik und Algebra, Geometrie und im Rechnen mit technisch-physikalischen Grundbegriffen.

(Preisänderungen vorbehalten.)

Prof. Dr. Dr. h. c. mult. E. Kosiol

Finanzmathematik

217 Seiten brosch. 13,50 DM, Ln. 17,50 DM

Aus dem Inhalt: Geometrische Reihen — Logarithmen — Interpolation — Zinseszinsrechnung — Rentenrechnung — Tilgungsrechnung — Kursrechnung — Rentabilitätsrechnung.

Dr. Th. Witte, Dipl.-Kfm. J. F. Deppe, Dipl.-Kfm. A. Born

Lineare Programmierung

234 Seiten brosch. 29,80 DM

Aus dem Inhalt: Zweidimensionale lineare Programme — Minus-M- und Zwei-Phasen-Methode — Simplexmethode — Das Transportproblem: Stepping-Stone-Methode und Modi-Methode — Das Zuordnungsproblem.

Stud.-Dir. F. J. Fay

Lineare Algebra und lineare Optimierung

91 Seiten brosch. 13,70 DM

Aus dem Inhalt: Grundbegriffe der Mengenlehre — Gleichungen und Gleichungssysteme — Die Determinantenrechnung — Die Matrizenrechnung — Lineare Programmierung.

Stud.-Dir. F. J. Fay

Infinitesimalrechnung und nichtlineare Optimierung

105 Seiten brosch. 15,40 DM

Aus dem Inhalt: Einführung in die Differentialrechnung und die Integralrechnung — Anwendung der Infinitesimalrechnung auf Produktionsprozesse — Infinitesimale Betrachtung von Angebot und Nachfrage.

G. Vahl

Prüfe dich selbst im kaufmännischen Rechnen

4500 Antworten auf 900 Fragen
214 Seiten brosch. 20,90 DM

Betriebswirtschaftlicher Verlag Dr. Th. Gabler · Wiesbaden

Mathematik und Statistik

Prof. Dr. U. Leffson

Programmiertes Lehrbuch der Investitionsrechnung

220 Seiten brosch. 14,80 DM, Ln. 24,80 DM

Das Buch behandelt die finanzmathematischen Verfahren der Investitionsrechnung, die auch als „klassische Verfahren" bezeichnet werden.

Prof. Dr. H. Jacob

Investitionsplanung und Investitionsentscheidung

mit Hilfe der Linearprogrammierung

160 Seiten brosch. 18,20 DM

Inhalt: Neuere Entwicklungen in der Investitionsrechnung — Flexibilitätsüberlegungen — Zum Problem der Unsicherheit bei Investitionsentscheidungen — Die Anwendung der gemischt-ganzzahligen Programmierung.

Prof. Dr. M. Munz

Investitionsrechnung

123 Seiten brosch. 15,80 DM

Der Autor zeigt die Grundlagen und Aufgaben der Investitionsrechnung auf und ihre Einsatzmöglichkeiten in der betrieblichen Praxis.

Prof. Dr. H. Münstermann

Wert und Bewertung der Unternehmung

179 Seiten brosch. 16,80 DM, Ln. 22,– DM

Die hier entwickelte Gesamtwertkonzeption basiert auf den Grundsätzen der Investitionslehre.

Prof. Dr. G. Menges

Ökonometrie

251 Seiten brosch. 24,50 DM, Ln. 26,60 DM

Eine breitangelegte Einführung und zahlreiche Beispiele ermöglichen es auch dem mathematisch weniger geschulten Leser, sich über Probleme und Anwendungsmöglichkeiten der Ökonometrie eingehend zu informieren.

(Preisänderungen vorbehalten.)

Prof. Dr. I. Esenwein-Rothe

Allgemeine Wirtschaftsstatistik – Kategorienlehre

416 Seiten brosch. 48,– DM, Ln. 53,– DM

Aus dem Inhalt: Private Haushalte, Unternehmen, Staat — Produktionsstatistik, Preisstatistik, Einkommensstatistik, Verbrauchsstatistik — Sozialproduktsberechnungen — Volkswirtschaftliche Gesamtrechnung.

Prof. Dr. M. Hüttner

Grundzüge der Wirtschafts- und Sozialstatistik

396 Seiten brosch. 47,– DM, Ln. 54,80 DM

Nach einer Darstellung von Gegenstand, Trägern und Technik der Wirtschafts- und Sozialstatistik liegt der Schwerpunkt auf der Behandlung der einzelnen Teilbereiche und ihrer Zusammenführung in der Volkswirtschaftlichen Gesamtrechnung.

Prof. Dr. K. Scharnbacher

Betriebswirtschaftliche Statistik

294 Seiten brosch. 28,80 DM

Scharnbacher bezieht auch kompliziertere Verfahren in die Betrachtung ein. An knappen, aber instruktiven Beispielen zeigt er, wann und wie man die einzelnen Methoden anwendet.

Prof. Dr. C. Ruberg

Statistik im Groß- und Einzelhandelsbetrieb

213 Seiten brosch. 21,50 DM, Ln. 24,60 DM

Dieses Buch gibt einen Überblick über Anwendung, Methoden und Ziele der betrieblichen Statistik.

Dipl.-Kfm. J. Mand

Betriebsstatistik

82 Seiten brosch. 7,90 DM

Aus dem Inhalt: Die Erfassung und Festhaltung des statistischen Materials — Die Verarbeitung und Auswertung des statistischen Materials — Der statistische Betriebsvergleich.

Betriebswirtschaftlicher Verlag Dr. Th. Gabler · Wiesbaden